中央高校基本科研业务费专项资金项目（2023SKPYGL02）
中央高校基本科研业务费社科专项项目（2023SKPYGL03）

高耗能行业减排成本与政策影响研究

李　远◎著

中国矿业大学出版社
·徐州·

内 容 提 要

本书以我国高耗能行业为研究对象，综合运用自底向上的减排成本曲线和局部均衡方法，对于高耗能行业的节能与减排成本、减排技术的成本有效性、节能与减排潜力等方面进行了研究。同时，本书研究了以碳交易市场为核心的多种节能减排政策对于高耗能行业节能减排行为及生产行为的影响，以及控排部门在碳交易市场中的博弈行为。在节能减排技术的推广中需综合考虑技术的减排成本和潜力，在碳交易市场政策制定中合理的配额分配方法能够有效降低企业由于碳减排造成的竞争力损失。控排企业在碳交易中会出现博弈行为，进而对政策制定产生逆向影响，这一现象需引起关注。以碳市场为核心建立有效的减排政策组合体系能够对我国的碳减排目标带来积极影响。

本书适合高等院校能源环境经济学和气候变化领域的教师学生、企业碳减排相关工作者参考使用。

图书在版编目(CIP)数据

高耗能行业减排成本与政策影响研究 / 李远著.—
徐州：中国矿业大学出版社，2024.2

ISBN 978 - 7 - 5646 - 6175 - 5

Ⅰ. ①高… Ⅱ. ①李… Ⅲ. ①企业管理—节能—研究
Ⅳ. ①F279.23

中国国家版本馆 CIP 数据核字(2024)第 048725 号

书　　名　高耗能行业减排成本与政策影响研究
著　　者　李　远
责任编辑　满建康
出版发行　中国矿业大学出版社有限责任公司
（江苏省徐州市解放南路　邮编 221008）
营销热线　(0516)83885370　83884103
出版服务　(0516)83995789　83884920
网　　址　http://www.cumtp.com　**E-mail**:cumtpvip@cumtp.com
印　　刷　徐州中矿大印发科技有限公司
开　　本　787 mm×1092 mm　1/16　**印张** 11.25　**字数** 220 千字
版次印次　2024 年 2 月第 1 版　2024 年 2 月第 1 次印刷
定　　价　45.00 元

（图书出现印装质量问题，本社负责调换）

前　言

我国高耗能行业具有高能耗、高排放的特点，其能耗的降低和CO_2排放减少直接关系全国节能减排目标的实现。本书以我国高耗能行业为主要研究目标，综合运用自底向上的减排成本曲线和局部均衡的思想，对于高耗能行业的节能与减排成本、减排技术的成本有效性、节能与减排潜力进行了研究；同时研究了多种能耗降低和CO_2控制政策对于高耗能行业节能减排及生产行为的影响，以及多个行业之间的相互影响；并以我国钢铁和水泥行业为例给出了高耗能行业能耗降低和CO_2控制的政策建议。概括起来，本书主要进行了两个方面的研究工作：

(1) 使用自底向上的研究方法，基于工业产品的生产工序流程，以节能减排技术为基础，对于技术的实际成本进行排序得到基于技术的节能及减排成本曲线；并以中国钢铁行业为例，在实地调研与资料整理的基础上获得了钢铁行业的节能减排技术列表与数据，得到了基于技术层面的钢铁行业的节能与减排成本曲线；在节能与减排成本曲线的基础上分析了推广技术的成本有效性，预测了2020年和2030年钢铁行业的节能与减排潜力。

(2) 以行业节能减排成本为基础，以局部均衡的思想对于高耗能行业在多种能耗降低和CO_2控制政策下的减排与生产行为、部门间的相互影响以及不同政策的协同关系等进行了详尽的分析。具体来说，开展了以下几方面的工作：① 考虑国内市场与进出口市场，研究了市场化减排政策对于行业竞争力的影响。② 研究了排放权交易机制对于高耗能行业正常产能及落后产能的影响。③ 将单一高耗能部门拓展至多个高耗能部门，考虑多部门的相互关系，研究了在数量型工具与价格型工具相结合的政策组合下，多部门间的减排与生产行为变化,以及部门间的相互影响。④ 研究了两种数量型政策工具——碳交易与能效交易的协同作用,以及高耗能行业在两种机制下的策略性选择。

基于以上研究,本书得到了如下结论:

(1) 国家重点推广的节能减排技术中,有一部分成本过高,并不适合在全行业进行推广;同时有一部分节能减排量大、成本较优的技术并不在政策推广目录中,应该予以考虑。如果考虑技术本身的节能或减排收益,我国钢铁行业的 CO_2 减排成本并不是非常高,行业有意愿同时也有条件进行碳市场或能效市场交易。

(2) 市场化减排政策会使行业利润和进出口受到不同程度的损失,要想在市场化政策之下维持高耗能行业的整体竞争力,需要确定一个合理的分配规则来维持合理且稳定的碳价格。合理的配额分配规则以及较低的障碍率可以促进企业的技术进步,降低单位产品的生产能耗,避免行业通过减少生产来达到减排效果。同时,降低技术的进入壁垒有利于高耗能行业利润稳定。出口退税、进口品征税的边境调节政策可以对高耗能行业的利润损失进行弥补。不同行业适用的边境调节政策不同,对于出口量较低的行业而言(例如我国钢铁行业),出口补贴并不能起到很好的弥补利润损失的作用,相较之下,进口品征税政策对于利润弥补作用更加明显。如果将节能减排技术的应用障碍纳入考虑,基于技术的微观减排成本曲线在很大程度上可以替代宏观减排成本曲线。

(3) 在高耗能行业中不建议使用含有免费配额分配的排放权交易机制,因为它会在很大程度上引起正常产能和落后产能的扭曲效应。如果在排放权交易机制中同时给予免费配额分配,会由于忽略高耗能行业的节能收益而造成对减排潜力的低估,因此,在碳价格较低同时免费配额分配比例较高时,排放权交易的实施使得行业的实际情况与当初的设计意愿背道而驰(即增加落后产能的竞争力);当碳价格较高时给予免费配额分配,虽然促进了落后产能的淘汰,但是却增加了落后产能的利润。考虑政策实施成本,碳税可以作为含有免费配额分配的排放权交易机制的替代。使用灵活的基于产出的分配模式,可以促进落后产能的淘汰并促进节能技术的升级,是一个较优的选择。

(4) 节能补贴与基于产出的配额返还对于部门减排及生产行为的影响上有很大不同。节能补贴会刺激减排行为；基于产出的配额返还除了刺激减排行为之外，还刺激了企业的生产行为，存在最优的返还比例使得企业的利润、减排量和碳价格达到最优。当碳交易中存在多个交易部门时，两种政策下部门间的相互影响也有很大不同。节能补贴对于部门的影响较为独立，而在基于产出的配额返还政策下部门间的相互影响更为强烈。市场上存在某个优势部门，其基于产出的配额分配比例的变化，会导致整个交易市场各个部门的参数出现大幅度的波动。

(5) 根据目前的政策制定情况，由于节能减排的影子价格是一定的，因此同时设置能效交易和碳交易机制并不能带来节能量的进一步提高，更多的是节能与减排目标在两个机制内部的分配问题。如果允许覆盖范围重叠，合理设置碳交易与能效交易目标可以使得二者互为补充，也能进一步保证节能减排工作的实施及目标的完成。如果不允许交易范围重叠，企业可以根据自身情况选择更有利于自身利润最大化的市场进行交易。但是由于利润与产量不完全挂钩，企业追逐利润最大化的过程很可能会造成产量的波动，因此在设置能耗目标的同时需要设置合理的产量目标来避免这种情况的发生。

本书在完成过程中得到了北京航空航天大学经济管理学院范英教授和朱磊教授的指导和帮助，在此表示诚挚的感谢。

由于作者水平所限，书中不足之处在所难免，恳请批评指正。

作者

2024 年 2 月

目　录

第1章　绪　　论

1.1　研究背景

以全球变暖为主要特征的气候变化已成为当今科学界、各国政府和社会公众强烈关注的重大环境问题之一(IPCC，2014)。针对气候变化的国际响应随着1992年《联合国气候变化框架公约》而逐渐成形。优化能源结构、提高能效、调整产业结构、研发应用低碳技术、转变观念增强低碳消费意识等被认为是全球应对气候变化的重要途径。

工业是应对气候变化的重要领域,控制工业领域温室气体排放、发展绿色低碳工业始终是我国的重要目标。高耗能行业是指在生产过程中耗费大量能源的行业,它是工业领域中的重点用能和排放单位,具有能耗高、排放量大的特征。因此,降低高耗能行业的能源使用、减少二氧化碳(CO_2)排放既是我国工业可持续发展的必然选择,也是我国应对气候变化的必然要求。

1.1.1　高耗能行业节能减排的意义

工业能源消耗占我国能源消费的比例非常大,表1-1展示了我国2008—2012年工业、高耗能行业能源消费量及总能源消费量。不同国家对于高耗能行业具体范围的界定不同,通过对工业部门中能耗排序得出的前六位的行业就是我国的六大高耗能行业。《2010年国民经济和社会发展统计报告》指出,我国的六大高耗能行业分别为:化学原料及化学制品制造业、非金属矿物制品业、黑色金属冶炼及压延加工业、有色金属冶炼及压延加工业、石油加工炼焦及核燃料加工业、电力热力的生产和供应业。

从表1-1可以看出,六大高耗能行业耗能超过工业总能耗的70%,超过全国总能源消费量的50%。因此,要想实现全社会的节能减排,就必须降低高耗能行业的能源消费和CO_2排放。

表 1-1　2008—2012 年工业、高耗能行业能源消费量及总能源消费量　　单位:万 t 标准煤

年份	总能源消费量	工业能源消费量	高耗能行业能源消费量	高耗能行业能源消费量占工业能源消费量比例	高耗能行业能源消费量占总能源消费量比例
2008 年	291 448.29	209 302.15	149 996.10	71.66%	51.47%
2009 年	306 647.15	219 197.16	158 537.20	72.33%	51.70%
2010 年	324 939.15	231 101.82	166 914.10	72.23%	51.37%
2011 年	348 001.66	246 440.96	179 044.96	72.65%	51.45%
2012 年	361 732.01	252 462.78	182 818.25	72.41%	50.54%

注:数据来源于《中国统计年鉴》(2010—2014)。

与国际先进水平相比,我国的高耗能行业工艺和技术装备相对落后,能源利用效率低,能源利用中间环节损失量大、浪费严重。同时,我国的高耗能行业存在着严重的产能过剩。一方面,这部分过剩产能导致了高耗能产品供给增多,导致价格和利润的下降,加重了能源浪费;另一方面,产能过剩使得大量产品向出口挤压,造成了我国能源的变相低价输出,加速了我国能源的浪费与耗竭。因此,高耗能行业的节能减排是我国完成总体节能减排目标的重要途径与保证。

同时,高耗能行业还有其特殊性,它们是我国工业的重要组成部分,提供的产品大多是国民经济发展必不可少的原材料。高耗能行业对我国国民经济有非常重要的支撑作用。尤其是我国目前处于经济快速发展的阶段,经济增长对于高耗能行业的依赖在很长一段时间内仍将持续。保证发展与节能减排的矛盾在高耗能行业中表现得尤为突出,因此,制定合理有效的节能减排政策对于高耗能行业乃至我国经济发展而言都十分重要。

1.1.2　高耗能行业能耗降低和 CO_2 排放控制的政策途径

高耗能行业能耗降低和 CO_2 排放控制的政策主要有两类:非市场化政策和市场化政策。非市场化政策主要指政府对高耗能行业所进行的行政干预,例如,对于能源产品实施政府定价,以引导能源使用结构的优化;为能源使用和温室气体排放设定行政标准;强制在高耗能行业推广节能减排技术等。非市场化的节能减排政策主要包括在高耗能行业推行碳税、补贴以及排放权交易等。

相比传统意义上的以行政命令为主的非市场化政策,市场化节能减排机制

是一种对于排放主体的“内在约束”，它给予作为排放主体的高耗能行业一定的自由度和灵活度，因此有利于高耗能行业的节能减排和技术创新，同时能够降低其边际减排成本和行政管制成本。目前，我国逐步认识到发挥市场对环境资源的配置作用，是在高耗能行业推行环境保护政策的重要内容，并将市场化的政策放在重要位置。针对高耗能行业能耗降低和CO_2排放控制，主要的市场化政策有碳税、排放权交易与能效交易、补贴。

1.1.2.1　对高耗能行业征收碳税

碳税属于环境污染税的一种。对于环境污染征税的思想起源于庇古税(Pigou，1912)，其目的是将污染的外部成本进行内部化。环境污染税在控制CO_2排放领域的具体应用则被称为碳税。它的基本原理是：当税率与控制污染排放的经济代价(如CO_2排放的影子价格)相等时，市场将自动实现社会最优污染排放量。对于高耗能行业征收碳税，使得在碳税和减排成本既定的情况下，作为排放主体的高耗能行业可以自由选择纳税或减排，它可以从产出的角度来解决环境外部性问题。

对高耗能行业征收碳税具有显而易见的优点。首先，碳税政策中的管理成本较低，实施起来相对简单。其次，征收碳税可以为国家带来一定的财政收入，这些收入可以投入到高耗能行业的节能技术补贴、支付管理成本等领域进行循环利用。第三，在国家层面实施碳税，其可控性较高，风险较低。

世界上已经有许多国家对高耗能行业征收碳税。1992年，丹麦成为第一个对家庭和包括高耗能行业在内的工业企业同时征收碳税的国家，目前已有十多个国家开征了碳税，如芬兰、德国、意大利、瑞士、荷兰等。欧盟已经全面实行碳能源税政策，将高耗能行业覆盖其中，以鼓励其减少化石燃料的使用。2003年，欧盟开始对汽油、柴油等能源产品征税，2015年又提高了这些产品的最低征税率。对高耗能行业的上游产品——汽油、柴油等产品征收碳能源税无疑会对高耗能行业产生巨大影响。同时，日本和新西兰等一些国家也在考虑对高耗能行业征收碳税。

1.1.2.2　在高耗能行业开展排放权交易和能效交易机制

基于科斯理论的排放权交易和能效交易与碳税的实施刚好相反，即先确定排放总量，再由市场确定排放权的价格，确定价格的过程也就是优化资源配置的过程。排放权交易和能效交易的核心思想是“将生产要素看成一种权力”(Coase，1960)。目前，在高耗能行业推行的大部分排放权交易和能效交易机制，都是在总量控制-交易(Cap and Trade)模式下，通过比较高耗能行业的实际排放以及交易主体所拥有的配额量建立的履约机制。

在签订《京都议定书》的背景之下，20世纪90年代，欧美等发达国家引入了

基于市场的 CO_2 减排政策，并将高耗能行业纳入其中。这些政策在减少高耗能行业的 CO_2 排放和化石能源消耗方面起到了显著的效果。2003 年，在美国芝加哥成立的芝加哥气候交易所是世界上第一个温室气体交易所，芝加哥气候交易所现有会员近 200 个，分别来自航空、汽车、电力、环境、交通等数十个不同行业，几乎所有的高耗能行业都包含在其中。2005 年，欧盟成立了欧盟碳排放交易系统（The European Union Emission Trading System, EU ETS），它是目前世界上最大的排放权交易体系，几乎欧盟所有的高耗能行业的排放设备都被纳入其交易体系中。它对成员国设置排放限额，各国排放限额之和不超过《京都议定书》承诺的排放量。EU ETS 于 2005 年起实施，历经第一阶段（2005—2007 年）、第二阶段（2008—2012 年）、第三阶段（2013—2020 年）。第三阶段的减排目标为到 2020 年排放量比基准年（1990 年）减少 20%，若其他国家采取同等措施，减排目标将提高到 30%，到 2050 年减少 80%～95%。排放配额的分配综合考虑成员国的历史排放、预测排放和排放标准等因素。

在高耗能行业推行能效交易的原理和排放权交易相类似，区别在于排放权交易市场的商品是 CO_2 排放权配额，而能效交易市场的商品则是高耗能行业的节能量配额（也被称为可交易的白色证书，Tradeable White Certificate，TWC）。在高耗能行业推行能效交易政策，其核心是将节能量作为一种商品，允许其在双边或多边市场上进行交易，以达到控制能耗总量的目标。许多国家也设置了能效交易机制，美国的加利福尼亚州是最早（1970 年）实施能效义务的地区；欧洲的意大利、英国、法国等也已进入能效交易的市场运行阶段；亚洲的印度从 2011 年开始实施能效交易体系，这些能效交易体系都将高耗能行业尤其是电力、热力生产行业作为主要约束对象。

1.1.2.3 对高耗能行业给予节能减排补贴

节能减排补贴实质上是一种政府补贴，是政府为了调整价格与私人成本之差，而直接或间接地给予生产者或消费者以财政支持的各种干预措施的总称，如果将这一概念应用于节能减排方面，就是所谓的节能减排补贴。在高耗能行业推行节能减排补贴是一种与碳税相反的间接节能减排机制。其原理在于，对于高耗能行业节能或减排的部分，给予一定的资金奖励，从而提高其节能减排的积极性。或者是从消费端着手，对于消费者购买高耗能行业的节能产品给予资金奖励或返还。还有一些有针对性的补贴，如可再生能源补贴等，能够促进可再生能源代替传统化石能源，并通过能源消费结构的转变将节能减排机制传导至高耗能行业，它也是一种间接的市场化减排政策。无论何种补贴形式，其基本内涵都在于在单纯的市场经济体制下无法自发地实现外部性的内在化，价格体系不能够传达正确的信息，高耗能行业普遍缺乏节能减排的投资和行为动力，仅仅从技术层面上不能解决上述问题，因此需要政府提供政策驱动，通过政府激励性政策的实施，达到外部性的内在化。

国际上许多国家都采用了节能补贴政策来降低高耗能行业的能耗，控制 CO_2 的排放。美国联邦政府、州政府以及电力、天然气公司等公用事业组织每年均会给予用户大量补贴，鼓励其购买节能产品。美国还提供了节能减排税收优惠，鼓励企业采取节能减排措施。日本提供了大量的资金补贴用于节能减排技术的科研，同时也提供了税收优惠以鼓励高耗能行业采用节能设备。欧盟在2003—2006年间投资2.15亿欧元支持成员国的高耗能行业发展可再生能源、节约能源、提高能源使用效率以及开展可再生能源国际合作的行动。

1.1.3　我国高耗能行业能耗降低和 CO_2 排放控制的政策梳理

长期以来，高投入、高能耗、高排放、高污染的粗放型经济增长模式给我国经济的持续、健康发展带来了巨大的资源与环境压力。目前，我国还处于城市化和工业化的发展阶段，能源需求持续增长且具有刚性。我国多煤、少气、贫油的能源结构造成了我国以煤炭为主的能源消费模式，即使能源利用效率随着技术进步不断提高，仍导致较高的污染排放和碳排放。中国和美国一次能源消费结构(2013年)对比如图1-1所示。

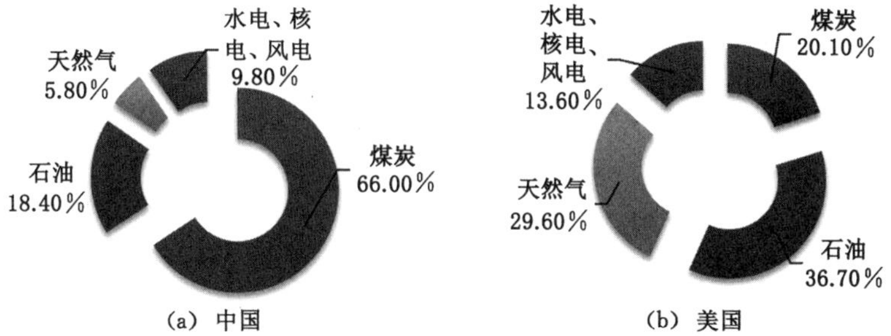

图1-1　中国和美国一次能源消费结构(2013年)对比

注：数据来源于《中国统计年鉴2014》和《BP世界能源统计年鉴2014》。

我国高耗能行业以煤为主的能源消费结构就意味着节能可以减排。正因为如此，我国在“十二五”规划中明确提出了能源强度和碳强度目标，以及相应的减排量化指标。同时，政府也开始加大市场化政策的力度，在高耗能行业推行碳税、排放权交易和能效交易、节能减排补贴等方面都制定了一系列政策。

在碳税方面，虽然目前我国尚未真正在高耗能行业征收碳税，但是2010年国家发改委和财政部联合进行了碳税专题调研，形成了“中国碳税税制框架设计”。这份报告提出了我国碳税制度的实施框架，包括碳税与相关税种的功能定位、我国开征碳税的实施路线图以及相关的配套措施建议。同时，将碳税征收范围确定为在生产、经营等活动过程中因消耗化石燃料直接向自然环境排放二氧化碳的单位和个人。因此，如果碳税开征，高耗能行业将成为碳税的重点征收行业。

在高耗能行业的排放权交易方面，借鉴 EU ETS 的先进经验，我国于 2014 年在 7 个省市启动了碳交易的试点工作，分别是北京、上海、天津、重庆、湖北、广州和深圳，7 个试点的高耗能行业全部被纳入交易范围。目前在试点内进行交易机制、配额分配、森林碳汇等内容的初步探索，并计划实施全国统一碳市场，其涵盖发电、钢铁、化工和水泥等高耗能行业。我国将通过碳市场来达到碳排放在 2030 年前后触及峰值后逐步减少的目标。

在高耗能行业的能效交易方面，目前尚未形成统一的覆盖高耗能行业的能效交易市场，但是在其他行业领域已经开展了试点工作。2010 年，首个自主开发的基于强制能效目标的排放权交易市场——天津能效市场启动，并且首批交易签约。这个试点主要用于民用建筑领域的能效交易，我国希望通过这一方式提高能源效率，降低能源消耗和减少温室气体排放，将其经验逐渐推广至更多高耗能部门的能效交易，并实现能效交易与碳交易的连接。

在高耗能行业的节能减排补贴方面，财政部 2015 年印发《节能减排补助资金管理暂行办法》，通过中央财政预算安排，设立用于支持节能减排方面的专项资金，其重点支持范围包括高耗能行业的节能减排，它能够促进高耗能行业的能源节约，提高能源利用效率，保护和改善环境。除此之外，我国还对于许多高耗能行业的节能产品（节能家电、新能源汽车）以及可再生能源等给予了补贴政策，希望借助补贴推动生产端和消费端的节能减排行为，达到高耗能行业降低能耗、减少排放的目的。

1.1.4 高耗能行业节能减排存在的问题

我国一直将高耗能行业的节能减排工作放在重要位置，针对高耗能行业制定了一系列的政策，例如：严格控制高耗能行业新增产能，加快淘汰落后产能；严格制定高耗能行业能耗及排放目标；大力推广节能减排技术，提供节能资金补助以帮助高耗能企业开展节能减排工作等。

然而，即使是在严格的政策约束下，我国的高耗能行业节能减排形势依然不容乐观，高耗能企业开展节能减排有着诸多困难：

(1) 部分行业产能过剩现象依然严重，特别是钢铁、建材、有色金属等行业。行业的利润和产品价格都处于历史低位，节能减排的成本压力势必会使企业雪上加霜，企业也一直担忧节能减排会进一步削弱自身的竞争力，造成节能减排投入意愿的降低。

(2) 利润不足进一步导致企业节能技术投资出现障碍，不仅使得企业节能减排的投入意愿较低，而且其投资能力也受到了较大影响。

(3) 一些地方政府对高耗能行业发展路径的依赖，会降低对高耗能行业节能减排的要求。

(4) 目前我国重工业发展速度仍可能快于轻工业，工业结构重化将导致工业能源消费占比保持高位，工业领域能源消费总量控制难度加大。高耗能、高污染行业产能过剩的矛盾仍然难以化解，节能减排和应对气候变化管理基础仍然薄弱，工业结构重化趋势仍未逆转，如何提升企业节能减排动力成为一大难题。

同时，我国的高耗能部门具有很大的异质性，不仅是在部门与部门之间，即使是一个部门的不同企业之间也存在着很大的差别。这就需要全面考虑不同企业的实际情况，制定灵活的政策，这样既能够保证先进企业的竞争力不受影响，又能够使用政策工具加速落后产能和过剩产能退出市场。

因此，国家需要根据不同高耗能行业的实际情况有针对性地制定合理有效的能耗降低和 CO_2 控制政策，既不干扰政策的经济运行情况，又能够完成节能减排的强制性目标，还能够达到转变经济发展方式、调整产业结构的目的。

1.2 文献综述

目前关于高耗能行业的能耗降低和 CO_2 排放控制是世界各国的研究热点。其中主要包括高耗能行业节能与减排成本的研究、能耗降低和 CO_2 控制政策的研究、能耗降低和 CO_2 控制政策对于高耗能行业的影响研究等方面。

1.2.1 高耗能行业节能与减排成本的研究

减排成本有广义和狭义之分。广义的减排成本是指包括福利损失在内的社会成本，狭义的减排成本是指为达到给定的减排量所需追加的经济成本或导致的收益损失(王灿等，2005)。由于减排成本随着减排量的变化而变化，因此在高耗能行业节能与减排成本的研究中，其边际减排成本(Marginal Abatement Cost，MAC)通常受到较多关注。边际减排成本是指增加一单位削减量所需要的额外经济成本或收益损失。

MAC 作为一项实用的分析工具，对于高耗能行业能耗降低和 CO_2 排放控制有重要的研究意义。多国学者都对不同高耗能行业的 MAC 进行了详尽的研究。研究 MAC 主要有两种方法，分别是宏观层面的自顶向下方法[例如可计算的一般均衡(Computable General Equilibrium，CGE)模型]和微观层面的自底向上的方法。在宏观层面自顶向下的成本研究中，一般研究的都是国家或区域内高耗能行业的边际减排成本；而针对某个高耗能行业边际减排成本的研究，则以微观层面的自底向上的方法较为多见。

在使用自顶向下的方法进行的研究中，Kajaste 等(2016)研究了水泥行业的温室气体排放问题，主要研究对象是管理选择以及减排成本，并对水泥行业的区域 CO_2 排放量进行了分析。他们认为对于水泥行业而言，工业技术和热能利用相关的 CO_2 排放量比电力相关的排放量更显著。Rootzén 等(2015)使用多区域模型研究了北欧的能源密集型行业的 CO_2 减排成本，分析了未来不同技术的发展轨迹，并评估了 2010—2050 年间北欧能源密集型行业的发展前景。Van den Bergh 等(2015) 研究了电力部门 CO_2 减排成本和 CO_2 减排量之间的关系，并研究了 MAC 曲线的鲁棒性问题。

在使用自底向上的方法进行的研究中，大部分是使用节能供给曲线(Conserved Supply Curve，CSC)方法进行的。CSC 方法是以详细的技术清单为依据，通过技术节能成本由低至高排序而获得一条曲线，这条曲线包含了每项技术的减排量和减排成本以及所有技术的累计减排量。这样的曲线从行业的实际技术应用出发，在进行技术选择时也可以一目了然地获得行业最关心的成本与减排量等信息。与自顶向下的宏观层面的减排成本曲线相比，CSC 方法获得的曲线更加细致，同时不同的行业或不同的企业可以根据自身的实际情况对于曲线中的技术进行灵活的更改，使之更好地反映出行业或企业的异质性，因此得到了广泛的应用。Worrell 等(2000)对美国水泥行业的节能技术和措施进行了研究，得到了美国水泥行业的减排成本曲线。Hasanbeigi 等(2010)根据不同的情景对泰国水泥行业的节能潜力进行了研究，并研究了节能政策和节能的经济效益。Fleiter 等(2012)对德国造纸行业的节能技术进行了研究，得到了德国造纸行业的减排成本曲线，并且分情景对 2020 年和 2035 年该行业的能源需求进行了预测。Worrell 等(2001)基于 1994 年的数据，对美国的钢铁行业节能技术或措施的节能潜力和二氧化碳减排量进行了研究。Li 等(2014)研究了中国钢铁行业的节能与减排成本，通过调研获得了中国钢铁行业的技术清单，并基于此得到了不同折旧率情况下的节能与减排成本曲线，同时还对技术的成本有效性进行了分析。Xu 等(2014)研究了中国水泥行业的 CO_2 减排成本、减排潜力，并与国际能源机构(International Energy Agency, IEA)2050 年的水泥技术路线图进行了对比。Wen 等(2014)从微观的技术层面，使用 LEAP 模型研究了我国有

色金属业的节能和 CO_2 减排潜力。

我国学者针对高耗能行业的 CO_2 减排成本进行了广泛的研究。顾阿伦等(2012)对我国水泥行业节能减排的潜力和成本进行了分析。通过边际减排成本的测算，定量分析了我国水泥行业节能减排技术的减排潜力和成本，并最终得到这些技术的边际减排成本曲线。张然(2013)对钢铁行业的碳减排成本效益进行了研究，利用钢铁行业的统计数据进行模拟运算，得到了钢铁行业碳减排成本效益分析的指标。程施(2011)对我国工业部门的 CO_2 减排成本进行了研究。基于方向性距离函数，采用参数和非参数化方法分别估计了中国 29 个省份 24 个工业行业 CO_2 的影子价格。研究发现各行业 CO_2 的边际减排成本具有较大差异，重化工行业具有较小的边际减排成本，而轻工业和高新技术行业则恰好相反。廖夏伟等(2013)对我国发电行业的温室气体减排成本及潜力进行了分析，研究表明水电和核电的单位减排成本最低，天然气发电成本最高。马丁(2015)对我国钢铁行业技术减排的协同效益及成本进行了分析，通过选取钢铁行业的22 项节能减排措施，评估和比较了各项措施的减排潜力、减排成本和协同效益，力图得到钢铁行业减排的最优路径。王宇等(2014)利用技术经济学方法测算了我国核电及可再生能源等低碳电力技术的 CO_2 减排潜力和减排成本。研究认为政府应制定合理的电力发展政策和规划，尽快降低可再生电力技术的发电成本、解除不稳定电力大规模并网的技术障碍，从而促进低碳电力技术的快速、健康发展。

1.2.2 能耗降低和 CO_2 控制政策的研究

目前对于国内外对于能耗降低和 CO_2 控制政策的研究主要集中在碳税、排放权交易、能效交易及节能减排补贴方面，国内外许多学者对于这些政策的机制设计、经济效果等方面进行了深入的研究。

1.2.2.1 *碳税*

碳税本质上是“庇古税”的一种，即通过征税来达到资源配置的帕累托最优。对于碳税的研究，学者们主要关注其社会经济影响(Goto，1995；Creedy 等，2006；Kamat 等，1999)。同时，还有很多学者关注碳税的收入分配效应(Tiezzi，2005；Callan 等，2009；Speck，1999)。Floros 等(2005)使用了两阶段的 Translog 成本函数研究了碳税对于希腊生产部门的影响。Godal 等(2001)研究了挪威从 1991 年征收碳税以来，各个部门成本以及利润的变化情况，研究发现如果对减免排放税的部门(如农业、地方政府、加工业等)征收统一化碳税，这些部门的成本会有明显增加，其中加工业会受到的影响最大。Goulder(1995)运用动态 CGE 模型模拟了美国实施碳税政策对经济的影响。Manne 等(1995)在

MERGE 模型中引入碳税模块得到全球不同国家减排成本的差异。

我国许多学者也对碳税进行了广泛研究。朱永彬等(2010)使用 CGE 模型对碳税的减排效果以及其对中国经济的影响进行了研究。杨超等(2011)基于 2007 年的投入产出表研究了征收碳税对于 CO_2 减排以及中国宏观经济的影响分析。赵玉焕等(2012)研究了碳税对于 OECD 国家能源密集型产业国际竞争力的影响,并借鉴国际先进的碳税征收经验,为中国的碳税政策制定提供了普遍的依据。曹静(2009)探讨了碳税机制的优缺点,并对碳税设计中的税基、税率设定和动态调整、中性税收条件下的税收返还、减排激励与补贴以及碳税对居民影响等多个问题进行了探讨。高鹏飞等(2004)建立了中国的 MARKAL-MACRO 模型,研究了征收 CO_2 排放税对中国宏观经济的影响,他们认为征收 CO_2 排放税会使得中国的国内生产总值遭受较大损失;但是他们的模型没有将 CO_2 减排对于能源消费的影响纳入考虑,同时也没有考虑环境收益以及 CO_2 税收的返还制度。魏涛远等(2002)建立了中国的可计算一般均衡模型(CNAGE)并运用其定量分析了征收碳税对于中国宏观经济和 CO_2 排放的影响;他们的研究显示,征收 CO_2 排放税会使得中国的经济状况出现恶化,但是对于 CO_2 等温室气体的排放有益。如果从长远来看,对中国这样一个发展中的经济体而言,以征收碳税的方式来进行减排需要付出高昂的经济代价。

1.2.2.2 碳排放权交易机制

市场化的碳排放权交易机制在近年来受到了很多学者的关注。目前全球最大的碳排放权交易体系——EU ETS 对于欧盟的减排目标起到了重要的作用。碳排放权的交易机制实施起来十分复杂,它是一个完整的系统工程,需要考虑 CO_2 控制目标、配额的分配方法、是否允许配额的存储和借入、CO_2 收益如何进行循环利用等。

排放权交易机制初始配额分配是非常重要的,目前学者们对于初始分配方法的研究进行了大量工作,但是对于哪种分配方法更好并没有达成共识。对于碳排放权的初始分配制度主要有祖父制(Grandfathering)、免费分配、基于产出的分配(Output-based Allocation)、拍卖、基准法等。Goulder 等(2010)认为有偿分配可以用获得的收益来弥补本已经存在扭曲的税收,因此可以降低经济成本。Cramton 等(2002)认为有偿的分配方法能够更加公平地给予小型生产者和后进入者提供获得 CO_2 排放权的机会。Stavins(2008)认为免费分配和拍卖的组合对于增加碳交易市场的灵活性并增加其政治可行性方面相对更有优势,因为它提高了政策的成本效益和环境效率,兼顾了生产者和公众的利益,同时也减少了推行 CO_2 减排政策的阻力,但是如何合理确定二者的比例仍然值得研究。Eace等(2009)认为初始配额分配方法的选择会直接影响减排成本的大小,并影响减排成本在参与主体间进行转移的方式。Hahn等(2010)认为,由于在实际中存在着交易成本、市场结构、市场影响力,同时在气候谈判中还存在着不确定性,因此初始配额的分配会影响碳排放权交易的环境效率以及其社会成本。针对排放权交易机制中的其他问题,学者们也进行了研究。Paltsev等(2012)认为在考虑碳排放权交易机制时,还要考虑安全值的设定。Fischer等(2010)研究认为,碳交易的政策效果会受到市场扭曲的影响,如果市场存在扭曲的情况,初始配额分配会对福利、就业和贸易产生重要的影响。Cong等(2010)研究了碳排放权交易对中国电力市场的影响,并对基于排放和基于产出的两种不同的初始配额分配方法对结果的影响进行了对比。

我国的专家学者对排放权交易的许多方面进行了探讨,研究重点集中在发达国家排放权交易的先进经验总结、配额分配模式、配额定价机制以及排放权交易的影响。李寿德等(2003)构建了中国排污权免费分配的多目标决策模型,但是实证研究方面较为缺乏。陈文颖等(2004)提出了综合考虑公平和效率的碳排放权混合分配机制,并分析了碳排放权交易对中国经济的影响。刘伟平等(2004)对中国碳排放权交易的研究进展进行了详细的阐述,在对碳排放权交易初始配额分配问题的国际经验进行研究之后,论述了碳排放权交易对于中国经济的影响以及对于中国林业的影响。洪娟等(2009)从供给和需求的角度分析了中国碳排放权交易价格的影响因素以及国内限价政策和国际市场的影响因素。王信等(2010)提出在碳排放权交易市场建立初期,为了防止配额价格的大幅波动、维护市场的平稳发展,应该为配额价格设置上下限,同时不允许配额的跨期存储和预支。关丽娟等(2012)基于影子价格的理论分析了中国碳排放权交易市场的定价问题,并建立了碳排放权交易中的影子价格模型。黄桐城等(2004)研究了排放权交易的定价模型,并认为排放企业的边际减排成本和边际减排收益是排放权交易市场的重要定价依据。

1.2.2.3 能效交易机制

能效交易(可交易的白色许可证)机制的核心是以最小的成本达到强制性的能源节约,同时,还要减少政府的行政负担和支出。简单来说,能效交易机制就是设定一个强制的节能目标,能源供应商、分销商或者用能单位(取决于交易主体的设定)必须通过实施能效政策来达到节能目标。一些学者对于欧美等发达国家[如美国(George等,2006),英国(DEFRA,2007),法国(Monjon,2006),意大利(Pavan,2005)]实施能效交易的先进经验进行了总结。同时,一些学者对于能效交易机制的机制设计、政策效果、评估体系等进行了分析。Mundaca等(2009)研究了可交易白色证书的多目标评估体系;他们建立了一个综合节能量、环境效果、经济效益、成本有效性、交易成本、政策灵活度、行政障碍和技术变化的综合评估框架;他们认为白色证书体系的设计和实施都具有个体性,使用一般准则来进行考量是不合适的。Oikonomou等(2007)以荷兰的住宅部门为例对白色证书体系的效果进行了事后评估;他们重点研究了可交易白色证书体系的节能效果、终端消费者行为以及节能措施市场,并分情景计算了节能收益;他们认为这个新兴的政策可以和荷兰其他的节能政策一起,确保能效目标的达成。Bertoldi等(2010)研究了欧盟的能源供应商义务和白色证书体系;他们认为当目标设置的足够高时覆盖部门可以通过交易获得收益,在小的交易系统中,没有专业知识的交易主体也可能会在能效终端减少交易成本。Langniss等(2006)认为白色证书体系的优点是不言而喻的,它可以刺激能效提高,但是当务之急是建立一个有效的市场,尤其是与欧盟碳交易市场的兼容性;他们给出了解决这一问题的经济学理论框架。Passey等(2009)研究了可交易白色证书存在的优缺点,他们认为白色证书虽然存在很多优点,但是在现行的能效交易体系中,关于效果和效率的评估独立性较差,因此应该设置替代方案。

国内对于能效交易的研究方面,李骏龙等(2012)对天津市办公建筑能效交易的基准线进行了研究,通过对于天津市552栋办公建筑的调研,分析了天津市办公建筑能耗情况并设定了3种基准线情景。刘晗(2014)对天津市民用建筑能效交易的现状、存在的问题及发展思路进行了研究。另外,还有一些学者研究了能效交易的国际经验。顾阿伦等(2012)对于印度能效交易市场的现状进行了研究,并为我国逐步建立能效交易机制提供了理论借鉴。史娇蓉等(2011)研究了欧盟可交易的白色证书机制的发展,介绍了白色证书机制的基本原理、组成结构、运行机制等,在比较国际经验的基础上提出了可供中国借鉴学习的经验。

1.2.2.4 节能减排补贴

世界上许多国家都将补贴作为重要的节能减排政策,在许多领域都推出了有针对性的节能或减排补贴,如德国对于可再生能源进行的补贴、美国对于太阳能产业的补贴等。许多学者针对各类节能减排补贴进行了深入的研究。

Fredriksson(1998)展示了在减排效率低下时,将补贴投入作为一种庇古税是可行的,同时解释了在环境政策中,污染物减排补贴主要是作为一种再分配的工具。均衡的补贴率取决于污染和减排的补贴弹性以及行业组织团体进行游说的结果。Dubois等(2015)研究了居民部门的节能,他们认为为居民提供节能装修补贴来进行节能改造支持计划可以有效地节约能源。Nauleau等(2015)对能效补贴进行了研究，他们发现差异化的补贴可以达到社会的最优化状态，对于高端商品的补贴可以使其产生垄断而减少低端商品的质量，因此补贴的税率应该随着能源效率而降低。

补贴是我国在节能减排领域常见的政策手段之一，也得到了我国学者的广泛关注。张国兴等(2014)借助信号博弈理论探究了政府与企业在节能减排补贴申请与发放过程中的策略选择，并分析了实现均衡状态的充分条件。魏玮等(2012)使用动态 CGE 模型分析了节能减排与经济增长双目标下的研发补贴政策的选择，他们认为补贴政策实施得越早，越能够促进节能减排和经济增长。赵书新(2011)研究了节能减排政府补贴激励政策的设计，探讨了在不对称信息条件下优化政府补贴激励政策设计的理论依据和方法。

1.2.3　能耗降低和 CO_2 控制政策对于高耗能行业的影响研究

能耗降低和 CO_2 控制政策归根结底要落在行业或企业的层面，而政策的实施效果如何也需要得到行业或企业的反馈。几乎每一项政策的实施，都需要在验证其节能和减排效果的同时，综合考虑是否会对国家发展、地区经济、行业竞争、企业生产造成负面影响。因此，针对高耗能行业能耗降低和 CO_2 控制政策的实际效果和具体影响的分析显得十分重要，同时也一直是世界各国学者们研究的重点。

Gottinger(1998)运用 CGE 模型研究了排放标准、可交易许可制度和碳税等不同减排政策对包括高耗能行业在内的欧盟经济影响及碳排放的分配效应。Demailly 等(2008)研究了 EU ETS 对高耗能行业的影响，他们认为 EU ETS 并没有像行业所担心的那样造成了企业竞争力的下降，当给予合理的免费配额分配比例时，企业反而有可能会从碳市场中获利，并且增加竞争力；他们发现在基于产量的分配(OBA)和基于排放的分配(EBA)中，存在着一个最优的配额分配比例来维持竞争力的稳定。Demailly 等(2006)研究了 EU ETS 中祖父制分配以及基于产出的分配对于高耗能行业 CO_2 减排量、竞争力以及碳泄漏的影响；他们发现两种分配方式对于竞争力以及 CO_2 减排上有完全不同的影响，祖父制时 50%的配额分配比例和 OBA 时超过 75%的配额分配比例可以维持利润稳定。Meunier 等(2014)研究了基于产出的分配模式和基于行业标杆值的分配模式对于高耗能行业以及对于碳泄漏的影响，他们认为在缺乏全球统一化碳税以及边界碳调节政策的情况下，基于产出的分配模式并不是最优的选择，欧盟对于现有和新增产能的免费分配比例是根据行业标杆值来确定，他们认为将两者结合起来是最优选择。Kuik 等(2010)研究了边界调节政策对于包括高耗能行业在内的 EU ETS 覆盖行业的竞争力和碳泄漏的影响；他们认为单边的减排政策可能会产生搭便车以及碳泄漏的问题，解决办法之一就是设计边界调节政策，不同部门边境调节政策的明显与否也并不相同。Monjon 等(2011)研究了边界调节政策以及 OBA 对于高耗能行业以及碳泄漏的影响；他们认为边界调节和 OBA 是解决碳泄露的方法，而最有效的办法是在边界调节政策下进行拍卖，这会产生溢出；虽然 OBA 对于碳泄漏不是那么有效，但是却可以减少高耗能行业由于 EU ETS 带来的产量损失。

针对我国高耗能行业所受节能减排政策的影响，Gnansounou 等(2004)以上海电力系统为例分析了不同政策对 CO_2 排放及减排成本的影响。Wen 等(2014)研究了我国钢铁行业的节能和减排潜力，他们选取了钢铁行业的 21 项节能技术，并区分了三种情景，他们认为节能减排技术的采用对于钢铁行业的节能减排而言是最大的驱动因素，其影响力大于结构调整。Zhu 等(2010)分析了我国化工部门的碳减排潜力及政策影响，发现通过提升行业平均技术水平对控制碳排放有着非常重要的作用。王灿等(2005)构建了一个“经济-环境-能源”的动态 CGE 模型，研究了 CO_2 减排对于包括高耗能行业在内的我国各个部门经济的影响；他们将 CO_2 排放量、碳税变量、社会福利等指标引入了环境能源政策的分析模块中，分析了减少 CO_2 排放的机理。王倩(2014)对高耗能企业节能减排税收政策进行了实证研究；在对节能减排税收政策进行理论分析的基础上，对节能减排税收政策在高耗能企业的实施效果进行了实证分析，并提出了完善节能减排税收政策的建议。陆敏等(2014)运用灰色模型从效率视角评价了我国重要节能减排政策在高耗能行业的实施效果；他们通过研究发现，高耗能行业的节能减排政策效率显著，有助于实现我国的节能减排目标。黄建(2012)采用环境经济学和能源系统工程两种方法，对电力部门未来 CO_2 排放趋势和减排政策进行了分析，结合我国“十二五”期间 CO_2 排放强度下降 17%的规划目标，并基于政策一致性原则，确定了未来我国 CO_2 的排放趋势及其排放峰值。

1.2.4 局部均衡理论在能源-环境-经济领域的应用

1920 年，马歇尔最早创立了以局部均衡(Partial Equilibrium)为基础的微观经济学。他的局部均衡理论分析框架可概括为：① 假定其他条件不变，某一商品的均衡价格只取决于商品本身的供求状况，而不受其他商品价格和供求状况的影响。② 假定单一市场是完全竞争市场，信息充分流动，需求和供给灵活调整，所有市场参与者均是市场价格接受者。③ 根据时间因素不同，局部均衡包括短期均衡和长期均衡。

目前，对于能源-环境-经济系统的研究大多使用的是一般均衡理论(General Equilibrium Theory)。一般均衡理论假设经济系统中各种商品或要素的价格和供求关系存在相互联系和影响,将所有商品或要素市场作为一个整体进行研究。与一般均衡理论不同的是,局部均衡理论是指在假定其他市场条件不变的情况下,孤立地考察单个市场或部分市场的供求与价格之间的关系或均衡状态,而不考虑它们之间的相互联系和影响。但是局部均衡理论与一般均衡理论存在紧密的关系,无限个局部均衡的市场自动构成了一般均衡。如果将单个市场(或部分市场)从经济系统中独立出来且不考虑与其他市场的联系,对单个市场的供求关系和均衡价格进行研究就比较清晰和简单,因为这样大大简化了一般均衡理论,局部均衡理论就成为有关市场参与者行为的简捷有效的分析工具。

许多学者使用局部均衡模型对能源-环境-经济领域的问题进行了研究。Demailly 等(2008)对于欧盟钢铁行业竞争力所受 ETS 的影响、Demailly 等(2006)对于欧盟水泥行业竞争力及碳泄漏所受 ETS 的影响都使用了局部均衡模型进行研究。Fischer 等(2012)使用双国双商品的局部均衡模型研究了边界调节政策对于碳泄漏的影响。Takeda 等(2014)研究了基于产出的分配对于日本经济领域中碳泄漏及竞争力的影响,也使用了局部均衡的方法。Lecuyer 等(2013)建立局部均衡模型研究了范围重叠的减排政策中不确定性的问题。Zhu 等(2010)使用局部均衡模型研究了中国碳排放约束下基于产出的碳排放权配额分配等问题。Monjon 等(2011)使用局部均衡模型研究了 EU ETS 中边界调节以及基于产出的分配对于碳泄漏的影响。

我国目前也有部分研究将局部均衡模型应用于能源-环境-经济领域中。秦湘灵(2011)建立了基于局部均衡理论的可再生能源发电政策效益评价模型并研究了可再生能源发电政策与环境效益分析方法。叶斌(2013)基于资源优化配置使用局部均衡与一般均衡模型研究了我国电力行业碳减排成本。朱安迪(2015)使用局部均衡模型阐述了碳税和碳关税对出口和福利的作用机理,对碳关税与碳税进行了比较。

1.3 研究目的与技术路线

1.3.1 研究目的

为更好地为我国高耗能行业的能耗降低和 CO_2 控制提供支持,本书以高耗能行业为主要研究目标,通过基于技术的减排成本曲线的获得,综合运用局部均衡的思想,对于高耗能行业减排成本、多样化政策影响、多部门相互关联等多方面进行了详尽的分析,旨在达到以下目的:

(1) 基于行业实际获得节能减排技术清单,并基于此从微观层面核算高耗能行业的节能减排成本与潜力。对于高耗能行业而言,节能减排成本的研究是政策实施的先决条件和重要依据。政策的实施必须要与实际的成本相匹配,脱离了成本的政策不仅无法达成政策目标,反而有可能危害经济发展。而准确获取高耗能行业节能减排潜力,则能够为未来的政策实施空间提供合理的预判。

(2) 评估多种能耗降低和 CO_2 控制政策对于高耗能行业竞争力的影响,为部门层面的政策制定提供依据。节能减排效果与行业健康发展都是衡量政策是否有效的重要指标。对于政策而言,其控制能源消耗、减少 CO_2 排放目标的重要性不言而喻;同时,由于我国仍然是发展中国家,经济处于快速发展阶段,高耗能行业是我国工业发展的支柱产业,不能置经济发展于不顾。因此,政策对于高耗能行业竞争力的影响至关重要。

(3) 分析市场化政策对于高耗能行业淘汰落后产能的影响。我国的高耗能行业情况复杂,既有先进的世界级企业,也有小规模的落后企业。而节能减排政策必须与调整产业结构、淘汰落后产能的国家发展目标相匹配。因此,对于行业的研究不能一刀切,必须对正常产能和落后产能分别考虑。一些政策虽然可以达到节能减排效果,但是无法达到支持正常产能、淘汰落后产能的目标,这样的政策与我国节能减排目标是不相符的。

(4) 分析高耗能行业在不同节能与减排政策下的行为、部门的相互影响和策略性选择。单一节能减排政策无法达到减排最佳效果及资源优化配置的良好统一,因此我国需要实行多样化减排政策组合。不同政策之间的相互关系和协同作用的研究具有现实意义。由于高耗能行业众多,部门间的影响可能会直接导致能耗降低和 CO_2 控制的效果发生变化,同样也会使部门的减排与生产行为发生变化,因此行业之间的连接和互动以及高耗能行业对于不同市场化机制的策略性选择也十分具有研究价值。

1.3.2 技术路线

本书以高耗能行业减排成本与政策影响为主要研究对象。首先基于减排技术集合和具体参数,获得技术列表进而得到基于技术的节能减排成本曲线。再使用局部均衡方法,开展了 4 个方面的研究:市场化减排政策对行业竞争力的影响;减排政策对高耗能行业政策及落后产能的影响;多样化减排政策对高耗能行业的影响;能效交易与碳交易对高耗能行业的协同影响。根据模拟结果得到我国高耗能行业节能减排的政策分析。技术路线如图 1-2 所示。

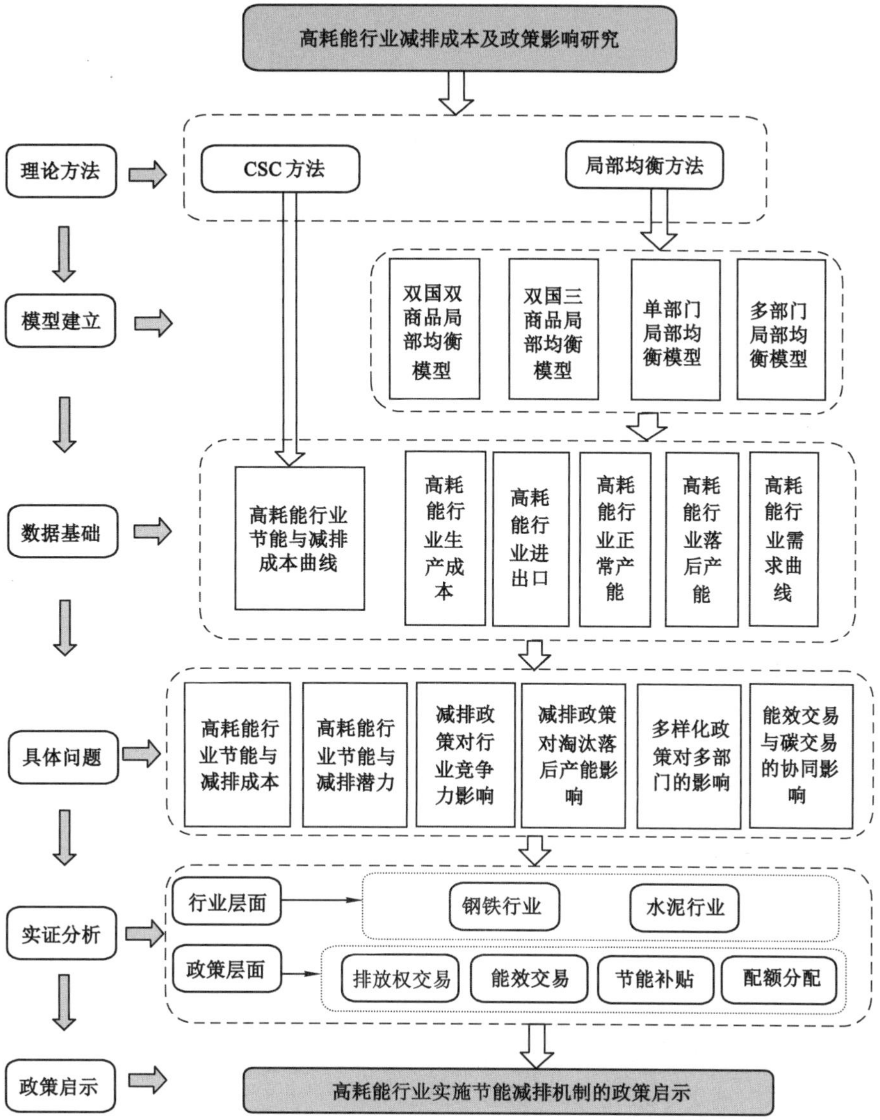
高耗能行业减排成本及政策影响研究
理论方法
CSC方法
局部均衡方法
模型建立
双国双商品局部均衡模型
双国三商品局部均衡模型
单部门局部均衡模型
多部门局部均衡模型
数据基础
高耗能行业节能与减排成本曲线
高耗能行业生产成本
高耗能行业进出口
高耗能行业正常产能
高耗能行业落后产能
高耗能行业需求曲线
具体问题
高耗能行业节能与减排成本
高耗能行业节能与减排潜力
减排政策对行业竞争力影响
减排政策对淘汰落后产能影响
多样化政策对多部门的影响
能效交易与碳交易的协同影响
实证分析
行业层面
钢铁行业
水泥行业
政策层面
排放权交易
能效交易
节能补贴
配额分配
政策启示
高耗能行业实施节能减排机制的政策启示

图 1-2 本书的技术路线

1.4 本书结构与主要内容

1.4.1 本书结构

本书研究的核心为高耗能行业的节能减排成本与政策影响，全部章节采用总—分—总的脉络展开。本书结构如图 1-3 所示。

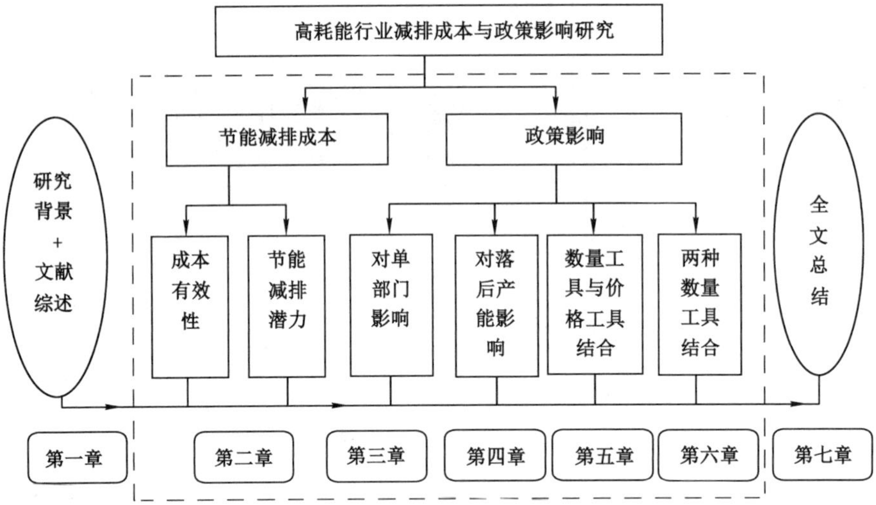

图 1-3 本书结构

1.4.2 主要内容

本书主要研究了高耗能行业的节能与减排成本，并以此为依据，研究了多样化节能减排政策对高耗能行业产生的影响，以及高耗能行业对不同市场化政策的策略性选择。全书的研究内容共分为 7 章，分别为：

(1) 绪论。介绍了研究背景，包括高耗能行业节能减排的意义、存在的问题、文献综述，确定了研究目的与技术路线。

(2) 高耗能行业的节能与减排成本研究。研究采用了基于技术的自底向上的成本曲线，并以我国钢铁行业为例进行了实例研究。通过实地调研及文献收集，获得了我国钢铁行业普遍采用的 41 项节能与减排技术以及这些技术的投资成本、运营成本、节能量等信息，得到了我国钢铁行业的节能与减排成本曲线，基于此分析了我国重点推广技术的成本有效性，并预测了 2020 年和 2030 年我国钢铁行业的节能减排潜力，结合研究结果，给出了政策建议。

(3) 市场化减排政策对高耗能行业的影响研究。运用局部均衡建模的方法，根据基于技术的节能与减排成本曲线，分析了不同的边境调节及技术采用障碍情景下，引入市场化减排政策对于产品生产、进出口、利润和碳排放等关键参数的影响。并以我国钢铁行业为例，研究了两种边境调节措施对于行业竞争力的影响。

(4) 排放权交易机制对高耗能行业落后产能的影响分析。建立了两国三商品的局部均衡模型，并将节能的协同效应以及上下游部门之间的影响纳入社会福利函数中。以钢铁行业为例，区分了来自正常产能和落后产能的钢铁生产产品，研究了两种产品在不同排放权交易机制下的利润、产量变化，并以社会福利最大化为约束条件，以支持正常产能、淘汰落后产能为依托给出了政策建议。

(5) 多样化减排政策组合对高耗能行业的影响研究。建立了单个高耗能部门及多个高耗能部门的局部均衡模型，分析了不同减排政策对于部门减排及生产行为以及社会福利的影响，同时还对于多个部门在不同减排政策下的相互影响进行了侧重分析。以我国钢铁和水泥行业为例进行了实例研究，分析了排放权交易机制与节能补贴或基于产出的配额返还的多样化政策组合对于部门的影响，以及部门在不同政策组合下的关联与互动。

(6) 能效交易与碳市场的协同作用及高耗能行业的策略性选择。分析了能效交易体系下的行业行为，同时比较了能效交易与碳市场同时实施的经济学影响。在此基础上，根据我国同时实施碳交易与能效交易的实际情况，结合国际上实施能效交易的经验，分析了二者共同实施的合理性，给出了我国同时实施两种体系的政策建议，指出作为碳市场的有效补充，能效交易的引入对于节能是有效的市场工具。同时，本书以我国钢铁和水泥行业为例，研究分析了当允许两个部门重合或不允许重合时，行业节能和生产行为的变化以及部门对于不同减排机制的策略性选择。

(7) 研究总结与政策建议。对于本书的研究工作与创新点进行了总结，得出了我国高耗能行业节能减排的政策建议，并对下一步工作开展进行了展望。

第2章　高耗能行业节能与减排成本研究

2.1　引言

本章将研究高耗能行业节能与减排成本曲线的核算，使用 CSC 方法，根据产品的生产加工流程，对于流程中各项节能减排技术进行统计，得到基于技术的自底向上的节能与减排成本曲线。

节能与减排成本是影响节能减排活动的关键因素之一，它直接关系各国在气候变化谈判中所应坚持的立场，在推行减排政策时所应采取的手段，以及相关政策所能达到的效果。节能与减排成本曲线的核算是我国高耗能行业节能减排工作的研究重点之一。作为发展中国家，发展经济仍然是我国目前的首要任务。因此，对于节能减排成本进行合理的分析及准确的把握是我国制定相关政策的首要条件。只有与成本相符合的恰当的减排目标及减排政策，才能够在一定程度上确保节能减排行动既可以达到政策目标，又不会对企业发展和国民经济产生过大的影响。

由于 MAC 的影响因素非常多(如能源价格、能源供应情况、产业发展情况等)，不同国家不同行业之间的 MAC 存在着非常大的区别。因此，想要对我国的高耗能行业进行针对性的研究，行业层面的 MAC 曲线的获得是非常重要的。微观层面的节能减排技术清单对于政策的制定意义重大，基于技术层面获得的节能减排成本更能反映行业实际情况。因此，本章采用基于技术清单的 CSC 方法，它是自底向上的基于技术层面的研究。目前国际上已经有很多研究采用 CSC 方法对高耗能行业进行分析。例如，Worrell 等(2000)使用 CSC 方法对世界范围内的许多工业部门进行了研究，包括美国的水泥部门；Hasanbeigi 等(2010)使用 CSC 方法研究了泰国的水泥部门；Fleiter 等(2012)使用 CSC 方法对德国造纸工业进行了研究。CSC 方法的最大优点是它基于不同行业层面的节能技术清单获得，能够最大限度地贴合所研究行业的实际情况。

2.2 模型描述

供给曲线(Supply Curves)被广泛引用于经济学的研究中。在 1970 年代,能源分析学家发展了节能供给曲线(Conserved Supply Curve,CSC),根据技术的节能成本对它们进行排序,来获得有益的信息。

类似地,我们使用 CSC 对节能技术和措施进行排序,排序的依据是它们的节能成本。通过这样一条曲线,我们可以获得运营和维持一项节能技术的相关成本以及选择一项节能技术的总成本(包括投资、运营及节能成本)。CSC 是根据各项技术的节能成本(Cost of Conserved Energy,CCE)来进行排序的。CCE 的计算方法如式(2-1)所示。

$$\text{CCE}=\frac{\text{年投资成本}+\text{年运营成本}-\text{年节能成本}}{\text{年总节能量}} \tag{2-1}$$

式(2-1)参考 Worrell 等(2001),并在其基础上进行了改动。Worrell 等(2001)在计算 CCE 时没有考虑技术的年节能成本,他们使用的比较基准是平均一次能源价格。事实上,不同的技术节约的能源种类是不同的,如煤炭、石油、电能、天然气等。当我们将技术的年节能成本反映在公式中时,就能够更加直观地反映出技术的 CCE,当 CCE 大于 0 时就认为技术不具有成本有效性,而当 CCE 小于 0 时就认为技术不具有成本有效性。需要注意的是,这里所谓的“年节能成本”仅仅包括所节约能源的部分,而其他能源消耗成本等仍然包括在投资或运营成本中。

$$\text{年投资成本}=\text{总投资}\times\frac{d}{[1-(1+d)^{-n}]} \tag{2-2}$$

式(2-2)中,d 表示折旧率,n 表示节能技术的投资回收期。从会计的角度来说,虽然不同的技术具有不同的生命周期,但是由于资金的限制,企业会更倾向于在短时间内收回投资,并有较高的内部收益率(Internal Rate of Return,IRR)。这里我们使用 n 表示技术的投资回收期,并且假设所有的技术都在同一时间段内收回投资。这不仅仅是为了便于进行会计核算,同时还反映出高耗能部门的投资特点。一般而言,可以选择折旧率为 20%或者 30%,即所有技术在 5 年或者 3.33 年收回投资,这也能够反映出高耗能行业在资金限制的情况下的投资偏好。

CSC 是所有节能技术和措施的年投资成本在特定时间段的快照。曲线中

X 轴代表技术，X 轴上的宽度代表节能技术的年度节能量。Y 轴的点代表节能技术的节能成本。CSC 的优点是为我们整理和总结节能技术的复杂信息提供了一个非常清晰同时便于理解的方式，包括它们的投资和节能潜力。现在也有很多分析使用内部收益率来分析不同投资的成本有效性。CCE 和 IRR 的区别在于，IRR 的分析中能源价格包括在计算中（节能以金钱的形式被度量），因此它对于节能措施的评估有直接的影响。然而，节能措施的成本不会随着燃料价格发生变化。我们在计算 CCE 时考虑了节能成本，使用 0 为基准就可以分析技术的成本有效性，结果也会更加准确。节能措施的成本不会随着燃料价格而变化，只反映成本有效技术的个数。

2.3 我国高耗能行业节能与减排成本分析——以钢铁行业为例

2.3.1 我国钢铁行业概述

钢铁制造业是世界范围内最耗能的生产工业之一，大概占到世界能源总需求的 5%以上。2010 年，全球粗钢产量超过 14 亿吨，作为最大的钢铁生产国，我国的粗钢产量达到 6.27 亿吨，大约占到全球粗钢产量的 44%（《中国钢铁工业年鉴》编辑委员会，2010）。作为一个发展中国家，我国和其他工业化国家最大的区别在于我国不断增长的生产率。在 21 世纪的前几年，我国钢铁工业的年增长率超过 7%。虽然 2012 年增长率已经下降至 5.6%，但是，这仍然高于 OECD 国家平均 1%的增长率。巨大的能源消费还导致了大量的温室气体排放，从 2006 年起钢铁工业的能源消耗大约占到我国总能耗的 17%以上，我国钢铁行业 CO_2 排放占总排放比例如图 2-1 所示。因此，对于我国钢铁行业节能减排进行研究具有重要的意义。

对于钢铁行业而言，节能技术的替代和生产流程的优化是节能的主要方法。不同的节能技术有不同的节能潜力，对于钢铁生产有不同的贡献。同时，节能技术的使用率与节能技术的成本密切相关。在钢铁工业的节能潜力方面，我国与其他工业化国家相比还有不小的差距。现如今，我国的粗钢吨钢能耗大约比国际先进水平高 15%。这意味着节能技术的使用依然低于预期水平。高炉煤气余压透平发电（Blast Furnace Top Gas Recovery Turbine Unit，TRT）、干熄焦（Coke Dry Quenching，CDQ）的使用率大概只有 30%和 52%；煤调湿（Coal Moisture Control）也只有很少一部分企业使用（中华人民共和国工业和信息化部，2010）。

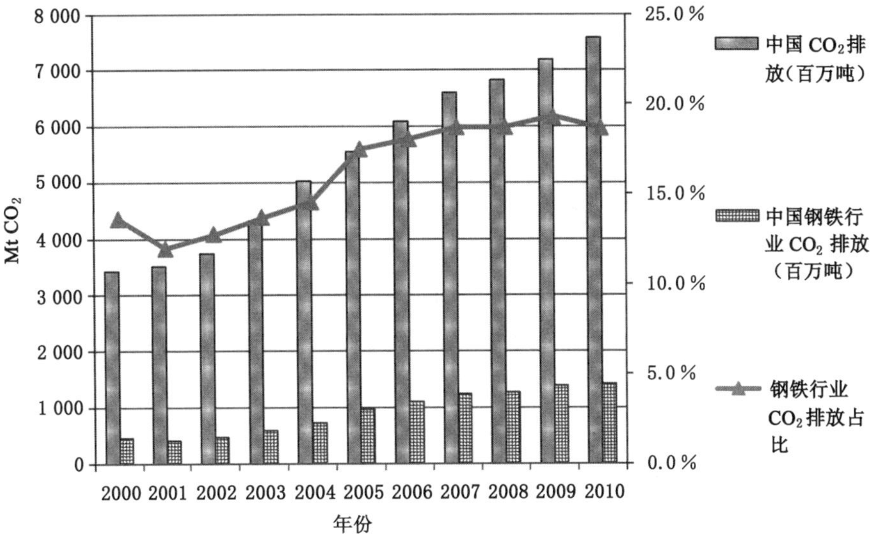

图 2-1　我国钢铁行业 CO_2 排放占总排放比例

注:数据来源于《中国统计年鉴 2011》,IPCC 2006。

因此,本章关注我国钢铁行业的节能和减排成本、节能和减排潜力。本章分析了我国钢铁工业适用的节能和减排技术,计算了其节能和减排成本曲线,并设置不同情景预测了未来的节能和减排潜力。

2.3.2　钢铁生产流程

本书对于典型的钢铁生产流程进行了细分。

烧结工序是在铁矿石放进高炉之前的准备工序,主要有两种,分别是块状烧结和球团烧结。烧结工序的主要能源消耗是燃料消耗,占该工序能耗的 75%~80%,而电能占 13%~20%。控制火的温度,改变物料状况,控制烧结的厚度以及烧结车的通风率都可以减少烧结过程的燃料消耗。

钢铁生产主要分为两个步骤:铁的生产和钢的生产。在生产铁的过程中使用铁矿石、石灰石、炼焦煤和其他物料在高炉中生产出生铁,或者通过直接还原铁获得海绵铁。钢的生产过程可以分为氧气转炉(Blast Oxygen Furnace, BOF,简称"转炉")和电弧炉(Electric Arc Furnace, EAF,简称"电炉")。BOF 是将氧气鼓吹入高炉,与熔融铁进行氧化反应,以氧化硅和锰等杂质。EAF 是使用电能作为加热源,来进行钢的生产。基于钢铁生产的流程划分,研究主要基于 6 个步骤,分别是烧结、炼焦、高炉炼铁、炼钢(BOF 和 EAF)、铸造和轧钢。

2010 年，主要钢铁企业烧结工序能耗约为 1.54 GJ/t，与 2009 年相比减少了 0.05 GJ/t。在烧结工序的能源使用中，燃料占 80%，电能占 13%，点火燃烧占 6.5%，其他占 0.5%。主要钢铁企业炼焦工序的能耗约为 3.10 GJ/t，与 2009 年相比减少了 0.24 GJ/t。主要钢铁企业炼铁工序能耗为 11.95 GJ/t，与 2009 年相比减少 0.08 GJ/t(王维兴，2011)。炼铁工序占到钢铁生产工序总能耗的 50% 左右，高炉炼铁工序中 78%的能源消耗用于碳的燃烧，因此，降低炼铁工序的燃料比是降低能耗的必需条件。炼铁的能耗已经减去了烧结和炼焦的能耗。

2010 年，主要钢铁企业 BOF 工序的能耗与 2009 年相比减少了 0.09 GJ/t。那些转炉煤气和蒸汽回收率较高的企业通常有较低的能耗。一般来说，转炉煤气回收率高于 80 m^3/t 或者高于 50 kg/t 的企业在 BOF 工序中可以获得负的能源消耗(即还有能源富余)。2010 年，重点钢铁企业 EAF 工序的能耗是 2.17 GJ/t，比 2009 年减少了 0.02 GJ/t(王维兴，2011)。我国主要钢铁生产企业建立了小高炉，使用熔融铁来炼钢，所以 EAF 工序的能耗比国际水平要低。然而，我国 EAF 工序的使用比例非常低，2010 年只有不到 10%的比例，所以我国钢铁工业的能耗仍然非常高。提高 EAF 使用的比例，对于降低我国钢铁行业的能耗而言有非常重要的意义。同时，我国主要的钢产品以低附加值的钢坯和钢管为主，所以在冷轧和精炼环节，主要考虑这两种产品的生产，所有的值都折成粗钢来核算。

2010 年我国钢铁行业各流程能耗如表 2-1 所示。

表 2-1　2010 年我国钢铁行业各流程能耗

流程		能源消耗/(GJ/t)	电力消耗/(GJ/t)	燃料消耗/(GJ/t)
烧结		2.29	0.22	1.63
炼焦		3.69	0.13	3.3
炼铁		2.1/3.09(蒸汽/引擎)	0.07/0.40(蒸汽/引擎)	1.89
炼钢	BOF	0.20	0.04	0.08
精炼	EAF	3.49	1.15	0.04
	LF 炉	0.27	0.09	
	RH-KTB 炉	0.03	0.01	
	CAS-OB 炉	0.03	0.01	
铸造	VD 炉	0.03	0.01	
	钢坯	0.16	0.04	0.04
	钢板/钢卷	0.17	0.04	0.05

表 2-1(续)

流程		能源消耗/(GJ/t)	电力消耗/(GJ/t)	燃料消耗/(GJ/t)
轧钢	热轧	1.68	0.23	0.99
	冷轧	1.67	0.29	0.80
连铸和轧钢		1.13	1.21	0.50

注:数据来源于《焦炭单位产品能源消耗限额》(GB 21342—2013),《粗钢生产主要工序单位产品 能源消耗限额》(GB 21256—2013),《焦炭单位产品能源消耗限额》(GB 21342—2013)等。

2.3.3　技术选择和数据说明

为了分析我国钢铁行业的节能与减排成本,我们选择了 41 项适用技术,其中的一些技术是“十二五”期间钢铁工业推广的技术。在我们选择的技术中,烧结余热发电、煤调湿、干熄焦、高炉煤气余热透平发电、燃气蒸汽联合循环发电(Combined Cycle Power Plant,CCPP)、粉煤喷射、高炉喷吹塑料、LT 干法除尘、烟气余热回收、氧燃烧燃烧器、热电联产都是推广技术。同时,在《国家重点推广的低碳技术目录》中,转炉余热回收、热风炉系统化节能都是推广技术。

表 2-2 列出了每项技术的燃料和电能节约、一次能源节约、投资成本、运营成本、CO_2 减排量、应用率等。所有技术的数据来源于已发表文献,其中,一些数据来源于国内已发表的文献,这部分文献已经在表 2-2 中进行了标注。除此之外,还有一些技术难以在国内发表的文献中获得准确数据,对于这部分技术参考了 Worrell 等(2000)研究的美国钢铁行业节能与低碳技术数据,将这些数据根据汇率和折现率折到我国 2010 年的值。在技术清单与数据整理完成之后,与相关企业进行了沟通与确认,确保列表中的技术与相关数据符合我国钢铁行业的实际情况。

表 2-2 中,烧结过程控制等技术,本身的电能节约量非常小,几乎可以忽略不计,因此表中这类技术的电能节约量认为是 0。同样,一些技术在生产过程中运营成本很低,几乎可以忽略不计,这类技术的运营成本也认为是 0。表中应用率指的是某个技术在 2010 年全国的占有份额(以钢铁产量计),由于一些技术的应用率难以获得,或在文献中仅给出了模糊比例,因此表中对于这类技术的应用率进行了近似处理。

2.3.4　我国钢铁行业的节能与减排成本曲线

虽然不同的技术具有不同的投资回收期,但是根据前面的分析,我们使用统一的折旧率来处理这些节能技术。为了统一计算,我们分别选取折旧率为 20%和 30%,也就是分别在 5 年和 3.33 年折旧完毕。统一的折旧率反映了钢铁企业的投

表 2-2　我国钢铁行业节能与减排技术数据清单

技术	英文名称	燃料节约/(GJ/t)	电能节约/(GJ/t)	一次能源节约/(GJ/t)	年度投资成本/(元/t)	年度运营成本/(元/t)	CO_2 减排量/(kg/t)	应用率/%
1. 烧结								
1.1 烧结过程预热	Preheat of sinter plant	0.12	0	0.12	22.06	0	12.85	100
1.2 提高过程控制	Improved process control	0.01	0	0.01	1.00	0	1.07	90
1.3 使用废料	Use of waste fuels	0.11	0	0.11	1.34	0	11.78	100
1.4 烧结余热发电(中华人民共和国工业和信息化部,2010)	Generating of sinter waste heat	0.04	0	0.04	12.16	0	4.28	20
2. 炼焦								
2.1 煤调湿(中华人民共和国工业和信息化部,2010)	Coal moisture control	0.06	0	0.06	140.00	4.40	6.42	15
2.2 干熄焦(中华人民共和国工业和信息化部,2010)	Coke dry quenching	0.36	0	0.36	180.00	1.87	38.55	50
3. 高炉炼铁								
3.1 高炉煤气透平余热发电(中华人民共和国工业和信息化部,2010)	TRT (dry type)	0	0.09	0.26	60.00	0	19.60	58
3.2 粉煤喷射(200 kg/t)(刘伟等,2010)	Pulverized coal injection (200 kg/t)	0.62	0	0.62	155.06	−29.74	66.39	60

表 2-2(续)

技术	英文名称	燃料节约/(GJ/t)	电能节约/(GJ/t)	一次能源节约/(GJ/t)	年度投资成本/(元/t)	年度运营成本/(元/t)	CO_2 减排量/(kg/t)	应用率/%
3.3 高炉煤气回收	Recovery of blast furnace gas	0.06	0	0.06	9.02	0	6.42	80
3.4 热风炉余热回收	Recuperator on the hot blast stove	0.30	0	0.30	15.58	0	32.12	50
3.5 高炉过程控制	Blast furnace control	0.36	0	0.36	10.69	0	38.55	30
3.6 燃气蒸汽联合循环发电(张怀东等,2006)	CCPP	0.51	0	0.51	96.00	0	54.61	10
3.7 高炉喷吹废塑料(李博知,2003)	Waste plastic injected into blast furnace	0.11	0	0.11	10.01	0	11.78	3
4. 转炉炼钢:BOF								
4.1 转炉煤气回收(中华人民共和国发展和改革委员会,2014)	Heat recovery of BOF gas	0.50	0	0.50	166.67	0	53.54	10
4.2 LT 干法除尘(周茂林等,2005)	LT-PR of converter gas	0	0.02	0.05	26.65	3.47	4.36	20
5. 电炉炼钢:EAF								
5.1 提高过程控制	Improved process control	0	0.11	0.33	31.75	−33.42	23.96	50
5.2 烟气监测和控制(肖敬斌等,2010)	Flue gas monitoring and control	0	0.05	0.17	66.84	0	10.89	50
5.3 超高功率转换器	UHP transformer	0	0.21	0.63	34.28	0	45.73	40
5.4 泡沫渣技术(姜周华等,1996)	Foamy slag practices	0	0.07	0.22	334.18	−60.15	15.24	30

表 2-2(续)

技术	英文名称	燃料节约/(GJ/t)	电能节约/(GJ/t)	一次能源节约/(GJ/t)	年度投资成本/(元/t)	年度运营成本/(元/t)	CO_2 减排量/(kg/t)	应用率/%
5.5 偏心底出钢(安景松,2012)	Eccentric bottom tapping	0	0.09	0.28	182.70	0	19.60	30
5.6 直流电弧炉	Direct current arc furnaces	0	0.32	1.00	167.09	−58.00	69.69	10
5.7 废钢预热	Scrap preheating	0	0.22	0.66	200.51	−63.49	47.91	5
5.8 双壳 DC 电弧炉	Twin shell DC arc furnaces	0	0.13	0.38	0.28	−36.76	27.44	10
5.9 氧燃烧嘴	Oxy-fuel burners	0	0.15	0.45	20.00	0	32.67	50
5.10 烟气余热回收(李国盛等,2009)	Flue gas waste heat recovery	0.72	0	0.72	37.50	0	77.10	10
6. 热轧和铸造								
6.1 连铸(曾春水等,2005)	Continuous casting	0.25	0.06	0.42	399.34	−178.79	39.84	100
6.2 高效钢包预热	Efficient ladle preheating	0.02	0	0.02	1.67	0	0.58	100
6.3 薄板压铸	Thin slab casting	1.18	0.09	1.44	600.00	−125.32	145.95	100
6.4 热轧热送(郭清阁等,2005)	Hot rolling Hot charging	0.19	0	0.19	100.00	−7.25	20.34	50
6.5 热风炉过程控制	Process control in hot strip mill	0.26	0	0.26	20.38	0	27.84	80
6.6 蓄热式燃烧(郑兆平,1999)	Recuperative burners	0.46	0	0.46	15.00	0	49.26	90

表 2-2(续)

技术	英文名称	燃料节约/(GJ/t)	电能节约/(GJ/t)	一次能源节约/(GJ/t)	年度投资成本/(元/t)	年度运营成本/(元/t)	CO_2 减排量/(kg/t)	应用率/%
6.7 炉绝缘	Insulation of furnaces	0.14	0	0.14	291.73	0	14.99	50
6.8 热风炉系统化节能(中华人民共和国国家发展和改革委员会,2014)	Hot furnace systematic energy saving	0.49	0	0.49	66.67	0	52.47	5
6.9 余热回收	Waste heat recovery	0.03	0	0.03	23.39	2.01	3.21	80
7. 冷轧和精炼								
7.1 连续退火	Continuous annealing	0.38	0	0.38	111.10	0	40.69	5
7.2 退火线余热回收(王鲁等,2009)	Heat recovery on annealing line	0.11	0.01	0.14	51.79	0	13.96	50
7.3 减少蒸汽使用(酸洗线)	Reduced steam use (pickling line)	0.11	0	0.11	53.80	0	11.78	50
7.4 自动监测和定位系统	Automated monitoring and targeting system	0	0.12	0.38	21.05	0	26.13	50
8. 通用技术								
8.1 预防性控制	Preventative maintenance	0.43	0.02	0.49	4.09	8.18	50.40	90
8.2 能源监测和控制(张林,2007)	Energy monitoring and management	0.32	0.01	0.35	4.96	0	36.44	90
8.3 热电联产(张晓晖等,2005)	Cogeneration	0.03	0.30	0.93	57.60	0	68.55	90

资偏好，如果一项技术投资回收期很长的话，企业可能并不会倾向于选择它。统一的投资回收期，也便于企业在同一段时间内做出选择。这里我们没有考虑我国钢铁行业的节能障碍率。障碍率可以在折旧率的升高过程中得到部分体现（折旧率高时可以反映出障碍率较高的情况）。我们将转炉炼钢和电炉炼钢的比例设置为9∶1，这也是2010年我国钢铁工业的实际水平。因此在数据处理时，我们给长流程炼钢（烧结—炼焦—炼铁—转炉炼钢—热轧和铸造—冷轧和精炼—通用技术）赋予了比例0.9；给短流程炼钢（电炉炼钢—热轧和铸造—冷轧和精炼—通用技术）赋予了比例0.1，也就是说，热轧和铸造、冷轧和精炼、通用技术的比例之和为1。

当折旧率为20%时，我国钢铁行业的节能供给曲线如图2-2所示。

我国钢铁行业2010年的吨钢能耗为604.6 kgce/t，等于17.72 GJ/t。如果这41项节能技术全部应用上，会带来4.63 GJ/t的节能效果，约占到基准吨钢总能耗的20.7%。当折旧率为20%时，有25项技术具有成本有效性，累计节能量为3.89 GJ/t，约占到总能耗的18.0%。不同折旧率的敏感性分析如图2-3所示。

图2-3显示了折旧率增高会使得节能供给曲线的斜率增加，并减少成本有效的技术个数。当折旧率为30%时，只有20个技术具有成本有效性，累计节能量为3.32 GJ/t，约占总能耗的15.8%。然而，两条曲线之间并没有非常大的区别，这主要是因为这些节能技术的投资回收期较短，即使在高的折旧率情况下，依然具有成本有效性。在计算中，已经去除了节能成本的影响，这意味着在计算节能成本时所使用的能源价格依然会对结果产生影响。因为我们所使用的能源价格是基于能源消费的市场价格确定的，但是能源的市场价格会不断波动，而这会影响技术的CCE，所以说能源价格依然对结果产生影响。因此，建立市场化的能源价格体系对于节能技术的应用有重要的意义。

图2-4显示了折旧率为20%时我国钢铁行业的CO_2减排成本曲线。

根据表2-1的计算，我国钢铁行业的吨钢碳排放为1 547.65 kg，如果这41项技术全部应用，会带来443.21 kg/t的减排效果，约占总CO_2排放的22.3%。我们假设CO_2价格为0.1元/kg，基于此分析技术的成本有效性，这一CO_2价格参考了深圳碳市场试点的实际碳价格。根据深圳碳市场试点的实际情况，CO_2价格在80～140元/t，所以我们选取了100元/t，即0.1元/kg的碳价格。根据这一价格，有28项技术具有成本有效性。累计CO_2吨钢减排量为382.48 kg，占到总CO_2排放的19.8%。以目前我国其他碳市场试点的情况来看，碳价格可能更低，大约为

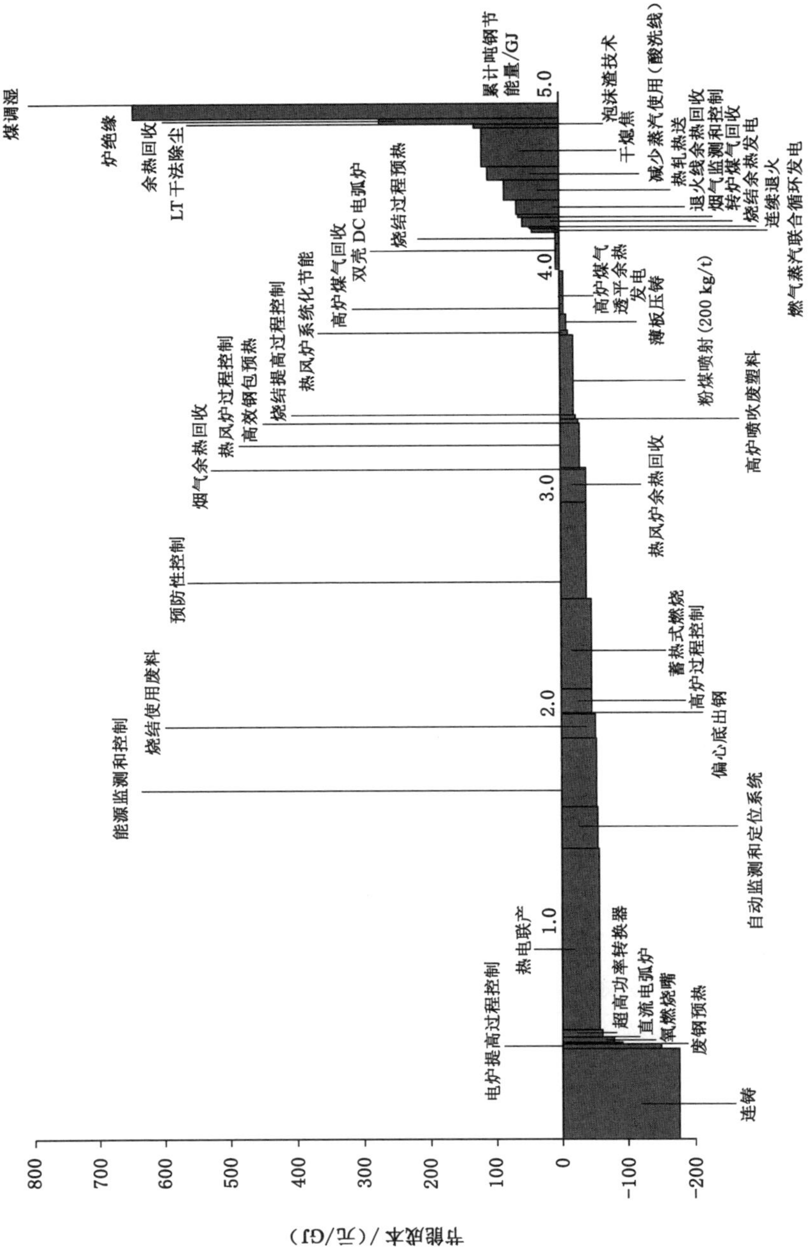

图 2-2　我国钢铁行业的节能供给曲线（折旧率为20%）

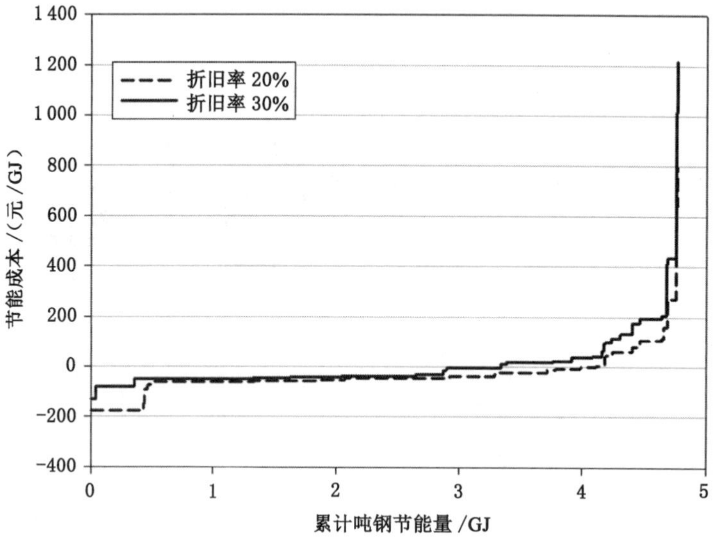

图 2-3　不同折旧率的敏感性分析(20%和 30%)

20～50 元/t。如果我们以 50 元/t 的碳价格作为参考，有 27 项技术具有成本有效性，总的 CO_2 吨钢减排量为 377.57 kg，约占基准吨钢总排放的 19.6%。根据研究，即使碳价格超过 0.2 元/kg，对于技术成本有效性的影响也是有限的(当碳价格上升到 0.2 元/kg，仍然有很多技术具有成本有效性)。虽然 CO_2 价格会增加节能技术的成本，但是技术依然是具有成本有效性的。考虑未来 CO_2 价格会进一步增加，我们依然比较了当碳价格为 0.2 元/kg 的情况，在成本有效技术的个数上并没有非常大的差距。也就是说，因为有一些技术存在着负的运营成本(即有收益)，CO_2 的减排成本相对来说是较低的。事实上，那些有正的运营成本的技术会更多地被 CO_2 价格影响，这样的技术有 16 个。目前，我国仍然没有一个统一的碳市场，因此也没有一个统一的碳价格。如果以后统一碳市场建立了，我们再根据碳市场具体情况做进一步的研究。

2.3.5　各个工序的节能成本曲线与推广技术的成本有效性分析

下面分析各个工序的节能成本曲线。图 2-5 展示了烧结、炼焦、炼铁和转炉工序的节能成本曲线。

将烧结、炼焦、炼铁和转炉工序放在一张图中，因为这 4 个工序是长流程炼钢的工序，图中下划线表示的是推广技术。

(1) 烧结工序的总吨钢节能量为 0.22 GJ，约占到总节能量的 4.8%。在烧

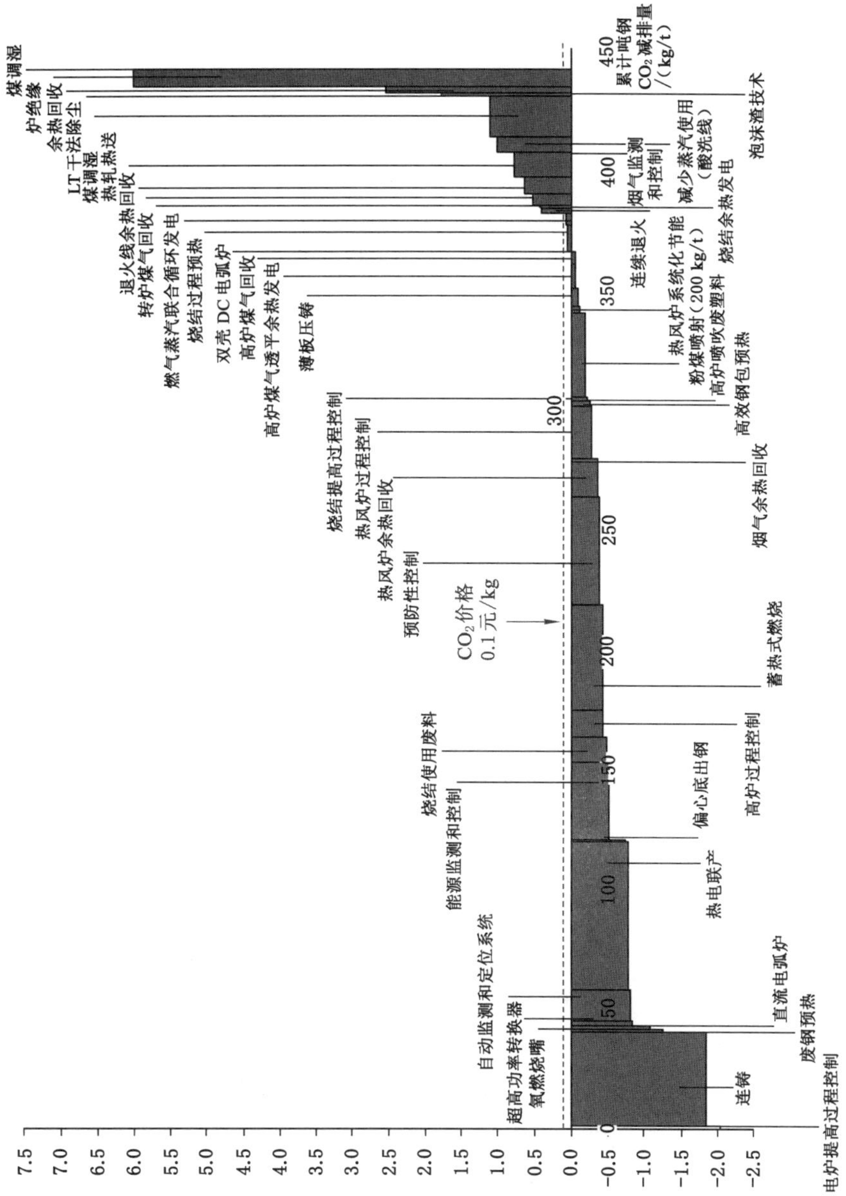

图 2-4　我国钢铁行业的 CO_2 减排成本曲线（折旧率为 20%）

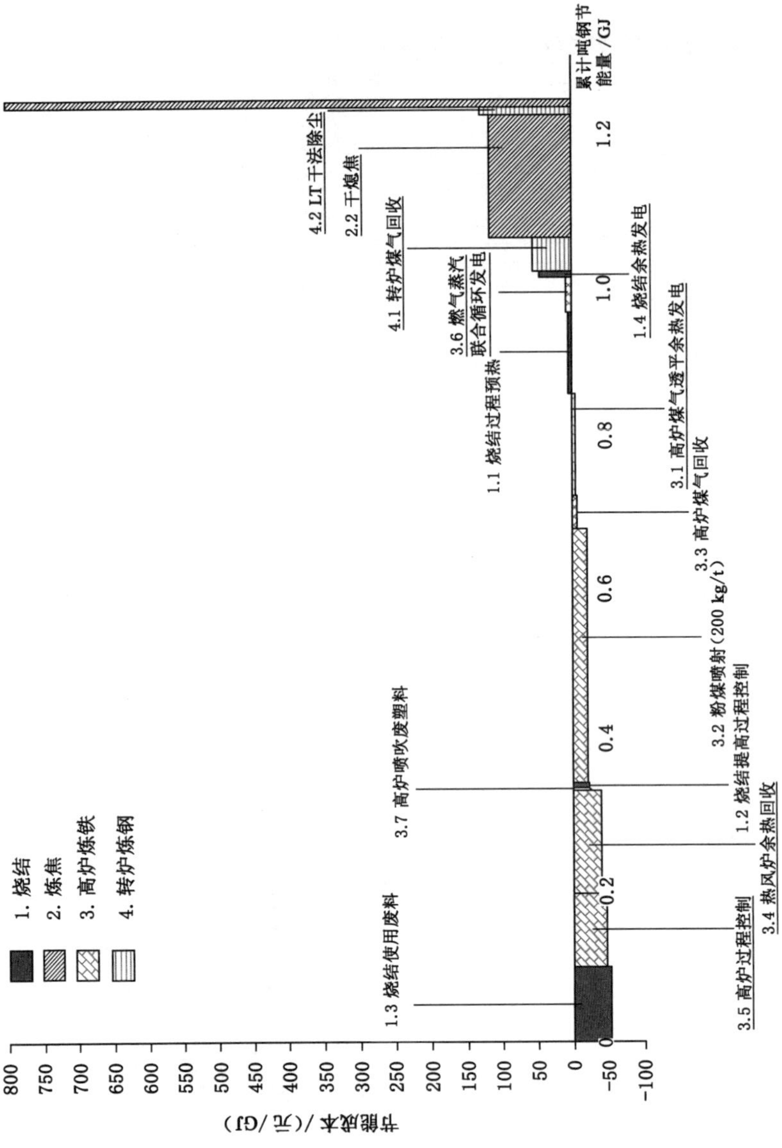

图 2-5　烧结、炼焦、炼铁和转炉工序的节能成本曲线

结工序中有两项成本有效的技术，另外两项则不具有成本有效性。但是这两项没有成本有效性的技术，并没有高于 X 轴太多。也就是说，如果考虑数据计算误差，它们依然具有应用潜力。因为我们计算的是工业平均值，并不能反映不同设备的异质性；我们所选择的能源价格也会有波动，不同的企业会有不同的运营成本，所以在使用 CCE 数据的时候，不同的企业会具有异质性。烧结余热发电是我国在“十二五”期间推广的技术，它有相对较高的节能成本，但是如果考虑可能给予的补贴以及不同企业异质性的存在，它在整个行业仍然具有推广潜力。

(2) 炼焦工序总的吨钢节能量是 0.17 GJ，约占总节能量的 3.7%。两项所选择的技术都是“十二五”期间推广的技术，同时它们的节能成本都比较高。干熄焦在企业中被广泛应用，虽然它的节能成本较高，但是如果考虑补贴和数据误差，它仍然在成本有效技术选择列表中。煤调湿有过高的节能成本，即使是补贴都无法覆盖巨大的投资，所以政策制定者需要慎重考虑是否要在全行业推广煤调湿技术。

(3) 高炉炼铁的累计吨钢节能量是 0.79 GJ，约占总节能量的 17%，也是这 4 个工序中最高的。可以看到除了 CCPP 之外，其他 7 项节能技术都具有成本有效性。CCPP 是“十二五”期间重点推广的技术，然而它的节能成本并没有高于 0 太多，也就是说它仍然具有推广潜力。TRT(干式)也同样是推广技术，它具有良好的成本有效性。

(4) 转炉炼钢的吨钢节能量是 0.06 GJ，约占总节能量的 1.3%，我们选择的两项节能技术都位于 X 轴之上。转炉余热回收是中华人民共和国国家发展和改革委员会《国家重点推广的低碳技术目录》中列举的技术，如果考虑能源价格变化和补贴水平则它具有成本有效性。LT 干法除尘有较高的成本，这意味着除非给予更高的补贴，否则不具有成本有效性。这里只选择了两项技术，这也是自底向上计算方法的局限性，我们不可能考虑所有的节能技术，因此核算出的节能量可能会低于实际水平。

图 2-6 展示了电炉工序的节能成本曲线。

电炉工序的累积吨钢节能量是 0.11 GJ，约占总节能量的 2.4%。这是一个非常低的比例，主要是由于现在电炉炼钢的比例很低，大约只有总产量的 10%。这 10 项技术大部分都具有成本有效性，也就是说，在节能方面电炉工序有较好的表现。烟气余热回收是推广技术，它具有良好的成本有效性。

热轧和铸造、冷轧和精炼、通用技术这三个工序的节能成本曲线如图 2-7 所示。

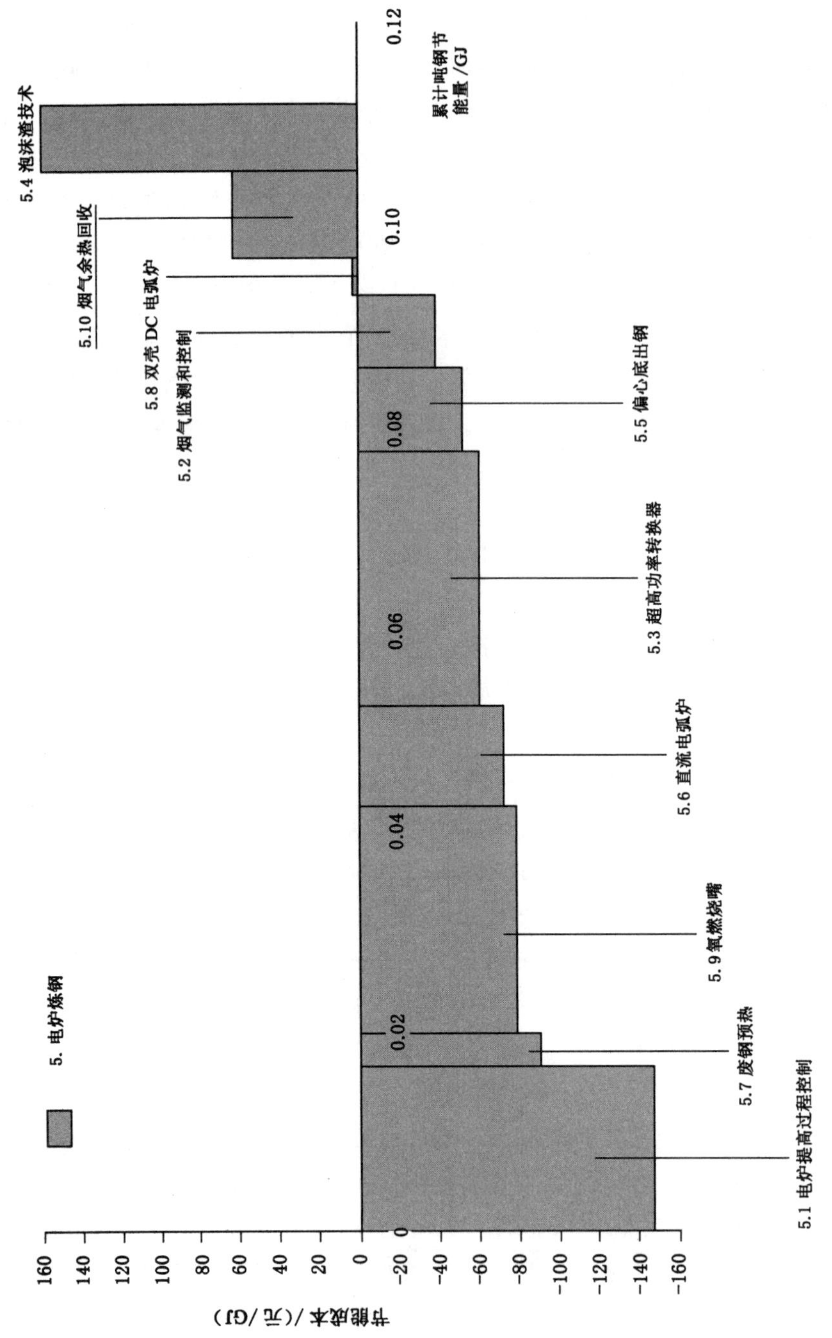

图 2-6　电炉工序的节能成本曲线

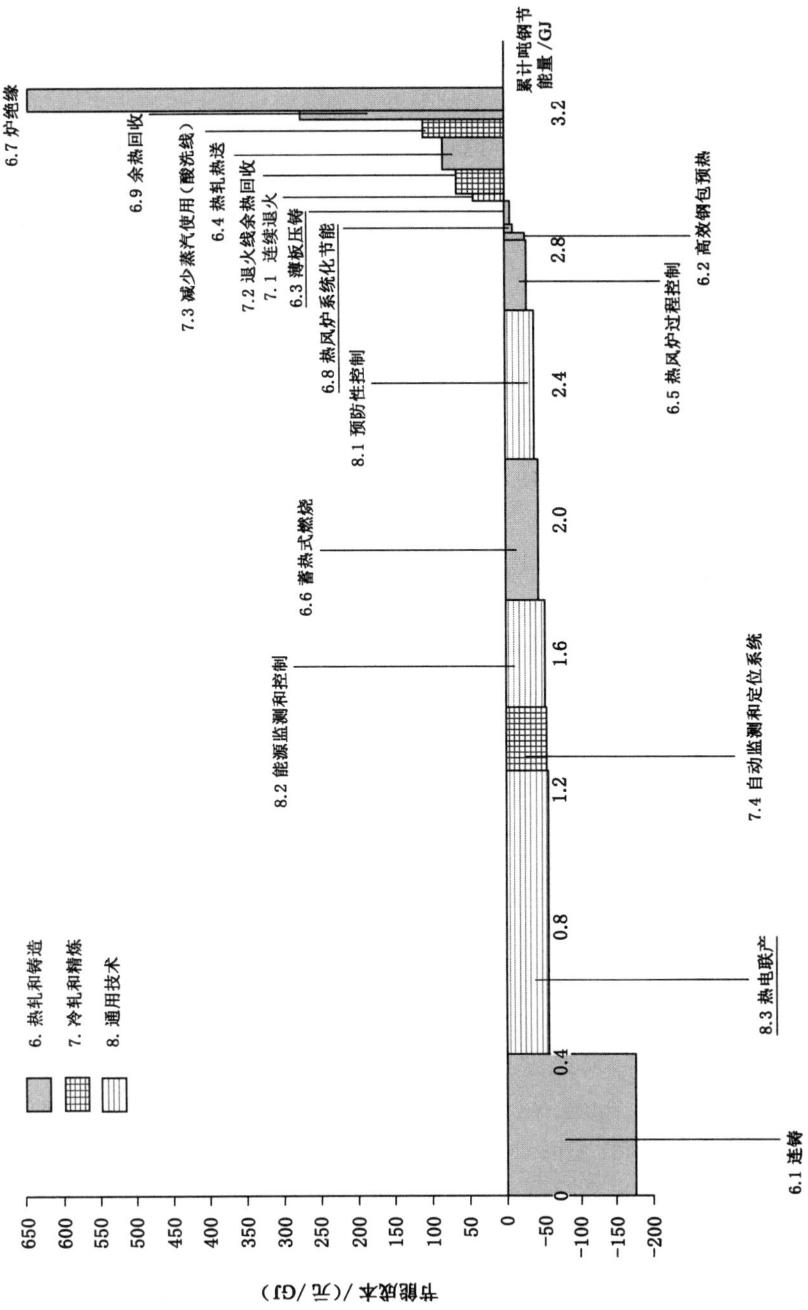

图 2-7　热轧和铸造、冷轧和精炼、通用技术的节能成本曲线

（1）热轧和铸造的累积吨钢节能量为1.36 GJ，约占总节能量的29.4%。这是一个非常高的比例，主要是由于这些技术目前在我国都具有较高的应用率。以连铸为例，几乎在我国的主要大中型钢铁企业都有运用，应用率接近达到了100%。热轧热送严重依靠本土环境。例如，热轧热送在美国的成本大约是137.83元/GJ，比我们计算的结果要低。同时，其他的技术也是一样的，所有的技术在具体应用时都有异质性。我们选择的数据只是行业的平均水平，在应用数据进行计算时，不同的企业会有不同的结果。薄板压铸和热轧热送都是"十二五"期间的推广技术，薄板压铸是成本有效的技术。热轧热送的成本略高于0，然而，考虑燃料价格的波动和其他因素，如税收和补贴，在不远的将来仍然具有推广潜力。热风炉系统化节能同样是《国家重点推广的低碳技术目录》中列举的技术，这意味着它会在近几年得到大力推广，很明显它也是成本有效的技术。

（2）冷轧和精炼的累积吨钢节能量是0.32 GJ，约占总节能量的6.9%。这个工序中没有推广技术，自动监测和定位系统在这个工序中具有最低的节能成本。

（3）通用技术的累积吨钢节能量是1.59 GJ，约占总节能量的34.4%。虽然这个工序只有3项技术，但是占比是所有工序中最高的。主要的原因是这3项技术目前都有很高的使用率。热电联产是推广技术，很明显具有成本有效性。

总的来说，我们发现几乎一半的政府推广节能技术不具有成本有效性。考虑未来燃料价格会增加，技术的成本会下降，计算可能会存在一些统计误差，我们认为一些技术仍然具有节能潜力。因此，我们认为成本在50元/t以下的技术都具有成本有效性。在一些省份，政府已经给予企业节能补贴。例如，深圳的节能补贴是540元/t标准煤，约为18.43元/GJ；合肥的补贴是500元/t标准煤，约为17.06元/GJ；北京的补贴是260元/t标准煤，约为8.87元/GJ；上海的补贴是200元/t标准煤，约为6.83元/GJ。也就是说，我国节能补贴的范围在6.83～18.43元/GJ，与节能成本相比相对较低。我国政府也为企业的节能提供了激励。在财政部、工业和信息化部印发的《工业企业能源管理中心建设示范项目财政补助资金管理暂行办法》中，为钢铁企业提供了一些补贴，但是补贴是基于具体项目发放的，所以没有具体数值。但是，补贴是在不断增加的，同时技术的成本随着推广也呈现下降趋势。考虑数据误差和不同企业的异质性，当我们选择投资、节能量时，只能反映行业的平均水平，并不能反映不同设备的异质性；能源价格也会出现波动，不同企业的运营成本也不同。因此，可能基于我们的数据某项技术不具有成本有效性，但在实际使用过程中在某个工厂是成本有效的。为此，我们考虑了3种情况，分别是成本低于0元/GJ、0～50元/GJ、50～150元/GJ。成本在50～150元/GJ的技术在近期可能具有成本有效性。在表2-3中列举了3种情况下推广技术的成本有效性。

表 2-3　3 种情况下推广技术的成本有效性

推广技术	成本在 0 元/GJ 以下	成本在 0～50 元/GJ	成本在 50～150 元/GJ
烧结余热发电	是	是	是
干熄焦	否	否	是
煤调湿	否	否	否
TRT(干式)	是	是	是
CCPP	是	是	是
LT 干法除尘	否	否	是
转炉余热回收	否	否	是
烟气余热回收	否	否	是
薄板压铸	是	是	是
热轧热送	是	是	是
热风炉系统化节能	是	是	是
热电联产	是	是	是

2.3.6　不同情景下我国钢铁行业 2020 年和 2030 年节能潜力分析

(1) 情景设置

基于节能技术的数据，本节预测了我国钢铁行业 2020 年和 2030 年的节能潜力。假设了 3 种情景，即照常发展情景(Business as usual，BAU)、成本有效(Cost-effective)情景和技术扩散(Technical diffusion)情景。在分析中，技术扩散率是外生给定的。由于企业的数据不可得，无法根据文献获得技术扩散率的数据。同时，由于不同技术的推广水平是不同的，无法对所有的节能技术都给予一个统一的增长率。所以设定了一个每十年的增长水平来刻画增长率的区别，给予了 2020 年和 2030 年与 2010 年对比的增长水平，具体如表 2-4 所示。

表 2-4　2020 年和 2030 年与 2010 年对比的增长水平

情景	成本有效技术		非成本有效技术	
	2020 年较 2010 年扩散率增长/%	2030 年较 2010 年扩散率增长/%	2020 年较 2010 年扩散率增长/%	2030 年较 2010 年扩散率增长/%
BAU	10	20	10	20
成本有效	20	40	10	20
技术扩散	20	40	20	40

由于废钢和电能的限制，电炉炼钢的水平在我国仍然比较低。但是电炉炼钢有很多的优势，如较低的投资、可以制造特殊钢等，这也意味着它在未来有较

大的发展潜力。2010 年,电炉炼钢的比例大概为 10%,假设 2020 年这个比例可以达到 20%,而到 2030 年这一比例可以达到 30%,这也比较接近目前发达工业化国家的水平。并且我国目前出现了钢铁产能过剩的情况,这也意味着废钢在未来一段时间内可能会达到较高水平,这也为电炉炼钢的发展提供了良好环境。电炉和转炉炼钢的比例变化如表 2-5 所示。

表 2-5　电炉和转炉炼钢的比例变化

年份	电炉炼钢比例/%	转炉炼钢比例/%
2010 年	10	90
2020 年	20	80
2030 年	30	70

(2) 节能潜力分析

节能潜力分析的意义在于,可以描绘随着未来扩散率的提高,这些节能技术还能为我国钢铁行业带来多少的节能量。这里使用 20%的折旧率来进行分析。图 2-8 和图 2-9 展示了 2020 年和 2030 年不同情景下我国钢铁行业燃料和电能的节约量(与 2010 年相比)。

在 BAU 情景下,燃料节能潜力为 0.55 GJ/t,电能节能潜力为 0.12 GJ/t,一次能源节能潜力为 0.91 GJ/t。在成本有效情景下,燃料节能潜力为 0.95 GJ/t,电能节能潜力为 0.17 GJ/t,一次能源节能潜力为 1.48 GJ/t。在技术扩散情景下,燃料节能潜力为 1.08 GJ/t,电能节能潜力为 0.18 GJ/t,一次能源节能潜力为 1.63 GJ/t。在这 3 个情景下扩散率增长越快,节能潜力也就越大。技术扩散和成本有效情景的差别较小,这是因为大部分的技术都是成本有效的,因此在 2 个情景的设置方面,这些成本有效技术是一样的(在折旧率为 20%时有 30 项成本有效的技术和 11 项非成本有效的技术)。

燃料节约主要来自热轧和铸造、高炉炼铁、通用技术;电能节约主要来自电炉炼钢、通用技术、冷轧和精炼、热轧和铸造。技术扩散情景下的电能节约量高于 BAU 和成本有效情景较多,这主要是由于电炉炼钢的比例在这 2 个情景中有所受限,而在技术扩散情景中增长了很多。烧结工序的燃料节约在 2020 年和 2030 年反而有所下降,这是由于长流程炼钢(转炉炼钢)的比例分别下降到 80%和 70%所导致的。

两幅图显示了我国钢铁行业主要的节能潜力来自燃料,这是由于电能节约主要来自电炉炼钢工序,但是它在我国比转炉炼钢的应用要少很多。即使我们假设电炉炼钢比例在 2020 年和 2030 年会上升到 20%和 30%,但是这也

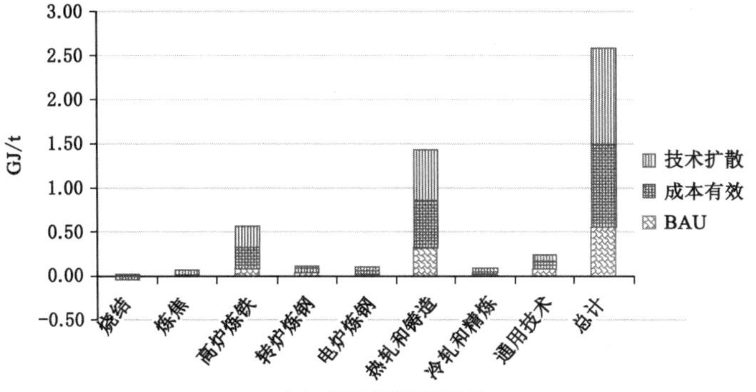

(a) 2020年燃料节约量

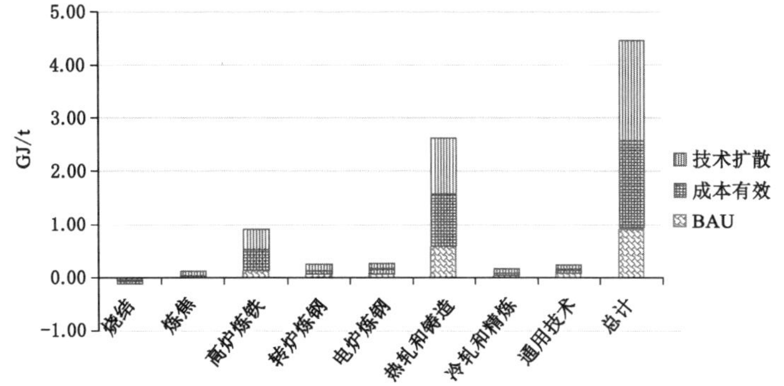

(b) 2030年燃料节约量

图 2-8　2020 年和 2030 年不同情景下我国钢铁行业的燃料节约量

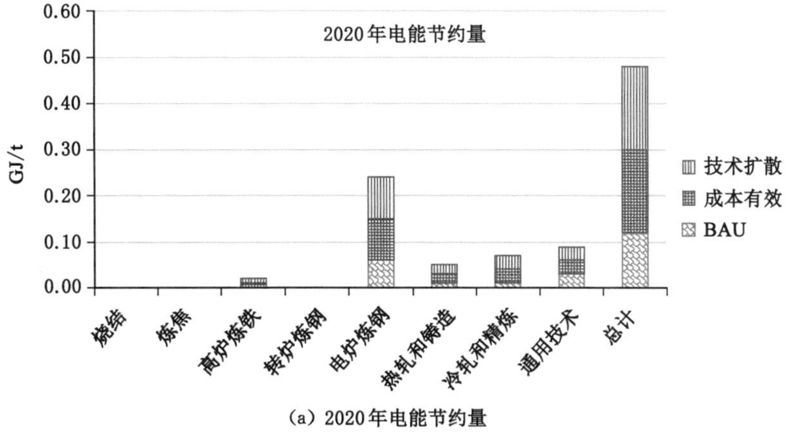

(a) 2020年电能节约量

图 2-9　2020 年和 2030 年不同情景下我国钢铁行业的电能节约量

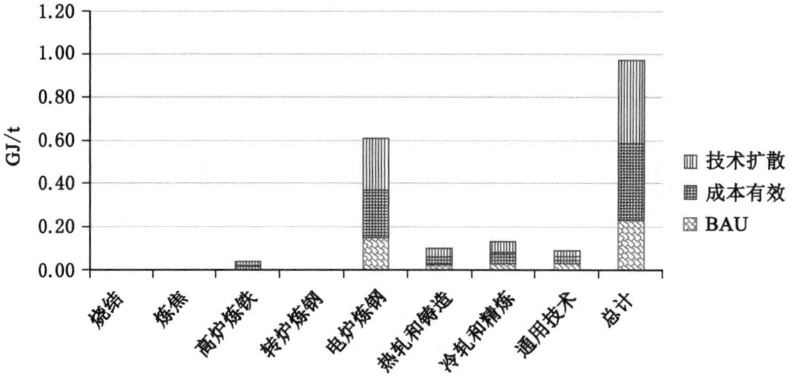

(b) 2030年电能节约量

图 2-9(续)

远远小于转炉炼钢的比例。这也就是为什么我国钢铁行业的节能潜力主要来自转炉的原因。

2020 年不同情景下我国钢铁行业的节能供给曲线如图 2-10 所示。随着技术扩散率的增加,成本有效的技术个数也在不断增加,同时我国钢铁行业的节能潜力也呈现出上升趋势。

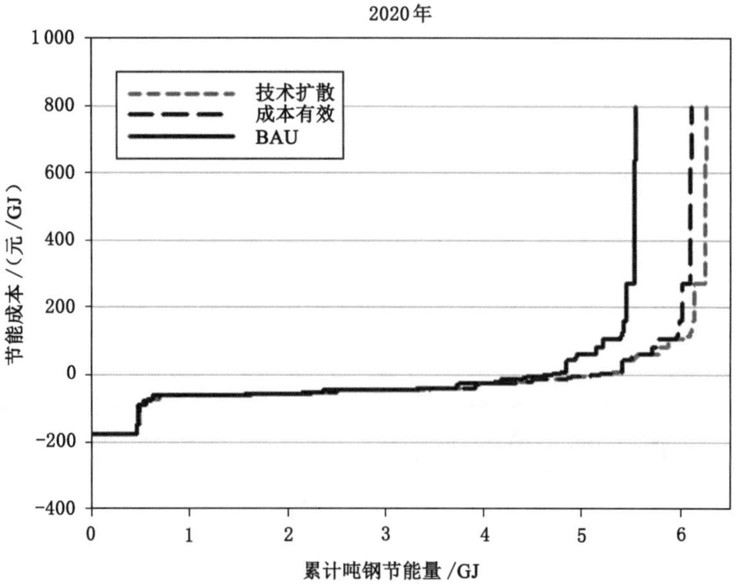

图 2-10 2020 年不同情景下的节能供给曲线

2020 年和 2030 年不同情景下的节能潜力如图 2-11 所示。技术扩散率越高，节能潜力也就越大。同时，与基准情景相比，2020 年每种情景下的节能潜力均大于 2030 年该种情景下的节能潜力。这主要是由于 2020 年大部分的节能技术扩散率都趋于饱和了，因此如果在没有新技术应用的情况下，我国钢铁行业 2030 年的节能提升空间会受到限制。

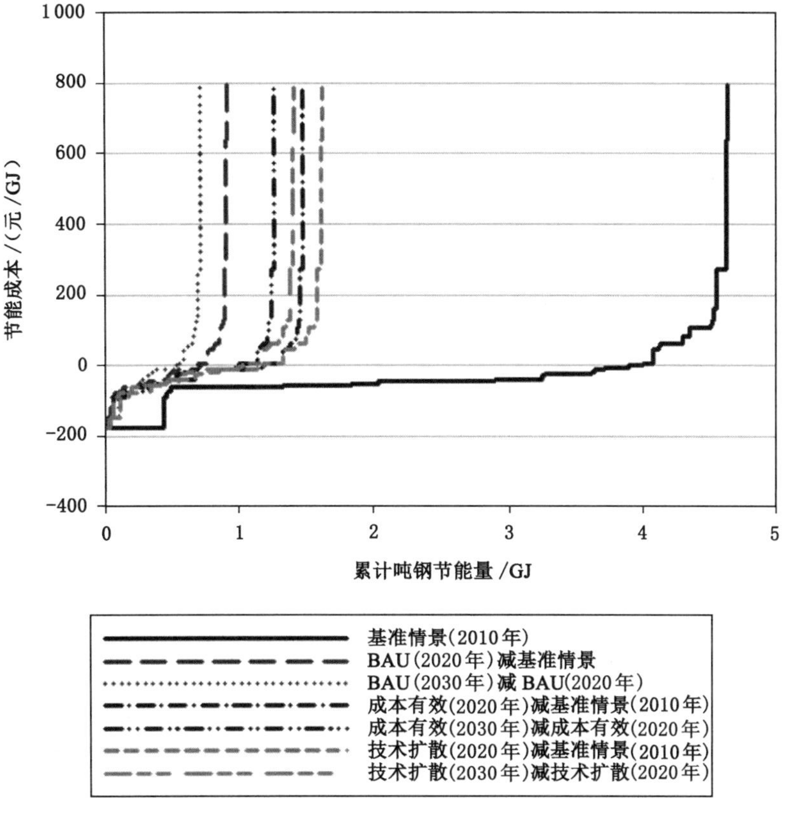

图 2-11　2020 年和 2030 年不同情景下的节能潜力

2.4　结论与讨论

本章研究了我国高耗能行业的节能与减排成本，并以钢铁行业为例进行了详细的分析。

在对我国钢铁行业进行的分析中，本章基于钢铁生产的流程选取了共 41 项节能技术,详细核算了它们的投资成本、运营成本、节能量以及应用率,这些数据大部分是基于实地调研和钢铁行业已经发表的文献统计而来,有些无法获得的数据是基于 Worrell 等(2000)对美国钢铁行业的研究数据,按照汇率和利率折合成 2010 年人民币的值。基于此我们获得了我国钢铁行业的节能和 CO_2 减排成本曲线。

在 2010 年,41 项技术累计的吨钢节能量为 4.63 GJ,约占吨钢总能耗的 20.7%。当折旧率为 20%时有 25 项技术具有成本有效性,当折旧率为 30%时有 20 项技术具有成本有效性。在对技术的 CCE 进行核算时,已经去除了节能成本的影响。

在 2010 年,这 41 项技术的累计吨钢减排量为 443.21 kg CO_2,约占总吨钢排放量的 22.3%。我们假设碳价格为 0.05 元/kg 和 0.1 元/kg 并对这些技术的成本有效性进行分析。根据分析,超过一半的技术具有成本有效性。这也就意味着如果考虑技术的节能与减排收益,我国钢铁行业的 CO_2 减排成本并不是非常高。如果进行碳排放权交易试点的话,我国钢铁行业也有更高的参与意愿。

我们发现一些推广技术,如煤调湿等,其成本过高,目前并不适宜在全行业进行推广;而许多成本低、节能量高的技术并没有得到普遍重视。通用技术、热轧和铸造、高炉炼铁目前有最大的节能量,原因是这些工序的技术目前被广泛应用,同时也意味着这些工序未来的提高潜力会较低。电炉炼钢工序中的技术几乎都具有成本有效性,但是由于现在电炉炼钢的比例较低(2010 年仅 10%左右),因此现在的节能量也较低。随着电炉炼钢比例的提高,电炉炼钢技术也会随之得到发展,进一步的节能空间也会成为可能。同时电炉炼钢可以炼制特种钢,有利于提高我国钢铁产品的附加值。目前电炉炼钢的发展主要受限于电能和废钢的短缺,因此政策制定者应该提高废钢的循环利用率,引导电炉炼钢的技术投资,解决电炉炼钢的发展瓶颈,这对于我国钢铁行业的节能减排来说非常重要。

虽然我们尽可能地选择了全面的节能技术,但是这并没有涵盖所有的技术清单,同时,在实际核算中没有考虑技术采用壁垒,因此会造成节能减排量以及对相应成本的低估。我们的研究为行业层面节能减排技术的成本研究提供了研究方法和思路,不同的行业或者企业的适用技术以及技术采用壁垒情况有所不同,可以根据自身情况对于曲线进行调整,不仅仅可以对于曲线中的技术进行增减,还可以将实际的技术采用壁垒以成本的形式反映在曲线中,这样的曲线会更加具有实用性和可操作性。

对于节能潜力的预测研究来说，本章根据年份区分了不同情景下不同技术的扩散率，以及对于转炉和电炉炼钢比例进行了设定。随着技术扩散率的提高，节能潜力也有所提高。随着投资的降低和能源价格的提高，技术也会变得更加成本有效。但是这些变动并没有体现在本书的研究中。在后续工作中会进行补充研究。同时，我们也应该考虑未来新增产能以及旧设备的关停会增加节能技术的应用，这也会降低我国钢铁行业的能耗。研究的局限性主要体现在以下几个方面：第一，本章是对我国钢铁行业平均水平的研究，没有体现企业的异质性；第二，在研究 2020 年和 2030 年的节能潜力时，是基于 2010 年的投资和运营成本进行的，没有反映出成本的变动；第三，由于我国碳市场数据的缺乏，对于 CO_2 减排潜力的研究还不完备，这些都将在后续的工作中进行补充。

与我国钢铁行业的其他节能减排研究相比，本章的数据更能够直观反映出我国钢铁行业的实际技术应用水平，这也是自底向上模型的优势，能够获得更详细的数据，更细致地体现出高耗能行业的实际情况。同时，根据详细的节能技术清单，可以对于我国高耗能行业推广的节能技术的成本有效性进行研究，对于是否推广某项技术给出具体的指导意见。不同的企业在应用该模型时可以根据实际情况对数据进行调整，以获得更具有异质性的企业层面的研究方法。这些也是自底向上研究方法细致层面的体现。

第3章　市场化减排政策对高耗能行业竞争力的影响研究

3.1　引言

第 2 章通过研究获得了微观层面的基于技术的减排成本曲线，这对于高耗能行业的节能减排政策设定十分重要。接下来本章将基于微观层面的减排成本曲线，来分析市场化减排政策对于高耗能行业竞争力的影响。

市场化减排政策在世界许多国家得到了运用，通过总量控制下的排放权交易，对于 CO_2 排放设置了上限，很好地达到了减排的目的。虽然第 2 章中的研究结果表明，考虑了节能收益的情况下，我国高耗能行业的成本并不是非常高，但是由于研究并没有考虑技术采用壁垒，因此获得的减排成本可能偏低，也就意味着实际情况中，高耗能行业仍然需要支付较高的成本进行减排活动。因此许多企业担心市场化减排政策会对自身的竞争力产生影响。本章将以我国钢铁行业为例，详细分析不同的市场化减排政策以及边境调节政策实施后，对我国高耗能行业利润、进出口、产量等竞争力指标的影响，以及对减排效果的影响。

3.1.1　研究意义和目的

为进一步控制温室气体排放，我国已经在北京、上海、天津、重庆、湖北、广东和深圳等 7 个省市开展了碳交易试点，并计划在未来建立全国统一的碳排放权交易市场。高耗能部门会成为国内碳交易体系中最重要的覆盖部门。将这些行业纳入碳交易体系中，对行业本身的竞争力存在很大的挑战。一方面，鉴于国内很多高耗能行业已经处于微利状态，多出的碳排放成本可能会进一步对行业的竞争力造成负面的影响。另一方面，受排放权交易机制实施的影响，国内生产企业所生产的产品相比国际产品相对价格的变化必然对行业的进出口产生影响。而排放权交易机制对国内高耗能行业竞争力的影响，目前还没有很好地进行研究。本章将基于局部均衡方法，研究碳排放权交易机制对国内高耗能行业的影响。围绕行业竞争力问题，以我国钢铁行业为例，基于国内钢铁行业 2010 年的数据，通过分析行业利润、产量、进出口、排放量等关键参数，讨论 ETS 的实施对钢铁行业的影响。研究尝试回答以下问题：① 对于本来利润率就偏低的钢铁行业，会对利润造成多大的影响？② 对于我国钢铁行业净出口的格局会带来什么样的影响？③ 通过一定的边境调节措施，会在多大程度上减轻行业利润的损失？④ 对于钢铁行业的减排产生什么样的影响？同时希望钢铁行业的案例为其他高耗能行业的研究带来启示。

3.1.2　我国钢铁行业生产及进出口概况

在投资驱动的粗放式经济发展模式下，从 20 世纪 90 年代开始，我国钢铁行业在国内经济快速发展的背景下开始发展。2000 年以后，随着需求缺口的缩小，钢铁行业开始显现出供过于求的态势。2009 年，我国粗钢产量达 56 800 万 t，居世界第一位。钢铁行业是高污染、高排放的行业，我国钢铁行业的能耗占全国总能耗的 15%以上（2010 年），同时由于转炉炼钢比例大（2003 年我国转炉钢比为 82.4%，到 2013 年这一比例已增至 93%，而近十年来，世界转炉钢与电炉钢比例基本保持在 7∶3 的平均水平），导致对煤炭的需求较高。与世界先进水平相比，我国钢铁行业的平均能耗约高出 15%，这也造成了较大的能源浪费与排放增加。而从行业运营状况看，由于产品品类单一，附加值相对较低，产品同质竞争现象较为严重，导致国内钢铁行业步入微利时代，行业利润率普遍较低。2014 年，钢铁行业销售利润率仅为 0.9%。此外，由于之前大量投资的涌入，钢铁行业还面临着产能过剩的局面。

国内钢铁行业不仅仅是排放密集型行业，还在贸易方面相对开放。我国钢铁产品 1996—2012 年进出口量如图 3-1 所示。从 2005 年之后，我国钢铁行业就由净进口国变成了净出口国，此后出口量一直保持逐年上升的态势（尽管在 2009 年国际金融危机时，钢铁出口受到影响，但在此之后出口量仍在上升之中）。从钢铁进出口结构上看，首先，我国钢铁出口产品附加值较低，国际竞争力弱，同时与先进国家相比，我国钢铁的生产效率相对较低，技术含量不足，而我国钢铁进口产品的技术含量要高于出口产品。因此，我国的钢铁出口产品受价格影响较大，碳减排政策所带来的成本上升势必会对出口产生消极影响。其次，我国钢铁出口产品国过于集中。目前我国钢铁出口地主要集中在韩国、美国和欧盟。出口国的过度集中，使得我国钢铁行业出口风险较大。最后，在我国钢铁贸易迅速发展的前期，由于产能的高速扩张，国内消费压力较大，更多依赖出口，进而导致出口对于钢铁行业整体利润的影响以及对行业竞争力的影响也越来越重要。由于碳减排政策所带来的出口下滑，也势必会对行业的竞争力造成负面影响。

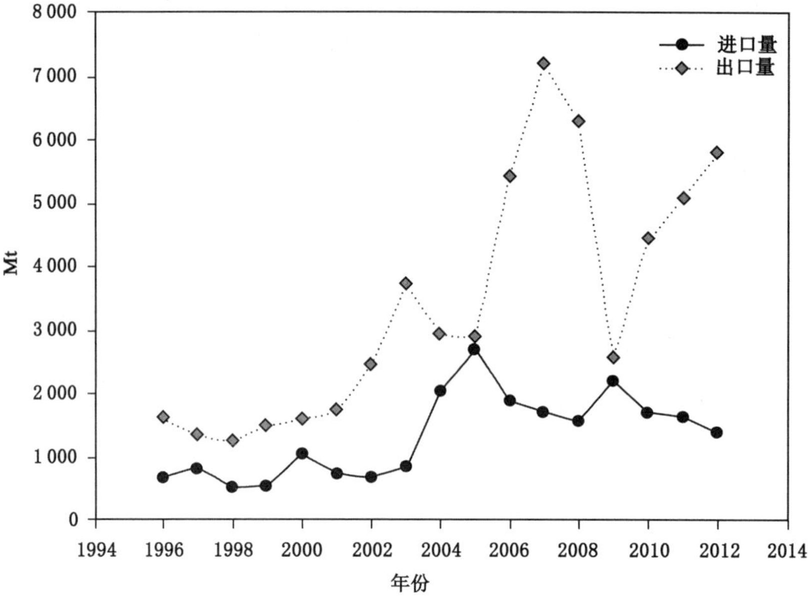

图 3-1　我国钢铁产品 1996—2012 年进出口量

注：数据来源于《中国统计年鉴》(1998—2014)。

参照 Demailly 等(2008)的定义，我们认为竞争力的损失，主要考量两方面的指标，第一是产量的损失，第二则是利润的损失。在本章中，主要考虑了钢铁行业国内产量、净出口量的变化，以及由此带来的利润变化。与此同时，除了竞争力的损失之外，减排效果也是衡量碳交易对于钢铁行业的影响因素。因为市场化减排政策设计的初衷就是要对排放总量进行控制，同时市场化减排机制的设计希望钢铁行业的减排更多通过产品生产工艺的提高，进而降低碳强度，并促进行业总排放量的下降，而不是靠降低产量来完成减排目标。因此，本章还综合考虑了单位减排量和总排放量的变化。

3.2 模型描述

3.2.1 需求函数的描述

Demailly 等(2008)建立了一个双国双商品的模型来研究 EU ETS 对于欧

盟钢铁行业的影响。本节在这一模型的基础上建立国内钢铁行业的局部均衡模型。首先假设一个双国(本国 H 和外国 F)双商品模型。需求函数表示如下:

$$Q_h(p_h,p_m)=\alpha_h p_h^{\eta_{hh}} p_m^{\eta_{hm}} \tag{3-1}$$

$$Q_x(p_x,p_f)=\alpha_x p_x^{\eta_{xx}} p_f^{\eta_{xf}} \tag{3-2}$$

$$Q_m(p_h,p_m)=\alpha_m p_h^{\eta_{mh}} p_m^{\eta_{mm}} \tag{3-3}$$

$$Q_f(p_x,p_f)=\alpha_f p_x^{\eta_{fx}} p_f^{\eta_{ff}} \tag{3-4}$$

其中,Q_h 表示本国需求;Q_x 表示出口需求;Q_m 表示进口需求;Q_f 表示国外需求;p_h 表示本国生产的商品在本国出售价格;p_m 表示商品进口价格;p_x 表示商品出口价格;p_f 表示国外商品在国外售价;α_h,α_x,α_m,α_f 代表自身价格弹性;η_{hh},η_{hm},η_{xx},η_{xf},η_{mx},η_{mm},η_{fx},η_{ff}代表交叉价格弹性。自身价格弹性为负,交叉价格弹性为正,表明商品在一定程度上可以替代。

3.2.2　存在免费分配配额的碳市场情景(基准情景)

在实施了碳市场之后,国内市场上产品的价格为:

$$p_h^1=p_h^0+ce(ua)+p_{CO_2}(u_e^0-ua)-p_{CO_2}\cdot FA\cdot u_e^0 \tag{3-5}$$

其中,FA(Free Allocation)表示免费分配的配额比例;ce(ua)表示减排成本;ua 表示单位减排量;u_e^0 表示初始的单位排放量。在很多排放权交易系统中,如 EU ETS,会设定一个免费配额分配的方式。在免费配额分配中通常采用的分配方式为祖父制,即以企业前期的排放为基准设定免费分配比例;另一种被讨论较多的则是基于产出的分配,即以企业的产出为基准设定免费分配比例,企业获得的配额为产出乘以分配比例。还有一种免费分配方法是基准线法,基本思路是将不同企业(设施)同种产品的单位产品碳排放由小到大进行排序,选择其中前 10%作为基准线(基准线不固定,可以根据实际情况进行调节),每个企业(或设备)获得的配额等于其产量乘以基准线。基准线法中,减排绩效越好的企业其获得的配额越多,实际上是对企业减排行为的一种激励政策。在政策目标与效果上,基准线法与基于产出的分配方法相类似,因此这里不再考虑基准线法。我们统一将这一比例用 FA 来表示。FA 以外的部分,则通过拍卖或者市场中购买获得,在局部均衡分析中,拍卖价格与购买价格相等。

出口产品的价格为:

$$p_x^1=p_x^0+ce(ua)+p_{CO_2}(u_e^0-ua)-p_{CO_2}\cdot FA\cdot u_e^0 \tag{3-6}$$

进口产品和国外产品的价格为：

$$p_{\mathrm{m}}^{1}=p_{\mathrm{m}}^{0},p_{\mathrm{f}}^{1}=p_{\mathrm{f}}^{0}$$

在这里，我们假设有：

$$p_{\mathrm{m}}^{0}=p_{\mathrm{f}}^{0}(1+\eta) \tag{3-7}$$

其中，η 表示对进口产品征收的关税。

国内的总产量为：

$$Q_{\mathrm{H}}=Q_{\mathrm{h}}(p_{\mathrm{h}},p_{\mathrm{m}})+Q_{\mathrm{x}}(p_{\mathrm{x}},p_{\mathrm{f}}) \tag{3-8}$$

厂商的净出口为：

$$N=Q_{x}(p_{x},p_{\mathrm{f}})-Q_{\mathrm{m}}(p_{\mathrm{h}},p_{\mathrm{m}}) \tag{3-9}$$

对于式(3-8)和式(3-9)求一阶导数，可以得到产量和净出口的变化，分别为式(3-10)和式(3-11)：

$$\mathrm{d}Q_{\mathrm{H}}=Q_{\mathrm{h}}\left(\eta_{\mathrm{hh}}\cdot\frac{\mathrm{d}p_{\mathrm{h}}}{p_{\mathrm{h}}}+\eta_{\mathrm{hm}}\cdot\frac{\mathrm{d}p_{\mathrm{m}}}{p_{\mathrm{m}}}\right)+Q_{\mathrm{x}}\left(\eta_{\mathrm{xx}}\cdot\frac{\mathrm{d}p_{\mathrm{x}}}{p_{\mathrm{x}}}+\eta_{\mathrm{xf}}\cdot\frac{\mathrm{d}p_{\mathrm{f}}}{p_{\mathrm{f}}}\right) \tag{3-10}$$

$$\mathrm{d}N=-Q_{\mathrm{m}}\left(\eta_{\mathrm{mh}}\cdot\frac{\mathrm{d}p_{\mathrm{h}}}{p_{\mathrm{h}}}+\eta_{\mathrm{mm}}\cdot\frac{\mathrm{d}p_{\mathrm{m}}}{p_{\mathrm{m}}}\right)+Q_{\mathrm{x}}\left(\eta_{\mathrm{xx}}\cdot\frac{\mathrm{d}p_{\mathrm{x}}}{p_{\mathrm{x}}}+\eta_{\mathrm{xf}}\cdot\frac{\mathrm{d}p_{\mathrm{f}}}{p_{\mathrm{f}}}\right) \tag{3-11}$$

利润可以表示为：

$$\pi=p_{\mathrm{h}}\cdot Q_{\mathrm{h}}+p_{\mathrm{x}}\cdot Q_{\mathrm{x}}-\mathrm{ce}(\mathrm{ua})\cdot(Q_{\mathrm{h}}+Q_{\mathrm{x}})+p_{\mathrm{CO_2}}[\mathrm{FA}-u_{\mathrm{e}}\cdot(Q_{\mathrm{h}}+Q_{\mathrm{x}})] \tag{3-12}$$

总的排放量为：

$$E_{\mathrm{h}}=(e_{\mathrm{h}}^{0}-\mathrm{ua})\cdot(Q_{\mathrm{h}}+Q_{x}) \tag{3-13}$$

其中，e_{h}^{0} 表示行业在未减排时的单位排放量；ua 表示行业的单位减排量。

行业的减排成本曲线 AC 由边际减排成本 MAC 积分获得，即

$$\mathrm{AC}=\int_{0}^{\mathrm{ua}}\mathrm{MACdua} \tag{3-14}$$

3.2.3 碳边境调节情景设置

(1) 出口补贴政策

由于在国内实施减排政策会带来成本的上升，从而造成价格的上升，对行业的出口造成不利影响。同时，如果进口商品所在国家没有实施减排政策的话，那么对于本国商品来说也是一种不利影响，因为进口商品对于本国商品的替代作用会增加。为了弥补这种竞争力的损失，同时也考虑公平性的原则，我们在这里设置两种碳边境调节情景，即出口补贴政策和进口品征税政策，分别针对出口商

品和进口商品进行边境调节。

出口补贴是指针对钢铁行业出口的产品部分，对于其中包含的碳排放成本部分予以补贴。出口补贴政策常常被认为是用来提高行业在国际市场上的竞争力的手段之一，避免环境成本过高为行业带来负面影响。

在出口补贴政策下，国内产品价格为：

$$p_h^1 = p_h^0 + ce(ua) + p_{CO_2}(u_e^0 - ua) - p_{CO_2} \cdot FA \cdot u_e^0 \tag{3-15}$$

出口产品价格为：

$$p_x^1 = p_x^0 + ce(ua) \tag{3-16}$$

此时，进口商品和国外商品的价格不变。

(2) 进口品征税政策

进口品征税政策，是指在本国实行环境政策之后，对于进口的商品征收边境调节税，用以提高进口商品的价格，在一定程度上来维持本国商品的竞争力。根据公平原则，这里假设边境调节税与碳价格一致。

在进口品征税政策下，国内产品的价格为：

$$p_h^1 = p_h^0 + ce(ua) + p_{CO_2}(u_e^0 - ua) - p_{CO_2} \cdot FA \cdot u_e^0 \tag{3-17}$$

出口产品的价格为：

$$p_x^1 = p_x^0 + ce(ua) + p_{CO_2}(u_e^0 - ua) - p_{CO_2} \cdot FA \cdot u_e^0 \tag{3-18}$$

进口产品的价格为：

$$p_m^1 = p_m^0 + P_{IMT} \cdot u_f^0 \tag{3-19}$$

其中，P_{IMT} 指对进口品所征收的边境调节税，它与每种情况下的碳价格保持一致。

3.3 实例分析——以我国钢铁行业为例

3.3.1 边际减排成本曲线的采用及障碍情景的设置

边际减排成本曲线引用 Li 等(2014)的研究，这里采用离散型的减排成本曲线。已有研究大多采用自顶向下的宏观减排成本曲线，而微观层面的减排成本曲线是基于技术获得的，更加贴近行业的真实情况。如果是单个企业想采用这种方法来分析自身的竞争力损失时，微观层面的减排成本曲线也更容易进行处理，使之贴近企业的自身情况。由于基于技术的微观减排成本曲线是离散型的，在划定不同的碳价格时，会在技术上出现断点。为了避免这一情况，对于每项技术 t_i，认为它是以下几项因素的函数：减排量 r，减排成本 c。那么前 n 项技术的

减排成本 $ce(ua)=\sum_0^n r_i c_i$。对于第 n 项技术，其成本 $c_n < p_{CO_2}$，则认为它是被部分采用的，那么减排量可以表示为：

$$r=\sum_0^{n-1} r_i + r_n \cdot \frac{p_{CO_2}}{c_n} \tag{3-20}$$

则减排成本可以表示为：

$$C_{AC}=\sum_0^{n-1} c_i r_i + r_n \cdot p_{CO_2} \tag{3-21}$$

考虑减排技术采用壁垒的存在，实际生产中的减排会更加困难，成本更高昂，这部分成本没有体现在减排成本曲线中。在将减排成本曲线应用到模型中时，设置了不同的障碍率，区分了无障碍、低障碍和高障碍 3 种情景，来体现不同技术采用壁垒对于减排成本造成的影响。这对减排成本曲线作了如图 3-2 所示的改动。无障碍情景采用了基准的减排成本曲线；高障碍情景将 0 坐标轴下移至最低点，即高障碍情景认为考虑了减排技术进入障碍之后，减排成本始终为正；低障碍情景则是选取了无障碍情景和高障碍情景的 50%分位线。

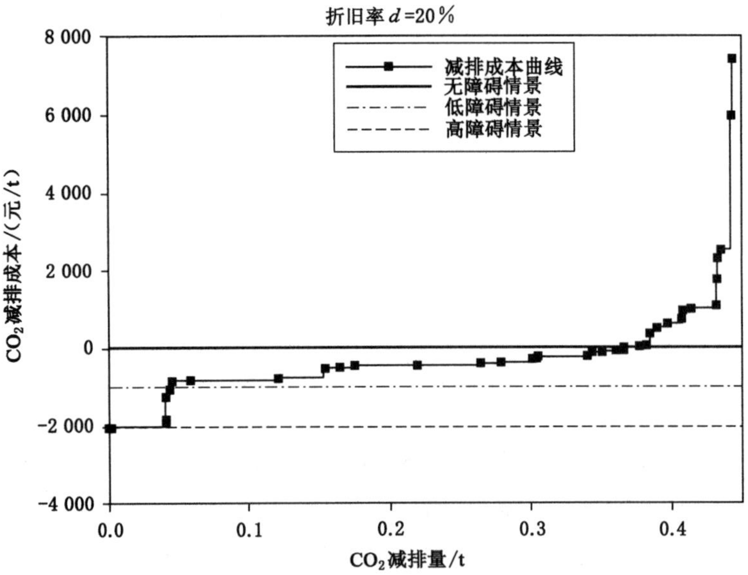

图 3-2　不同障碍情景下的减排成本曲线

3.3.2　不同障碍情景及不同免费配额分配率对于关键参数的影响分析

3 种障碍情景下，与没有减排政策时相比，关键参数上升或者下降的百分比如图 3-3 所示(这里选取碳价格为 50 元/t)。障碍率提高会降低利润和净

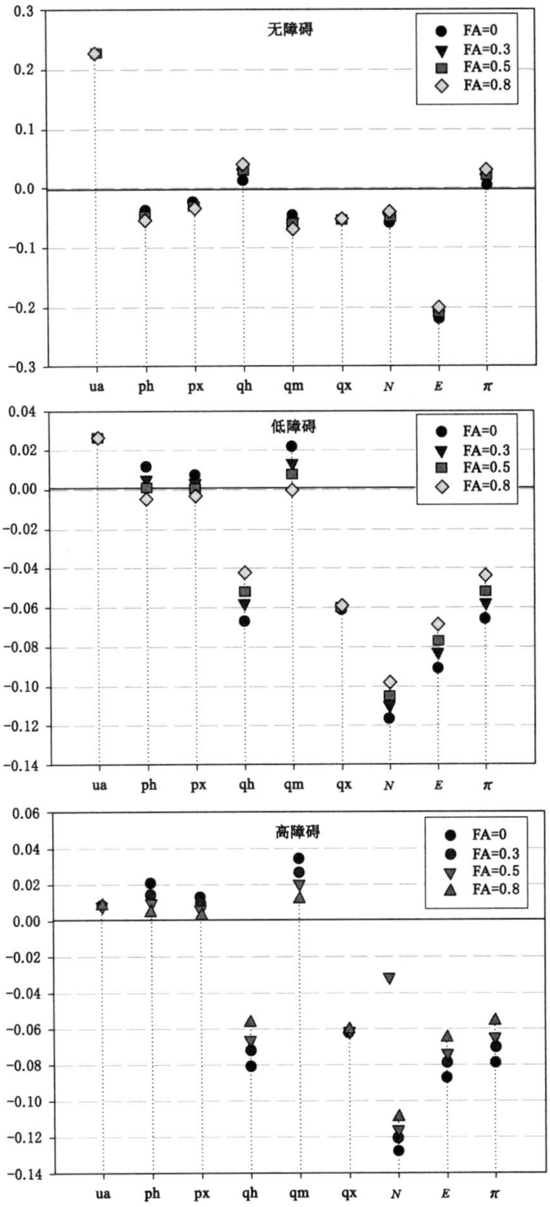

图 3-3 3 种障碍情景下关键参数变化的百分比

注：纵坐标代表每个参数的变动比例，如 0.2 表示＋20%，－0.2 表示－20%。ua 表示单位减排量，ph 表示国内产品价格，px 表示出口产品价格，qh 表示国内产品产量，qm 表示进口产品数量，qx 表示出口产品数量，N 表示产品净出口，E 表示总排放量，π 表示总利润。

出口，即降低行业竞争力，同时单位产出的减排量与总减排量也逐渐下降。这意味着较高的技术障碍率会削弱减排效果，并且会降低国内产量和出口量，增加进口量。在行业利润方面，障碍率过高，行业需要花费更多的成本来进行减排活动，而这种减排成本对于利润也产生了不利影响。在障碍率较高时，设置一个较高的免费配额分配率比例可以对竞争力的损失进行弥补。免费配额分配率越高，会使得净出口和利润下降越少，可以起到稳定行业利润和净出口的作用。值得注意的是，免费配额分配率设置得越高，对于排放约束也有所降低。因此，合理的免费配额分配率水平需要权衡行业利润和行业减排约束两个方面。

3.3.3 不同障碍情景下不同碳价格水平对于关键参数的影响分析

通过固定免费配额分配率（FA＝0，FA＝0.8）来分析碳价格对于关键参数的影响，如图 3-4 所示。这里使用无障碍和高障碍情景来展示结果。在无障碍并且免费配额分配率较高时，碳价格对于关键参数的影响趋势变弱（反映在右上角图中每个参数的 3 个点有重合的趋势）。当免费配额分配率降低，这种重合的趋势消失，碳价格对于关键参数的影响也显现出来。同时，当障碍率升高时，碳价格对于关键参数的影响趋势也较为明显。当免费配额分配率为 0 时，净出口下降达到 12％～20％，利润下降达到 7％～15％。当免费配额分配率提高至 0.8 时，尽管没有改变净出口和利润的下降趋势，但是下降幅度有所减少。

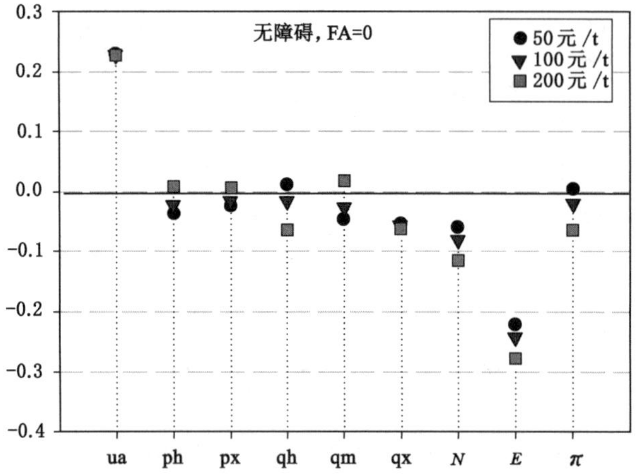

图 3-4　无障碍和高障碍情景下碳价格对于关键参数的影响

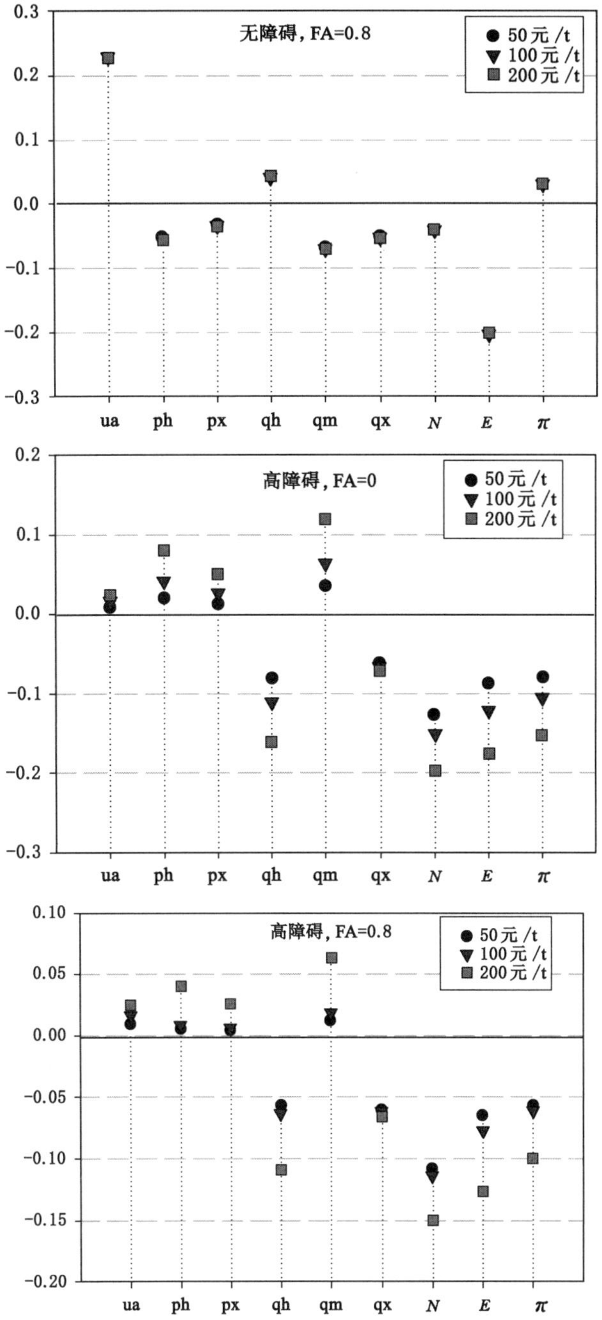
无障碍，FA=0.8
50元/t
100元/t
200元/t
0.3
0.2
0.1
0.0
-0.1
-0.2
-0.3
ua
ph
px
qh
qm
qx
N
E
π
高障碍，FA=0
50元/t
100元/t
200元/t
0.2
0.1
0.0
-0.1
-0.2
-0.3
ua
ph
px
qh
qm
qx
N
E
π
高障碍，FA=0.8
50元/t
100元/t
200元/t
0.10
0.05
0.00
-0.05
-0.10
-0.15
-0.20
ua
ph
px
qh
qm
qx
N
E
π

图 3-4(续)

如图 3-5 所示(纵坐标代表不同情景的变化率;横坐标分别表示碳价格/障碍率,无、低、高分别代表无障碍、低障碍、高障碍,如“50/低”表示碳价格为 50 元/t、低障碍,“100/无”表示碳价格为 100 元/t、无障碍。文中类似图含义同此),各种情景下钢铁行业的净出口都出现下降的趋势,随碳价格提高,净出口的下降幅度增大。而在利润方面,在碳价格为 50 元/t 且无障碍的情景下,4 种免费配额分配率都出现了利润增加的结果。同时,在碳价格为 100 元/t 和 200 元/t,无障碍并且免费配额分配率较高的情景下,利润出现了上升。利润的提高主要来自在碳市场中的获利(表 3-1 中配额的买卖量)。在其他情景下,利润均有所下降,下降的幅度随碳价格上升和障碍率提高而增大。这意味着减排政策对行业竞争力造成了负面影响,降低减排技术的采用障碍会为维持行业竞争力带来积极影响。

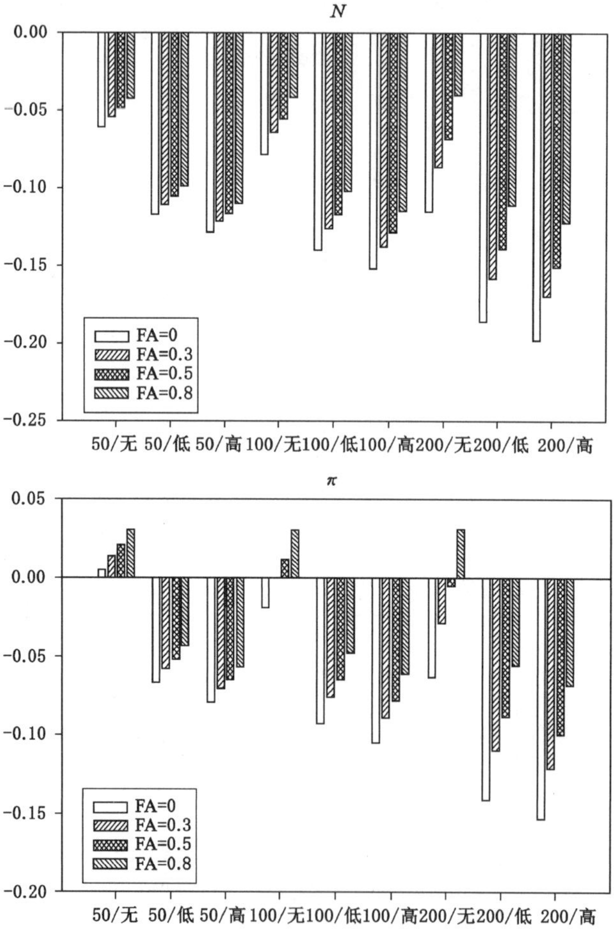

图 3-5　净出口和利润与无政策时对比变化的百分比

3.3.4　不同障碍情景下配额买卖量分析

不同情景下，钢铁行业在市场中买入或者卖出的配额量，以及所占行业总配额的比例如表 3-1 所示。对于钢铁行业整体而言，其在碳市场中还是购买者的身份。当 FA 达到 0.8 且在无障碍的情景下，钢铁行业在碳市场中就变成了卖出者，这也与图 3-5 中在无障碍同时免费配额分配率为 0.8 时，钢铁行业从碳市场中获利，利润上升相符合。随着障碍率提高，购买的配额量也增加。同时，碳价格越高，购买的配额量降低，这意味着碳价格越高的时候，行业趋向于选择自己减排，而减少去市场上购买配额。而维持钢铁行业配额出售方身份的免费配额分配率约为 0.8，这时钢铁行业可以从碳市场中获利。

表 3-1　不同障碍情景下配额的买入与卖出量

碳价格/免费配额分配率	无障碍		低障碍		高障碍	
	配额购买(＋)或出售(－)/Mt CO_2	比例	配额购买(＋)或出售(－)/Mt CO_2	比例	配额购买(＋)或出售(－)/Mt CO_2	比例
50/0	818.21	77.82%	955.41	90.86%	959.60	91.26%
50/0.3	505.35	48.06%	667.13	63.45%	675.39	64.23%
50/0.5	293.36	27.90%	471.96	44.89%	483.02	45.94%
50/0.8	**−29.89**	**−2.84**%	174.66	16.61%	190.01	18.07%
100/0	797.28	75.82%	927.49	88.21%	924.26	87.90%
100/0.3	496.30	47.24%	653.27	62.13%	653.99	62.20%
100/0.5	289.80	27.56%	464.83	44.21%	468.34	44.54%
100/0.8	**−30.89**	**−2.94**%	173.39	16.49%	181.30	17.24%
200/0	759.57	72.24%	838.99	79.79%	866.02	82.36%
200/0.3	481.71	45.81%	589.01	56.02%	620.57	59.02%
200/0.5	284.425	27.05%	412.27	39.21%	447.15	42.53%
200/0.8	**−31.29**	**−2.98**%	130.71	12.43%	171.06	16.27%

3.3.5　对单位减排量和总排放量的影响(免费配额分配率为 0.5)

选取 FA＝0.5 的情况来比较不同碳价格和不同障碍情景对于单位减排量和总排放量的影响，如图 3-6 所示。随着障碍率的增加，减排效果逐渐降低。其中，在无障碍情景下，减排量可以超过 20%，但是在高障碍情景下，减排量大幅度降低。在低障碍情景下，E 的下降趋势和 ua 的上升趋势基本保持一致，这就意味着减排效果很大程度上是来自单位减排量的提高。但是在高障碍情景下，单位减排量变化较小，此时总排放量的降低主要来自产量的大幅度降低。

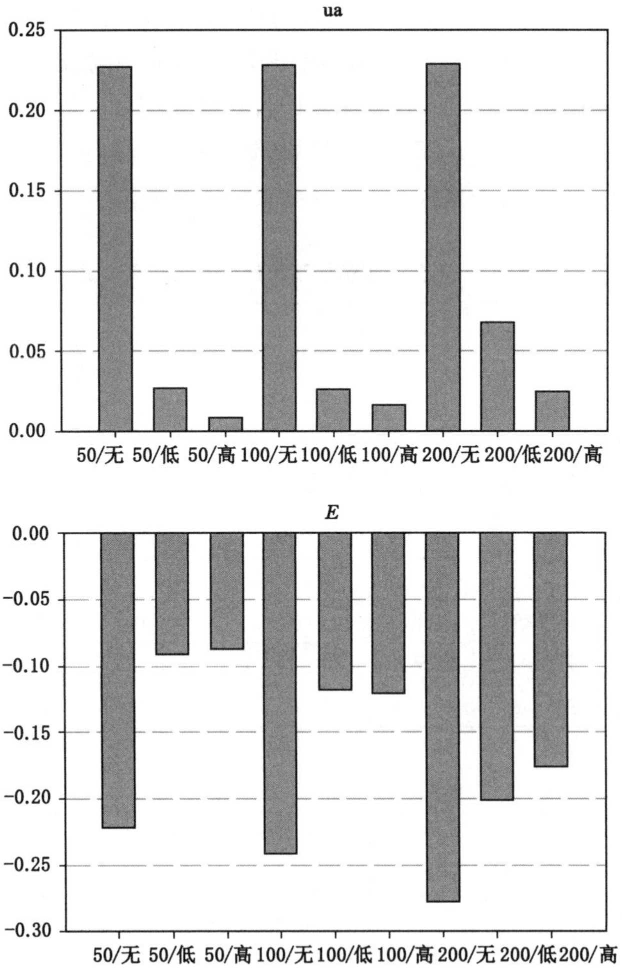

图 3-6　单位减排量和总排放量与无政策时对比变化的百分比

3.3.6　边境调节政策下关键参数的变化

选择了两种边境调节政策，分别为出口补贴政策（即对出口产品排放成本以补贴的形式给予返还）和进口品征税政策（对进口产品征收与碳价格相等的税），来研究其对于我国高耗能行业竞争力的影响。

（1）出口补贴政策下关键参数的变化

出口补贴政策下，免费配额分配率对各项关键参数的影响与没有补贴政策相比，其变化的百分比如图 3-7 所示。这里选取无障碍和高障碍，碳价格为 50 元/t 及 200 元/t 进行比较分析。在无障碍和高障碍情景下，碳价格对于关键参数的影响总体趋势一致。出口补贴政策仅仅对于出口价格、出口量和净出口有略微显著的影响。在出口补贴政策下，免费配额分配率越低，净出口上升越多，但是行业的利润反而比基准水平有所下降。这也意味着，从利润的角度来看，出口补贴并没有弥补竞争力损失。同时，在出口补贴政策下，排放略微增加。同样随着碳价格的上升，关键参数的变化幅度也逐渐扩大。

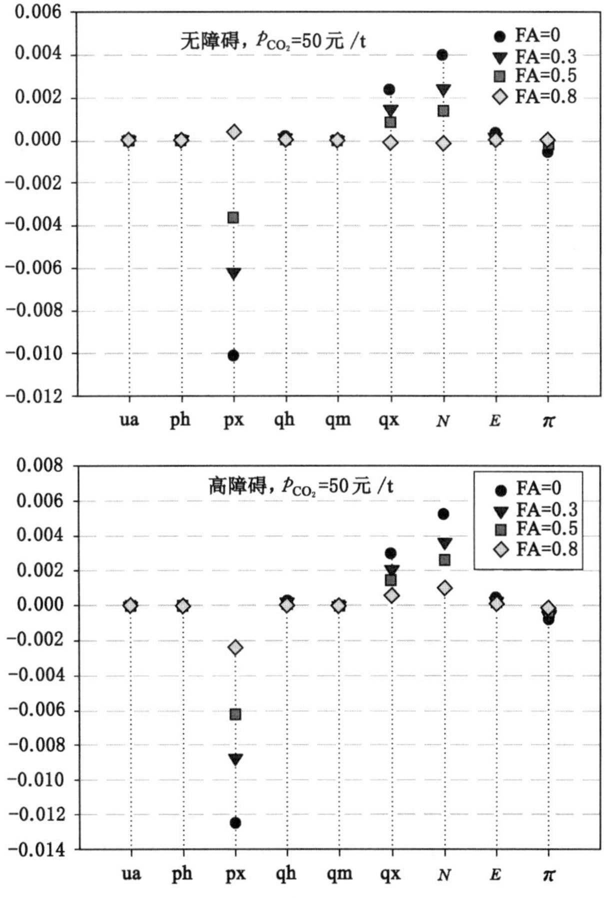

图 3-7　出口补贴政策下免费配额分配率对关键参数的影响

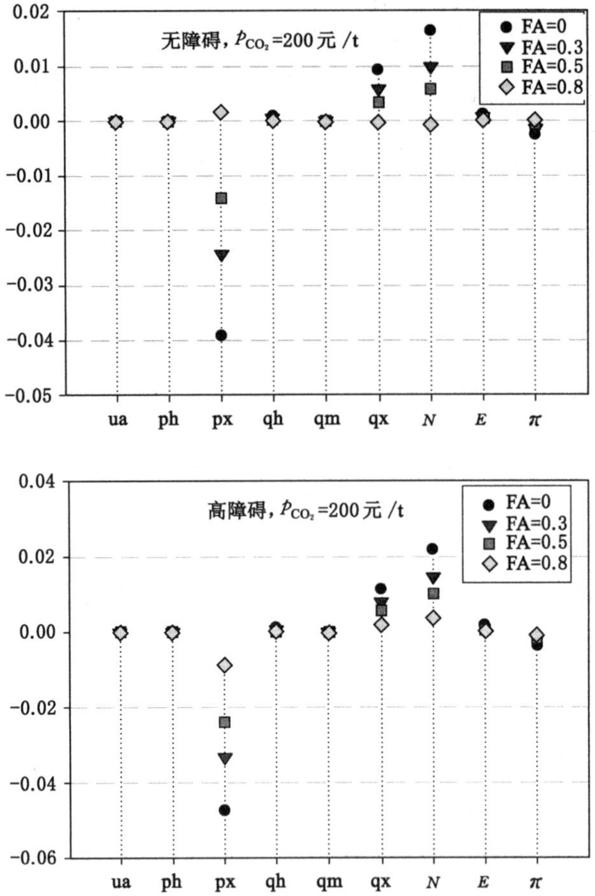

图 3-7(续)

在 FA=0 和 FA=0.8 的情况下，不同碳价格对于关键参数的影响如图 3-8 所示，这里同样选取无障碍和高障碍情景进行比较分析。在高障碍情景时，不同碳价格对于关键参数的影响趋势一致，既增加了净出口，也略微增加了排放。当碳价格高达 200 元/t 时，与基准情景相比，净出口提高超过 1%，同时利润下降 0.25%～0.36%。值得注意的是，在无障碍和 FA=0.8 的情况下，关键参数出现了逆势变动的情况，即净出口有非常微弱的下降，利润也有非常微弱的上升。这说明仅在障碍较低且免费配额分配率较高时，出口补贴政策可以弥补行业的利润损失。

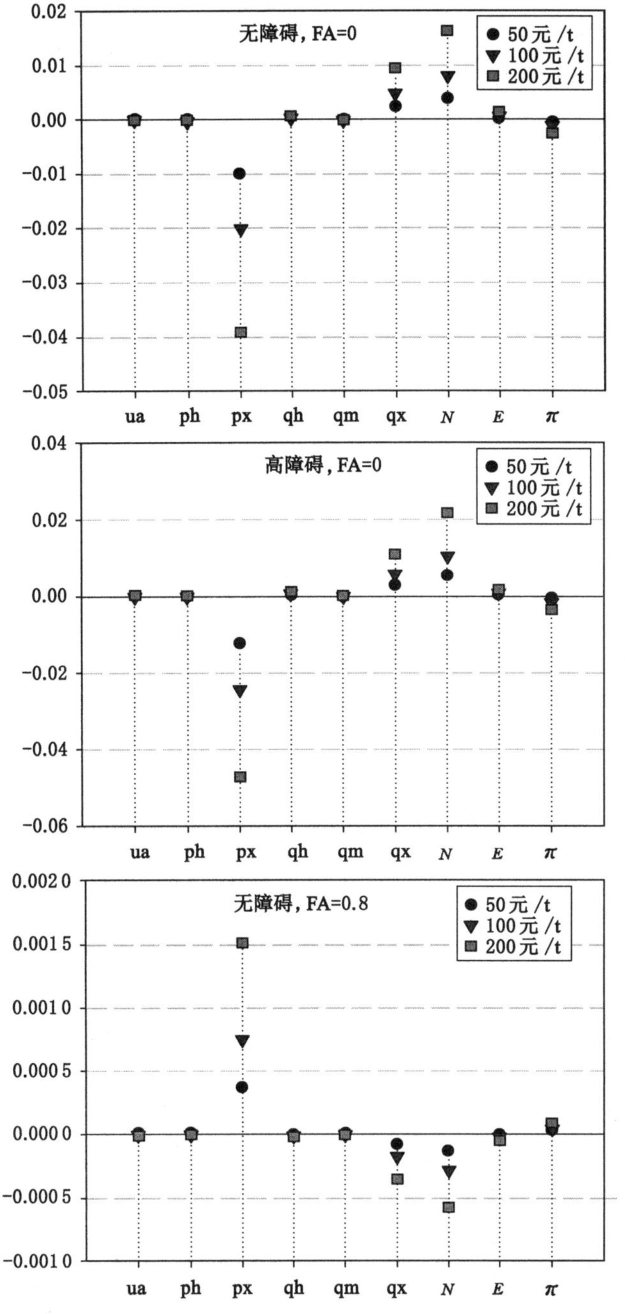

图 3-8 出口补贴政策下碳价格对关键参数的影响

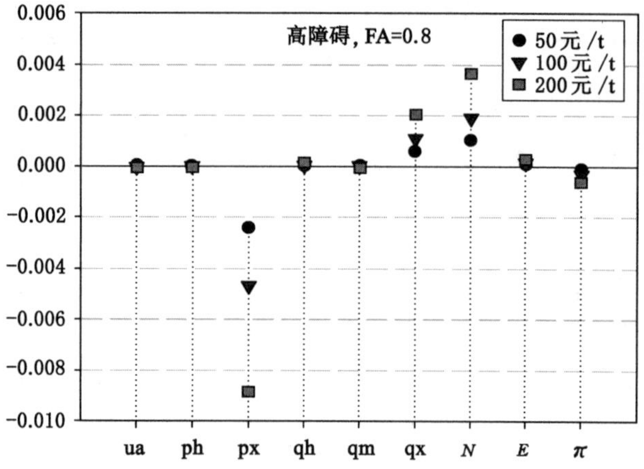

图 3-8(续)

(2) 进口品征税政策下关键参数的变化

进口品征税政策下，免费配额分配率对各项关键参数的影响与没有补贴政策相比，其变化的百分比如图 3-9 所示。这里选取无障碍和高障碍，碳价格为 50 元/t 和 200 元/t 进行比较分析。进口品征税政策提高了净出口的量超过 0.5%，同时使得利润也增加了超过 1.5%，这看起来对于竞争力是一种正面的影响。这意味着，与出口补贴政策相比，进口品征税政策对于钢铁行业的利润弥补和净出口更为明显。同时也应该看到，进口品征税政策削弱了减排效果，排放量与基准情景相比提高了约 1.5%。随着碳价格的上升，参数的变动范围也在不断扩大。这是由于进口品征税政策下钢铁行业的产量有所提高，而单位减排量不变(由减排成本曲线决定)，因此排放有所上升。在进口品征税政策下，无论是无障碍还是高障碍，各个关键参数与基准情景相比变化幅度都非常接近(表现为不同免费配额分配率下各个点呈现基本重合的趋势)，说明在进口品征税政策下，免费配额分配率对于关键参数的影响在与基准情景相比时被削弱了。对于障碍率水平和碳价格来说，也是同样的结果。

在 FA=0 和 FA=0.8 的情况下，碳价格对关键参数的影响如图 3-10 所示，同样选取无障碍和高障碍情景进行比较分析。碳价格对于关键参数的影响较为明显(表现为点较为分散)。碳价格从 50 元/t 上升到 200 元/t 时，净出口和利润都有较明显的上升，同时排放量的上升也非常明显。这说明了进口品征税政策与基准政策相比削弱了减排的效果，同时这种削弱的效果随碳价格升高而不断被放大。另外，在 FA=0.8 时，无障碍和高障碍情景对于关键参数的影响幅度几乎一致，这说明当免费配额分配率较高时，障碍率对于关键参数的影响效果也被削弱了。

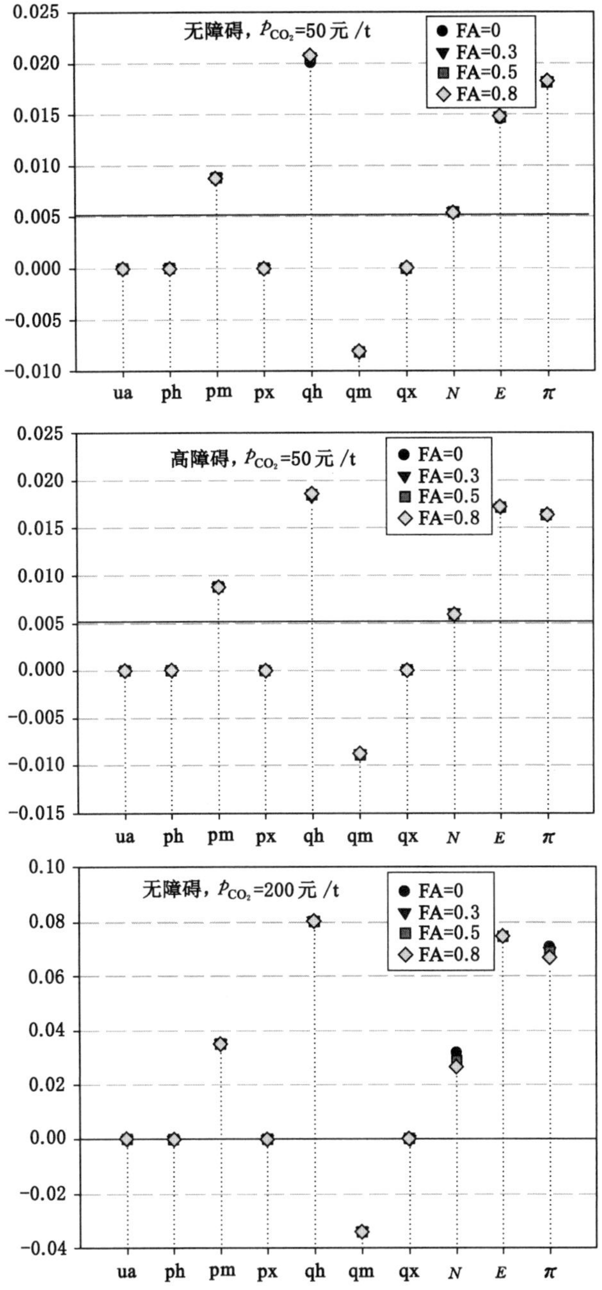

图 3-9　进口品征税政策下免费配额分配率对关键参数的影响

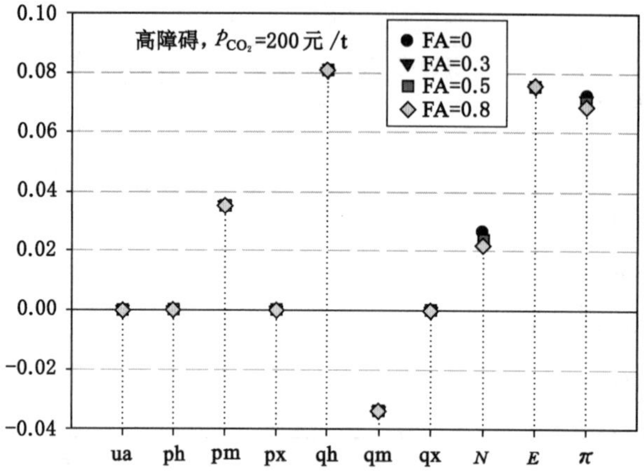

图 3-9(续)

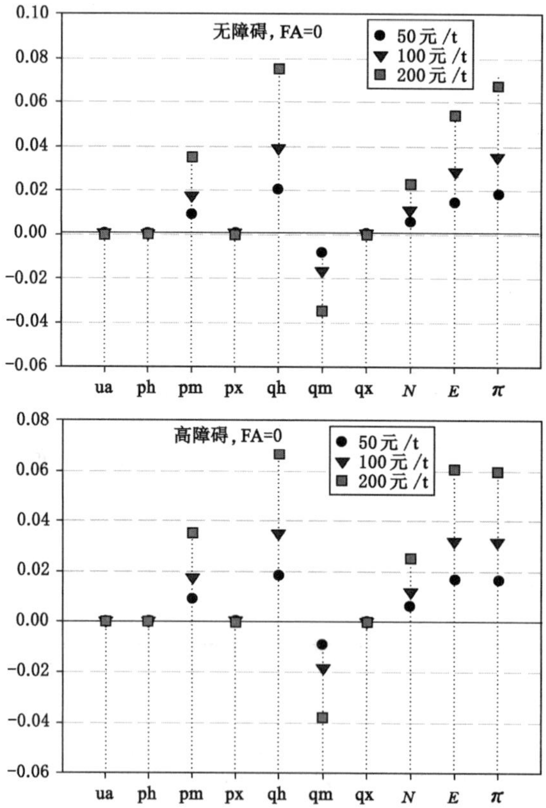

图 3-10　进口品征税政策下碳价格对关键参数的影响

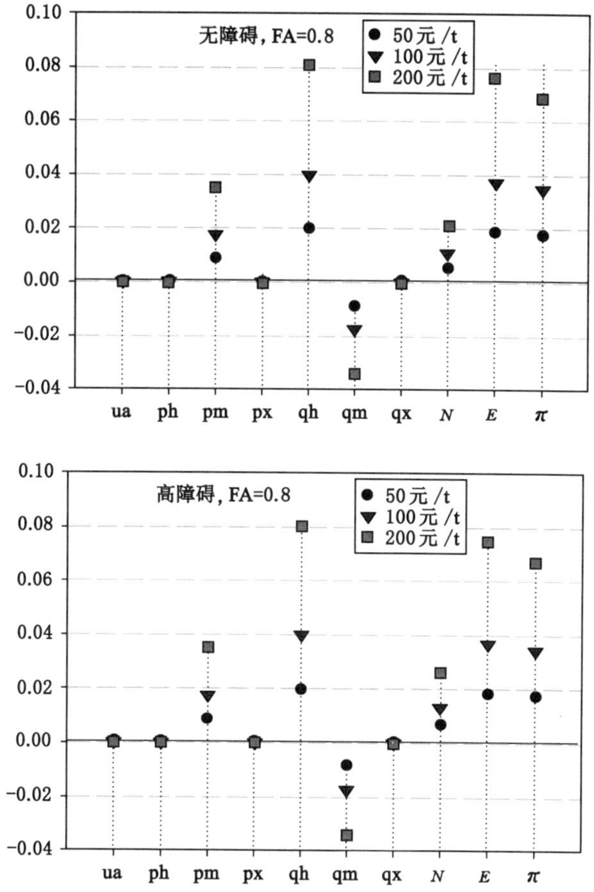

图 3-10(续)

3.3.7　减排成本曲线表达形式的敏感性分析(FA=0.5，p_{CO_2}=50 元/t)

为了分析减排成本曲线对于结果的影响，这里选取 GTAP 和 CHINAGEM 模型下模拟的减排成本曲线，与本章所用的基于技术的减排成本曲线进行对比，它们对于关键参数的影响如图 3-11 所示。对比离散型曲线和 CHINAGEM、GTAP 曲线，在单位减排量上，两种连续型曲线比离散型曲线的单位减排量要高(除了无障碍的情景)，这是由于基于技术的减排成本曲线并未考虑与减排相关的社会经济间接成本。在国内价格、出口价格、国内产量和进口量方面，除了无障碍情况，离散型曲线和连续型曲线的趋势和程度没有太大差别。因此，在考虑了技术采用壁垒的情况下，本节所采用的离散型微观减排成本曲线在很大程度上可以替代原有的宏观减排成本曲线。

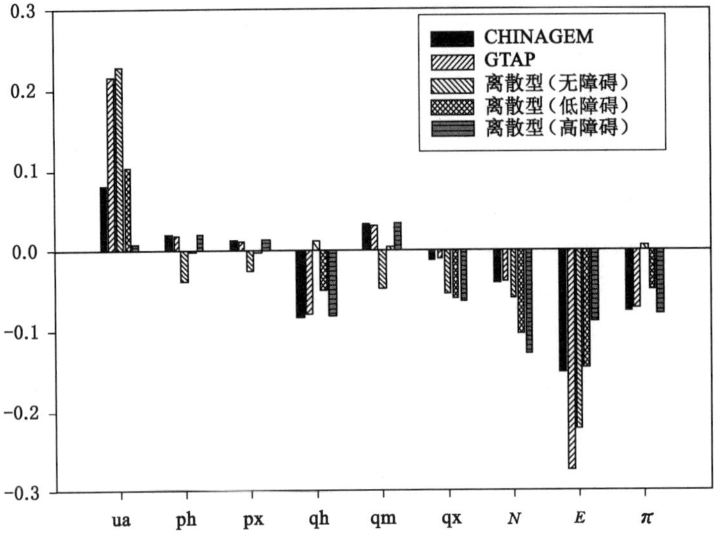

图 3-11　减排成本曲线对于关键参数的影响

3.4　结论与讨论

本章使用局部均衡的方法，分析了我国钢铁行业实施排放权交易后，对行业利润、进出口、产品价格、单位减排量以及总排放量等关键参数的影响。基于技术组合的微观减排成本曲线，设置了不同的障碍率，用来刻画减排技术的采用壁垒，分别是无障碍、中障碍和高障碍情景。同时，还分析了两种边境调节措施(出口补贴和进口品征税)对我国钢铁行业的影响。

首先，在对钢铁行业的利润影响方面，如果考虑技术采用障碍，市场化减排政策会对钢铁行业的利润造成损失，并且在所模拟的各种情景下，钢铁行业的净出口都出现下降的趋势。根据计算结果，如果要想在市场化的减排政策之下维持钢铁行业的整体竞争力，政策制定者需要确定一个合理的免费配额分配率水平，维持合理并且稳定的碳价格。与此同时，还要大力推广减排技术，为钢铁行业提供减排的咨询服务，降低减排技术的进入壁垒，降低减排行为的实施障碍。

其次，在实施了出口补贴政策之后，钢铁行业利润几乎没有变化，出口补贴政策并没有比基准情景更好地弥补竞争力的损失。与之相比，进口品征税政策对于钢铁行业的利润弥补更为明显，并且进口品征税政策对于净出口的提高作用也更为明显。

最后，由于市场化的减排政策，不仅要考虑行业的竞争力，还要考虑减排效果。随着障碍率的增加，减排效果逐渐降低。当减排技术的障碍较低时，总排放量的下降趋势和单位排放量的上升趋势基本保持一致，这就意味着减排效果很大程度上来自单位减排量的提高。但是当减排技术的障碍上升时，单位减排量变小，此时总排放量的降低主要来自产量的大幅度降低。这说明降低减排技术障碍率有利于产品碳强度的降低，可通过生产工艺和流程的变化而达到减排的效果，这也促进了我国钢铁行业的健康发展。

本章分析存在以下局限：首先，模型采用离散型的减排成本曲线进行模拟，虽然根据敏感性分析，离散型的减排成本曲线可以在一定程度上代替传统连续型减排成本曲线，但是离散型曲线确实存在着忽略某些减排技术进而低估减排成本等不足。其次，由于我国钢铁企业众多，规模和技术存在着很大差别，这里采用行业平均水平进行模拟分析，对于企业异质性的考虑仍有不足。

利用局部均衡模型可以对我国其他高耗能行业进行研究，获得高耗能行业的进出口价格弹性、需求函数以及减排成本曲线，就可以对实施不同边境调节政策情况下各个高耗能行业的竞争力、进出口、排放等参数进行研究。局部均衡模型的优势也体现在能够更灵活、更便捷地反映不同行业的具体情况，从微观的视角并结合宏观层面的数据为政策制定提供可靠的依据。

第 4 章　排放权交易机制对高耗能行业落后产能的影响分析

4.1　引言

第 3 章的研究工作是基于单一高耗能行业进行的，同时我们应该注意到发展中国家高耗能行业具有两个特点，即具有较大的节能潜力和较高的落后产能。这意味着正常产能和落后产能不能用统一的政策来应对，因为我国高耗能行业的节能减排政策在进一步控制国内碳排放的目标之外，还要促进落后产能的淘汰和生产水平的更新。本章以我国钢铁行业为例，定量研究了 ETS 对于高耗能行业的影响。本章节使用了双国三商品的局部均衡模型，区分了正常产能和落后产能。通过自底向上的基于技术的微观层面的减排成本曲线，分析了行业的减排效益以及排放权交易机制对高耗能行业落后产能的影响。

目前，我国的高耗能行业是碳排放最高的部门。国内外学者针对单边减排政策对于高耗能行业竞争力、碳泄漏等方面的研究已经做了很多工作（Grubb 等，2004；Demailly 等，2008；Monjon 等，2011；Fischer 等，2012；Böhringer 等，2011）。他们大部分都以发达国家的部门作为研究对象，特别是被 EU ETS 覆盖的部门，而对于发展中国家的研究相对较少。我国“双碳”目标对于发展中国家高耗能部门减排的潜在影响是非常重要的。

作为主要的发展中国家之一，我国是 CO_2 排放较多的国家。近年来，我国对于高耗能部门的产品需求增速很大，也导致了大量的产能过剩。以我国钢铁行业为例，作为世界上最大的钢铁生产国，我国的粗钢产量在 2010 年就超过了 627 Mt，约占世界粗钢产量的 44%。同时，钢铁行业消耗了我国总能耗的 17%，巨大的能源消耗导致了巨大的温室气体排放。我国的钢铁行业存在两个主要特点：

（1）较大的节能潜力。对于高耗能部门而言，减排的主要手段是提高能效。目前，我国的吨钢能耗比世界先进水平高约 15%，这意味着先进水平的使用率仍然处于比较低的水平。

(2) 存在着落后产能。关于落后产能的定义，不同国家和地区有不同的标准，本章参考相关文献，主要有两方面的标准：第一方面，根据产能的技术水平研究来划分，落后产能意味着其所使用的生产设备在行业平均水平之下；第二方面，根据生产的结果来划分，落后产能意味着在生产过程中与行业平均水平相比，有更多的污染物排放，或者是消耗了更多的水资源和能源。目前我国大约有500家钢铁生产企业，有限的预算和投资行为的短视使得大量的中小型企业仍然使用着落后的生产技术。一方面，这些技术在生产同等产品时消耗更多的能源；另一方面，它也导致了更多的 CO_2 排放和空气污染。虽然政府在"十一五"期间已经要求减少落后技术的使用(淘汰落后产能)，但是我国2010年落后产能仍然超过了国内钢铁总产量的25%。

以上两个主要特点不仅存在于钢铁行业，同时在我国其他高耗能行业也存在着类似的情况。为了解决这一情况，我国政府在"十一五"期间实施了两项措施：① 能效提高和减排，要求钢铁行业在2010年与2005年相比能源强度减少16%。② 淘汰落后产能，预计共有100 Mt的炼铁落后产能和55 Mt的炼钢落后产能被强制淘汰。在"十一五"期间一系列的强制和控制措施之下，"十二五"期间这些措施的边际效果就会相对减弱。政府也在寻求进一步的碳排放控制措施，即实施市场化的减排措施。政府发布的一些公告中也提到了应用排放权交易机制来进一步控制高耗能部门的排放或者能源消耗，同时还要继续推动落后产能的淘汰和生产技术水平的更新。一个很重要的信号就是我国建立了7个 CO_2 排放交易试点。

基于目前我国高耗能部门的现状，我国政府推行ETS的目的可能不仅仅在于控制 CO_2 排放，同时还希望市场化的减排政策可以对落后产能淘汰和生产技术更新起到一定的推动作用。因此，除了控制排放，ETS的设计还应该起到以下协同效果：① 降低落后产能在市场上的竞争力，同时加速其退出市场。② 在最大程度上维持整个行业的竞争力，也就意味着要提高正常产能的竞争力。③ 最大程度放大对于社会福利的正面影响。关于ETS对覆盖部门竞争力的影响，各种配额分配方式(祖父制、拍卖、基于产能的分配)都能起到重要的作用(Fischer 等，2010 和 2012；Peterson 等，2007；Demailly 等，2008；Takeda 等，2014；Meunier 等，2014)。

在分部门的局部均衡模型中，有两个重要的方面是前人的研究工作中较为薄弱的(Grubb 等，2004；Oberndorfer 等，2006；Demailly 等，2008；Fischer 等，

2012),分别是:

(1) 缺乏对于高耗能部门上游产业价格传导的考虑。因为ETS是在给定区域内多覆盖部门的机制,由于碳价格而导致的产品价格的变化会对其下游部门产生明显的影响。对于高耗能部门来说,他们的生产成本对于能源部门的价格变化是非常敏感的。大部分的能源使用(电力和燃料)已经在生产时作为投入考虑了,但是在ETS实施之后能源部门的价格传导计算到高耗能部门的成本变动之中是非常必要的。

(2) 缺乏对于这些高耗能部门排放的协同效益的研究。在前人的研究工作中,研究ETS对高耗能部门影响时所用到的边际减排成本曲线,大多来自综合评估模型(Integrated Assessment Models,IAM)或者是CGE模型。这些边际成本曲线来自自顶向下的模型,没有考虑CO_2减排的协同作用。正如前面所说到的,对于高耗能部门来说,降低CO_2排放的主要选择来自不断的提高能效。节能技术的使用可能在节能的同时会产生潜在的效益(如果节约的能源可以折算成收入的话,它也可能会与上游能源部门的能源价格变化相关)。这样的节能收益在评估ETS对于高耗能部门的影响时也需要被纳入考虑。

本章建立了两国三商品的局部均衡模型,为我国钢铁行业的CO_2排放权交易体系构建了一个分析框架。本章的研究创新点主要体现在:① 给出了钢铁行业的主要技术的实际节能量,使用了基于技术的自底向上的减排成本曲线,节能的协同效应被纳入了考虑。② 考虑到国内落后产能,本章节将国内钢铁行业的产品分为两组,来自正常产能的产品和来自落后产能的产品,研究了两种产品在ETS下的互动。③ 为了综合评价钢铁行业上下游行业的溢出效应,由于ETS而导致的上游部门对于钢铁部门的价格传导机制以及钢铁行业对于其他行业的影响都被纳入了考虑。

4.2 模型描述

为了描述我国钢铁行业的生产技术水平,本章在Fischer等(2012)提出的两国两商品局部均衡模型的基础上,扩展到了两国(国内和进口)三商品(国内正常产能商品和落后产能商品、国外商品)的局部均衡模型。我国被当作是国内区域,它的钢铁产品被分为两组:来自正常产能生产的产品(N)和来自落后产能生产的产品(B),每一种产品都认为是由一个代表性厂商所生产的。世界其他国家被当作一个整体认为是海外地区,生产产品F。

4.2.1　市场结构和每种产品的需求

两个国家都生产一定数量的 3 种产品，假设我国国内两种产能生产的产品 N 和 B 是同质的，但是与世界其他地区所生产的产品 F 是异质的。因此，产品 N 和 B 假设是可以完全替代的，而 N、B 和 F 假设是不完全替代的。

国内厂商生产同质产品，这里使用古诺寡头模型的线性需求函数来描述两种产品在国内市场和国外市场的产品竞争。N 和 B 的总需求可以表述为：

$$P(D)=\alpha-\beta D,D=N+B \tag{4-1}$$

其中，N 代表正常产能产品 N 的需求；B 代表落后产能产品 B 的需求；P(D)代表 N 和 B 在国内和出口市场的价格水平；D 代表 N 和 B 的总需求。

根据 Fischer 等(2012)，产品 F 的消费者需求函数是一个简单的价格函数，使用异质竞争商品的价格弹性来描述，假设需求函数的弹性是一个常量，可以得到：

$$F_{\mathrm{x}}(P_{\mathrm{D}},P_{\mathrm{F}})=\alpha_{\mathrm{x}}P_{\mathrm{F}}^{\eta_{\mathrm{xx}}}P_{\mathrm{D}}^{\eta_{\mathrm{xd}}}$$

$$F_{\mathrm{w}}(P_{\mathrm{D}},P_{\mathrm{F}})=\alpha_{\mathrm{w}}P_{\mathrm{F}}^{\eta_{\mathrm{ww}}}P_{\mathrm{D}}^{\eta_{\mathrm{wm}}} \tag{4-2}$$

其中，F_{x} 代表进口的产品 F；F_{w} 代表产品 F 在国外消费的部分；P_{F} 代表产品 F 的价格。

为了区分 N 和 B 在两个市场的消费者需求，这里部分参考了 Demailly 等(2008)的研究方法。他们定义了欧盟钢铁消费者的水平(为欧盟和非欧盟市场价格的权重和)以及欧盟总的所有产品(进口＋国内)的需求。国内市场的需求就是欧盟总需求减去进口量。在本章的模型中，N 和 B 在国内和出口市场的总消费可以用古诺竞争模型来描述，这里可以用一个简单的函数来说明 N 和 B 的出口需求。

$$N_{\mathrm{m}}(P_{\mathrm{D}},P_{\mathrm{F}})=\alpha_{\mathrm{N}}P_{\mathrm{D}}^{\eta_{\mathrm{mm}}}P_{\mathrm{D}}^{\eta_{\mathrm{mw}}}$$

$$B_{\mathrm{m}}(P_{\mathrm{D}},P_{\mathrm{F}})=\alpha_{\mathrm{B}}P_{\mathrm{D}}^{\eta_{\mathrm{mm}}}P_{\mathrm{F}}^{\eta_{\mathrm{mw}}} \tag{4-3}$$

N_{m} 和 B_{m} 分别代表 N 和 B 的出口量。则 N 和 B 在国内市场的消费量可以描述为：

$$N_{\mathrm{d}}=N-N_{\mathrm{m}}$$

$$B_{\mathrm{d}}=B-B_{\mathrm{m}} \tag{4-4}$$

对于 N_{m}、B_{m}、F_{x} 和 F_{w}，假设自身价格弹性是负的，交叉价格弹性是正的(Fischer 等 2012)。这三种商品在国内和出口市场的总消费分别为 $N_{\mathrm{d}}+B_{\mathrm{d}}+F_{\mathrm{x}}$ 和 $N_{\mathrm{m}}+B_{\mathrm{m}}+F_{\mathrm{w}}$。在市场均衡状态下可以得到：

$$N=N_{\mathrm{d}}(P_{\mathrm{D}},P_{\mathrm{F}})+N_{\mathrm{m}}(P_{\mathrm{D}},P_{\mathrm{F}})$$

$$B = B_{d}(P_{D}, P_{F}) + B_{m}(P_{D}, P_{F})$$
$$F = F_{x}(P_{D}, P_{F}) + F_{w}(P_{D}, P_{F}) \quad (4\text{-}5)$$

在模型中,假设是价格竞争机制的市场结构(价格竞争发生在国内和出口商品之间),同时产量竞争(在国内市场的两种商品之间),因此就可以建立一个我国钢铁行业的竞争市场模型。

4.2.2 实施 ETS 之后的成本变化

假设 ETS 实施之后会覆盖国内的钢铁生产企业。基于以上的讨论,本章假设产品 N 和 B 的单位成本分别为 C_N 和 C_B。这里将单位成本划分为四部分,分别为燃料成本、电力成本、减排成本和其他成本(如运营成本等)。在 ETS 实施之后,假设 CO_2 价格水平为 P_C,因此生产成本可以表达为:

$$c_{N} = c_{NOther} + (P_{Elec} + \delta_{Elec} \cdot P_{C} \cdot e_{Elec}) \cdot [\mathrm{Ec}_{NElec0} - \mathrm{Es}_{NElec}(r_{N})] + (P_{Fuel} + \delta_{Elec} \cdot P_{C} \cdot e_{Fuel}) \cdot [\mathrm{Ec}_{NFuel0} - \mathrm{Es}_{NFuel}(r_{N})] + c_{NAC}(r_{N}) \quad (4\text{-}6)$$

$$c_{B} = c_{BOther} + (P_{Elec} + \delta_{Elec} \cdot P_{C} \cdot e_{Elec}) \cdot [\mathrm{Ec}_{BElec0} - \mathrm{Es}_{BElec}(r_{B})] + (P_{Fuel} + \delta_{Fuel} \cdot P_{C} \cdot e_{Fuel}) \times [\mathrm{Ec}_{BFuel0} - \mathrm{Es}_{BFuel}(r_{B})] + c_{BAC}(r_{B}) \quad (4\text{-}7)$$

其中,c_{NOther}和 c_{BOther}分别代表产品 N 和 B 的其他成本;$c_{NAC}(r_N)$和 $c_{BAC}(r_B)$分别代表产品 N 和 B 的减排成本,r_N 和 r_B 为产品 N 和 B 的单位减排量,这里有$\partial c_{AC}(r)/\partial r = c_{MAC}(r)$;$P_{Elec}$和 P_{Fuel}分别代表 ETS 实施之前的电力和燃料价格;e_{Elec}和 e_{Fuel}代表电力和燃料的排放因子;δ_{Elec}和 δ_{Fuel}分别代表电力和燃料的价格传导率;Ec_{NElec0},Ec_{NFuel0},Ec_{BElec0}和 Ec_{BFuel0}代表 ETS 实施之前生产一单位的 N 和 B 所投入的电力和燃料;$\mathrm{Es}_{NElec}(r_N)$,$\mathrm{Es}_{NFuel}(r_N)$,$\mathrm{Es}_{BElec}(r_B)$和 $\mathrm{Es}_{BFuel}(r_B)$代表减排 r_N 和 r_B 所带来的电能和燃料投入的节约量。

本章的研究和前人研究的不同之处在于,我们在成本核算时增加了两点内容:不考虑碳价格的生产成本以及考虑碳价格的减排成本。通过在生产成本核算时区分电力和燃料成本,可以获得实施 ETS 之后能源部门的价格传导影响和节能效益。从式(4-6)式和式(4-7)可以得到:① 影响效果取决于碳价格水平和部门的减排量。② 传统的碳价格决定因素[即碳价格等于边际减排成本,$P_C = c_{MAC}(r)$]或许需要转换到由碳价格、价格传导机制、节能效益和节能成本曲线共同作用。

另外,为了简化计算,产品 F 的价格设定为国外的单位生产成本 c_F,这里认为 c_F 是一个常数并且等于它的价格 P_F。

4.2.3 基于技术的减排成本曲线

如前面所分析，宏观的减排成本曲线无法把节能信息纳入考虑中，本章的研究使用了第 2 章获得的基于技术的自底向上的曲线。这条曲线是将所有节能技术的节能成本(CCE)从低到高排序获得的。本章将这条曲线应用在研究中时做了一些处理。对于每单位产出，给定技术 j 有 4 个维度：减排成本 tc_j (元/t CO_2，通过将节能成本使用标准煤的排放因子转换为减排成本)，减排潜力 r_j，节约电能的潜力 s_{Elecj} 和节约燃料的潜力 $s_{Fuel}(r_j)$。所以这里使用的减排成本曲线是一个技术集 S_t，其集合为$[j, tc_j, r_j, s_{Elecj}, s_{Euelj}]$，$j \in S_t$。如果仅仅考虑技术的采用成本，技术集的排序遵循 $tc_{j-1} < tc_j$，如果将价格传导效果和节能收益纳入考虑，这个排序就变成：

$$[tc_{j-1} - (P_{Elec} + \delta_{Elec} \cdot P_C \cdot e_{Elec}) \cdot s_{Elecj-1} + (P_{Fuel} + \delta_{Fuel} \cdot P_C \cdot e_{Fuel}) \cdot s_{Fuelj-1}] < [tc_j - (P_{Elec} + \delta_{Elec} \cdot P_C \cdot e_{Elec}) \cdot s_{Elecj} + (P_{Fuel} + \delta_{Fuel} \cdot P_C \cdot e_{Fuel}) \cdot s_{Fuelj}] \tag{4-8}$$

对于给定的减排量 r，如果有 n 个技术需要使用，那么就可以得到：

$$r = \sum_{j=1}^{n} r_j, c_{AC} = \sum_{j=1}^{n} tc_j \cdot r_j, Es_{Elec} = \sum_{j=1}^{n} s_{Elecj}, Es_{Fuel} = \sum_{j=1}^{n} s_{Fuelj}$$

对于产品 N 和 B，有两个技术集 S_{t_N} 和 S_{t_B}。鉴于生产技术水平的多样性，S_{t_N} 和 S_{t_B} 是不同的。具体的不同之处在参数和模型校准时给予详细说明。

4.2.4 实施 ETS 之后对于国内产量的影响效果

实施 ETS 之后，假设配额分配方式是祖父制与拍卖相结合的模式，国内正常产能和落后产能的利润(π_N 和 π_B)分别可以表示为：

$$\pi_N = P_D \cdot N - c_N \cdot N - P_C[N \cdot (e_N^0 - r_N) - FA_N] \tag{4-9}$$

$$\pi_B = P_D \cdot B - c_N \cdot B - P_C[B \cdot (e_B^0 - r_B) - FA_B] \tag{4-10}$$

e_N^0 和 e_B^0 分别表示产品 N 和 B 的初始碳强度；FA_N 和 FA_B 是一次性获得的免费配额分配量。如果 $FA_N + FA_B$ 等于总的排放上限，那么分配方式就是完全的“祖父制”；如果 $FA_N = FA_B = 0$，那么分配方式就是完全的拍卖。通过利润最大化可以得到以下两个一阶条件：

$$P_D = c_N - \frac{\partial P_D}{\partial N} N + P_C(e_N^0 - r_N), P_C = \frac{\partial c_N}{\partial r_N} \tag{4-11}$$

$$P_D = c_B - \frac{\partial P_D}{\partial B} B + P_C(e_B^0 - r_B), P_C = \frac{\partial c_N}{\partial r_B} \tag{4-12}$$

P_C 外生给定，可以得到：

$$P_C = \frac{c_{NMAC}(r_N) - P_{Elec} \cdot \frac{\partial Es_{NElec}(r_N)}{\partial r_N} - P_{Fuel} \cdot \frac{\partial Es_{NFuel}(r_N)}{\partial r_N}}{1 + \delta_{Elec} \cdot e_{Elec} \cdot \frac{\partial Es_{NElec}(r_N)}{\partial r_N} + \delta_{Fuel} \cdot e_{Fuel} \cdot \frac{\partial Es_{NFuel}(r_N)}{\partial r_N}} \tag{4-13}$$

由于分析中用到的减排成本曲线是一个技术集 S_t，所以$\partial Es_{NElec}(r_N)/\partial r_N \geqslant 0$，同时又有$\partial Es_{NFuel}(r_N)/\partial r_N \geqslant 0$（如果一个技术 j 只节约一种能源的话，它对于节约其他能源的边际贡献为 0）。与传统的碳价格定义方法相比[$P_C = c_{MAC}(r)$]，r 和 r_N 之间的关系有：

$$c_{NMAC}(r_N) = c_{NMAC}(r)\left[1 + \frac{\partial Es_{NElec}(r_N)}{\partial r_N}\delta_{Elec} \cdot e_{Elec} + \frac{\partial Es_{NFuel}(r_N)}{\partial r_N}\delta_{Fuel} \cdot e_{Fuel}\right] + \left[\frac{\partial Es_{NElec}(r_N)}{\partial r_N}P_{Elec} + \frac{\partial Es_{NFuel}(r_N)}{\partial r_N}P_{Fuel}\right] \tag{4-14}$$

因为有$\partial Es_{NElec}(r_N)/\partial r_N \geqslant 0$，$\partial Es_{NFuel}(r_N)/\partial r_N \geqslant 0$，所以 $c_{NMAC}(r_N) \geqslant c_{NMAC}(r)$，这也就意味着 $r_N \geqslant r$。因此，考虑价格传导机制和节能效益，企业将会比不考虑这些效果减少更多的排放。

对于给定的碳价格水平 P_C，基于古诺竞争模型下的需求函数 $P(D)$ 以及 N、B、r_N 和 r_B 的一阶条件，可以建立 N 对于 B 产量变化的反应函数，反之亦然。因此可以解出 P_D、N 和 B。同时，基于含恒定弹性的需求函数，可以解得 N_d、N_m、B_d、B_m、F_x 和 F_m。国内总排放可以表示为：

$$E = N \cdot (e_N^0 - r_N) + B \cdot (e_B^0 - r_B)$$

除了祖父制之外，本章也考虑了国内市场的基于产出的分配（OBA）。对于每单位的国内产出，企业会收到一定量的配额 ob，这可以被看作是每单位产出（或者是每单位基准值）的一种补贴。当给予 ob 之后，企业的利润函数可以被改写成：

$$\pi_N = P_D \cdot N - c_N \cdot N - P_C[N \cdot (e_N^0 - r_N) - N \cdot \mathrm{ob}] \tag{4-15}$$

$$\pi_B = P_D \cdot B - c_N \cdot B - P_C[B \cdot (e_B^0 - r_B) - B \cdot \mathrm{ob}] \tag{4-16}$$

对于 π_N 和 π_B 的一阶条件分别是：

$$P_D = c_N - \frac{\partial P_D}{\partial N}N + P_C(e_N^0 - r_N) - P_C \cdot \mathrm{ob}, P_C = \frac{\partial c_N}{\partial r_N} \tag{4-17}$$

$$P_D = c_B - \frac{\partial P_D}{\partial B}B + P_C(e_B^0 - r_B) - P_C \cdot \mathrm{ob}, P_C = \frac{\partial c_N}{\partial r_B} \tag{4-18}$$

4.2.5　社会福利和最优的 ob(表示为 ob*)

在前人的研究中(Lecuyer 等,2013; Meunier 等, 2014),社会福利被定义为总消费者剩余和生产成本以及环境损害的差。这样的定义仅仅考虑了部门本身的福利效果,缺少对下游部门的影响的描述。

在本章的福利度量中,钢铁行业对于下游产出的影响也被纳入考虑中。为了获得这些影响,本章使用了部门间的价格乘数矩阵。假设钢铁行业的下游有 K 个部门,$k \in K$。来自钢铁部门对于部门 k 的价格乘数(Pm_k)被转换为部门的产出水平变化(这意味着钢铁部门的价格变化会导致下游部门的产出变化,这里暗含了这样一个假设,即部门的产出价格水平 P_k 仍然是不变的)。福利函数可以被表示为:

$$\begin{aligned}\mathrm{Wl} = {} & \mathrm{CS}(N_d, B_d, F_x) - N \cdot c_N - B \cdot c_B - P_F F_x + P_D(N_m + B_m) - \\ & p_c[N \cdot (e_N^0 - r_N) + B \cdot (e_B^0 - r_B)] + \sum_{k=1}^{k} P_k \cdot Q_k \cdot Pm_k \cdot \\ & \left\{1 - \left[\frac{P_D(N_d + B_d) + P_F F_x}{N_d + B_d + F_x} \Big/ \frac{P_{D0}(N_{d0} + B_{d0}) + P_F F_{x0}}{N_{d0} + B_{d0} + F_{x0}}\right]\right\}\end{aligned} \tag{4-19}$$

其中,$\mathrm{CS}(N_d, B_d, F_x)$是国内总的消费者剩余;$Q_k$ 代表下游部门的产出水平,假设和 P_k 一样是不变的。$P_k \cdot Q_k$ 可以看作是部门产出价值。这里令 $\frac{\partial \mathrm{CS}}{\partial N_d} = \frac{\partial \mathrm{CS}}{\partial B_d} = P_D$,同时有$\frac{\partial \mathrm{CS}}{\partial F_x} = P_F$。

如上面讨论的一样,设计一个好的 ETS 机制需要遵循以下几点:① 减少落后产能的产出和福利,同时增加正常产能的产出和福利;② 维持整个部门的竞争力;③ 最小化对福利的负面影响或者最大化对福利的正面影响。这里定义"最优情况"可以满足以上条件。对于给定的 P_C,最优的 ob* 水平可以被定义为以下线性方程组的解:

$$\max \mathrm{Wl}(\mathrm{ob})$$
$$\text{s.t.}$$
$$\begin{cases} 0 \leqslant \mathrm{ob} \leqslant (N_0 \cdot e_N^0 + B_0 \cdot e_B^0)/(N_0 + B_0) \\ N + B = N_0 + B_0 \\ N > N_0, \pi_N > \pi_{N0} \\ B < B_0, \pi_B < \pi_{B0} \end{cases} \tag{4-20}$$

式(4-20)的解如下:① 对于函数 $\mathrm{CS}(N_d, B_d, F_x)$给出更为精确的表达式,即 $\mathrm{CS}(N_d, B_d, F_x) = P_D \cdot (N_d + B_d) + P_F \cdot F_x$;② 根据需求函数 $P(D)$,

π_N 和 π_B 的一阶条件，使用含有 ob 的表达式来表示 $P(D)$、N 和 B；③ 对函数 W_1(ob)求解来给出 ob*（库恩塔克条件下的非线性最优化问题）。在目标函数中给出这些限制，可能 ob* 不会在所有的碳价格水平 P_C 下都存在，而是仅仅存在于某些区域。这些将在实例分析中给予讨论。

4.3 实例分析——以我国钢铁行业为例

4.3.1 参数和模型校准

基准年设置为 2010 年，文中使用到的参数可以分为三组：① 根据 2010 年我国钢铁行业的实际数据；② 根据 2005—2010 年需求函数的经验数据而估计出的参数；③ 根据模型中校准的参数，主要是用来区分 N 和 B 的多样性。

对于第一组参数，产量、消费量和价格水平主要参考《中国统计年鉴 2010》和《钢铁统计年鉴 2011》。焦煤作为我国钢铁部门的代表性消耗能源，平均单位能耗、能源价格、排放因子主要参考电力年度报告，《中国能源统计年鉴(2011)》，Li 等（2014）的研究文献。另外，焦煤和电力的价格传导率都设置为 0.9（Demailly 等，2008），欧盟电力传导率为 0.75，本节将这个比例提高至 0.9，碳价格水平设置为 50 元/t CO_2，免费分配比例为初始排放的 90%，这根据 7 个碳市场试点的实际情况。来自实际数据的模型参数如表 4-1 所示。

表 4-1 来自实际数据的模型参数

参数	数值	单位
国内初始产量 N_0+B_0	622.17	Mt 粗钢
国内初始消费量 $N_{d0}+B_{d0}$	584.30	Mt 粗钢
出口量 $N_{m0}+B_{m0}$	37.87	Mt 粗钢
进口量 F_{x0}	19.82	Mt 粗钢
国内消费量 $N_{d0}+B_{d0}+F_{x0}$	604.12	Mt 粗钢
国内价格 P_{D0}	4 420.10	Mt 粗钢
国外价格 P_{F0}	8 202.85	元/t 粗钢
电力价格 P_{Elec}	0.85	元/kWh
燃料价格 P_{Fuel}	900.00	元/t 焦煤
单位产出平均电能消耗 Ec_{Elec0}	10.44	kWh/t 粗钢
单位产出平均燃料消耗 Ec_{Fuel0}	8.20	GJ/t 粗钢
燃料热值	28.44	GJ/t 焦煤

表 4-1(续)

参数	数值	单位
单位产出平均排放强度 e^0_{N+B}	1.80	tCO_2/t 粗钢
电力排放因子 e_{Elec}	0.000 8	tCO_2/kWh
燃料排放因子 e_{Fuel}	0.005 0	tCO_2/t 焦煤
电力传导率 δ_{Elec}	0.9	0.9
燃料传导率 δ_{Fuel}	0.9	0.9
初始排放 E_0	1 051.48	$MtCO_2$
碳价格 P_C	50	元/t CO_2
免费分配配额比例 FA	90%	—

关于需求曲线的参数，使用 2005—2010 年的历史数据进行模拟。历史数据主要来自《中国统计年鉴》和《钢铁统计年鉴》。价格水平已经根据消费者价格指数(Consumer Price Index，CPI)和汇率折成 2010 年的实际价格。需求曲线的模拟参数如表 4-2 所示。

表 4-2　需求曲线的模拟参数

参数	数值
α(N+B)	7 343
β (N+B)	5.002 4
α_{N+B}(出口)	1.83×10^{-9}
α_{N0}	1.28×10^{-9}
α_{B0}	5.49×10^{-9}
α_x	64 242.40
出口价格弹性 η_{mm}	−2.591 4
出口价格弹性 η_{mw}	5.049 3
进口价格弹性 η_{xx}	−2.452 6
进口价格弹性 η_{xd}	1.670 3

需要指出的是，模型并不需要很长时间段的数据来进行参数的拟合，因为模型是为了 ETS 的影响提供一个静态的分析。2005—2010 年同样是我国能源部门快速发展同时产能过剩现象集中出现的时间段。α 和 β 的估计值也显示了国内钢铁需求水平处于一个较低的水平。

对于出口需求，参数 α_{N+B}是对于产品 N 和 B 的总的出口需求，为了区分 α_{N+B}

中的 α_N 和 α_B，这里假设出口的比例与产品 N 和 B 的产量的比例是一样的。所以可以得到 $\alpha_N = \alpha_{N+B} \cdot N/(N+B)$，$\alpha_N = \alpha_{N+B} \cdot B/(N+B)$。$\alpha_N$ 和 α_B 可以根据 N 和 B 的变化进行调整。这里 α_{N0} 和 α_{B0} 可以根据 N_0 和 B_0 的初始比例得到。

N 和 B 的校准步骤为：① 根据研究，N_0 和 B_0 的初始比例设定为 70% 和 30%；② 初始排放 E_0 是已知的，可以根据 $N_0 \cdot e_N^0 + B_0 \cdot e_B^0 = E_0$ 和 $e_N^0 < e_B^0$ 获得 e_N^0 和 e_B^0；③ 根据 e_N^0，e_B^0，Ec_{Elec0} 和 Ec_{Fuel0}，可以获得 Ec_{NElec0}、Ec_{BElec0}、Ec_{NFuel0} 和 Ec_{BFuel0} 的校准数据；④ 给定 N_0、B_0、P_{D0} 以及 $N+B$ 的需求曲线，单位成本 c_{N0} 和 c_{B0} 可以校准，c_{Nother} 和 c_{Bother} 可以通过在 c_{N0} 和 c_{B0} 中去除能源成本获得。校准数据的具体数值如表 4-3 所示。

表 4-3　校准数据的具体数值

参数	描述	数值	单位
N_0	N 的产量	409.01	Mt 粗钢
B_0	B 的产量	175.29	Mt 粗钢
N_{d0}	N 的国内消费量	382.50	Mt 粗钢
B_{d0}	B 的国内消费量	163.93	Mt 粗钢
N_{m0}	N 的出口量	26.51	Mt 粗钢
B_{m0}	B 的出口量	11.36	Mt 粗钢
c_{N0}	N 的单位产出成本	2 374.07	元/t 粗钢
c_{B0}	B 的单位产出成本	3 543.23	元/t 粗钢
$c_{Nother0}$	N 的除能源成本外单位成本	1 589.38	元/t 粗钢
$c_{Bother0}$	B 的除能源成本外单位成本	2 544.45	元/t 粗钢
e_N^0	N 的单位产出排放强度	1.66	t CO_2/t 粗钢
e_B^0	B 的单位产出排放强度	2.12	t CO_2/t 粗钢
Ec_{NElec0}	N 的单位产出电力消耗	617.77	kWh/t 粗钢
Ec_{BElec0}	B 的单位产出电力消耗	786.33	kWh/t 粗钢
Ec_{NFuel0}	N 的单位产出燃料消耗	8.20	GJ/t 粗钢
Ec_{BFuel0}	B 的单位产出燃料消耗	10.44	GJ/t 粗钢
S_{t_N}	N 的技术集合	24	节能技术
S_{t_B}	B 的技术集合	35	节能技术

4.3.2　技术集合和部门价格乘数

本章所采用的边际成本曲线来自 Li 等(2014)的研究，共选取了 35 项我国钢铁行业的节能技术。具体的技术集合如表 4-4 所示。

表 4-4　技术集合

节能技术	燃料节约 /(GJ/t)	电能节约 /(kWh/t)	CO_2 减排量 /(t CO_2/t)	减排成本 /(元/t CO_2)	使用率	属于子集
氧燃烧嘴	0.00	41.71	0.032 7	2.87	50%	N & B
直流电弧炉	0	88.99	0.069 7	44.36	10%	N & B
超高功率转换器	0	58.40	0.045 7	250.63	40%	N & B
自动检测和定位系统	0	33.37	0.026 1	269.33	50%	N & B
热电联产	0.03	83.43	0.068 5	280.98	90%	B
偏心底出钢	0	25.03	0.019 6	341.20	30%	N & B
能源监测和控制	0.32	2.78	0.036 4	45.51	90%	B
高炉过程控制	0.36	0	0.038 5	92.73	30%	N & B
蓄热式燃烧	0.46	0	0.049 3	101.83	90%	B
预防性控制	0.43	5.56	0.050 4	189.44	90%	B
热风炉余热回收	0.30	0	0.032 1	162.18	50%	N & B
烟气余热回收	0.72	0	0.077 1	162.65	10%	B
TRT(干式)	0	25.03	0.019 6	1 023.59	58%	B
热风炉过程控制	0.26	0	0.027 8	244.78	80%	B
双壳 DC 电弧炉	0	35.04	0.027 4	1 103.71	10%	N & B
高炉喷吹塑料	0.11	0	0.011 8	284.46	3%	N & B
烧结提高过程控制	0.01	0	0.001 1	312.28	90%	B
粉煤喷射	0.62	0	0.066 4	333.03	60%	B
薄板压铸	1.18	25.03	0.146 0	515.98	5%	N & B
热风炉系统化节能	0.49	0	0.052 5	424.89	5%	N & B
高炉煤气回收	0.06	0	0.006 4	469.46	80%	B
CCPP	0.51	0	0.054 6	587.82	10%	N & B
连续退火	0.38	0	0.040 7	913.01	5%	N & B
烧结余热发电	0.04	0	0.004 3	949.34	20%	N & B
转炉煤气回收	0.50	0	0.053 5	1 040.96	10%	N & B
退火线余热回收	0.11	2.78	0.014 0	1 240.85	50%	N & B
烟气监测和控制	0	13.90	0.010 9	2 052.50	50%	N & B
热轧热送	0.19	0	0.020 3	1 287.23	50%	N & B

表 4-4(续)

节能技术	燃料节约/(GJ/t)	电能节约/(kWh/t)	CO_2 减排量/(t CO_2/t)	减排成本/(元/t CO_2)	使用率	属于子集
减少蒸汽使用(酸洗线)	0.11	0	0.011 8	1 527.34	50%	N & B
干熄焦	0.36	0	0.038 5	1 609.92	50%	N & B
LT 干法除尘	0	5.56	0.004 4	2 842.56	20%	N & B
泡沫渣技术	0	19.47	0.015 2	3 384.30	30%	N & B
余热回收	0.03	0	0.003 2	3 060.48	80%	B
炉绝缘	0.14	0	0.015 0	6 507.28	50%	N & B
煤调湿	0.06	0	0.006 4	7 971.44	15%	N & B

第一,为了描述产品 N 和 B 的边际减排成本曲线的差别,每个产品所包含的技术是不同的。根据前人的研究,国内钢铁产量在 2005 年时大约有 25%是由落后产能所生产的。由于政府在加速钢铁行业的技术更新同时控制落后产能,区分正常和落后产能的标准也在不断发生变化。因此,这里将正常产能和落后产能的比例设定为 70%和 30%。对于 N 的技术集 S_{t_N} 而言,认为技术采用率在 70%以上的节能技术已经被 N 采用了,同时我们去除了一些采用率在 50%以上的技术,来刻画 N 和 B 之间的技术差别。所以 S_{t_N} 和 S_{t_B} 分别包含 24 项和 35 项节能技术。

第二,每项技术的应用比例 sh_j 参考 Li 等(2014)的研究资料,因此技术的减排潜力被设置为 $r_j(1-sh_j)$。

第三,考虑自底向上的减排成本曲线是不连续的,存在断点,因此对于给定的碳价格 P_C,如果 $P_C>tc_{n-1}$ 和 $P_C<tc_n$ 时,存在:

$$r=\sum_{j=1}^{n-1} r_j(1-sh_j)+r_n(1-sh_n)\frac{P_C}{tc_n}$$

$$c_{AC}=\sum_{j=1}^{n-1} tc_j\cdot r_j(1-sh_j)+P_c\cdot r_n(1-sh_n)$$

同样地,这种处理方法可以应用在 Es_{Elec} 和 Es_{Fuel} 上。

在核算社会福利函数时,本章使用了部门间的价格传导矩阵。基于我国 2007 年的投入产出表(由于表中没有单独核算钢铁部门,故使用金属冶炼及压延加工业来代表钢铁行业),对钢铁行业的上下游产业进行区分,可以获得正向和反向相关性并且得到分解的价格乘数。

假设平均支付倾向矩阵为:

$$\boldsymbol{A}=[a_{ij}]=[x_{ij}/x_j] \tag{4-21}$$

其中 a_{ij} 代表对于部门 j 来自部门 i 的总支出的转移支付。同时，a_{ij} 代表平均支付倾向，反映了部门 j 中来自部门 i 的效果。

$\boldsymbol{M}=\mathrm{Pm}_{ij}$ 代表了价格乘数矩阵，Pm_{ij} 代表当部门 i 的产品价格发生变化时，部门 j 的产品变化率。在本章中，部门 i 就是金属冶炼及压延加工业。

假设外生的冲击使得金属冶炼及压延加工业的成本发生了变化 Δv，并且使得其他部门的产品价格发生了变化 Δp，可以得到平衡方程：

$$\sum_{j=1}^{n-1} P_j \cdot a_{ij} + v_j = P_j \tag{4-22}$$

$$\Delta P = \Delta V \cdot M \tag{4-23}$$

基于价格乘数矩阵的定义可以得到：

$$\boldsymbol{M}=(1-\boldsymbol{A})^{-1} \tag{4-24}$$

部门 i 和部门 j 的价格乘数是：

$$\mathrm{Pm}_{ij}=\Delta_{ji}/\mid 1-\boldsymbol{A}\mid \tag{4-25}$$

Δ_{ji} 代表矩阵中第 i 行和第 j 列的因子。价格乘数矩阵计算结果如表 4-5 所示。

表 4-5　价格乘数矩阵计算结果

部门	数值	部门	数值
金属制品业	0.742 0	综合技术服务业	0.112 7
电力机械及器材制造业	0.661 6	卫生、社会保障和社会福利业	0.111 6
通用和专用设备制造业	0.574 5	交通运输及仓储业	0.102 2
交通运输设备制造业	0.454 1	居民服务和其他服务业	0.102 2
建筑业	0.400 5	水利、环境和公共设施管理业	0.098 7
工艺品及其他制造业	0.283 9	邮政业	0.097 9
仪器仪表及文化办公用机械制造业	0.265 4	信息传输、计算机服务和软件业	0.094 8
通信设备、计算机及其他电子设备制造业	0.247 4	水的生产和供应业	0.094 3
煤炭开采和洗选业	0.201 6	纺织业	0.075 9
石油和天然气开采业	0.170 8	纺织服装鞋帽皮革羽绒及其制品业	0.072 6
非金属矿物制品业	0.169 6	文化、体育和娱乐业	0.071 0
金属矿采选业	0.167 7	教育	0.063 9
木材加工及家具制造业	0.150 3	公共管理和社会组织	0.061 0

表 4-5(续)

部门	数值	部门	数值
租赁和商务服务业	0.149 5	批发和零售业	0.054 3
石油加工、炼焦及核燃料加工业	0.144 9	食品制造及烟草加工业	0.051 9
电力、热力的生产和供应业	0.144 4	住宿和餐饮业	0.048 6
燃气生产和供应业	0.144 3	农林牧渔业	0.036 7
非金属矿及其他矿采选业	0.129 1	房地产业	0.033 0
化学工业	0.127 3	金融业	0.030 8
造纸印刷及文教体育用品制造业	0.127 3	废品废料	0.027 7
研究与试验发展业	0.126 1		

基于部门价格乘数的值，5 个部门(金属制品业、电力机械及器材制造业、通用和专用设备制造业、交通运输设备制造业、建筑业)被认为是钢铁行业的下游部门，在福利计算中价格乘数被转换为产出损失。

4.3.3 数值模拟

考虑 ETS 对行业竞争力的潜在负面影响，大部分的试点区域在配额分配方式上都采用了祖父制的分配方式。一些试点区域引入了部分拍卖(如深圳)或者是行业标杆值(如广东的高耗能行业)的分配方式。在本章的分析中，假定排放配额上限是我国钢铁行业初始排放的 90%，碳价格的变化幅度为 50 元/t～250 元/t CO_2。本章主要分析两种情景：第一种情景(S1)是免费分配与拍卖相结合的方式，免费分配的配额比例 FA 变动范围从 90%(几乎完全免费分配)到 0%(完全拍卖)。第二种情景(S2)是基于产出的分配(OBA)，在 S2 中分析不同的 ob 水平是通过福利最大化获得最优的 ob^*。

首先，分析碳价格对我国钢铁行业不同成本定义的影响。给定碳价格为 50 元/t，FA 为初始排放的 90%，基于 N 和 B 的技术集，生产成本可以被定义为：

$$\text{情景 1：} c = c_{\text{Other}} + P_{\text{Elec}} \cdot Ec_{\text{Elec0}} + P_{\text{Fuel}} \cdot Ec_{\text{Fule0}} + c_{\text{AC}}(r) \tag{4-26}$$

式(4-26)中节能(Energy saving，ES)效益以及价格传导(Price Passthough，PP)都没有被纳入计算。

$$\begin{aligned}\text{情景 2：} c = {} & c_{\text{Other}} + (P_{\text{Elec}} + \delta_{\text{Elec}} \cdot P_{\text{C}} \cdot e_{\text{Elec}}) \cdot Ec_{\text{Elec0}} + P_{\text{Fuel}} + \\ & (P_{\text{Fuel}} + \delta_{\text{Fuel}} \cdot P_{\text{C}} \cdot e_{\text{Fuel}}) \cdot Ec_{\text{Fule0}} + c_{\text{AC}}(r)\end{aligned} \tag{4-27}$$

公式(4-27)中只有 PP 效应被纳入计算。

情景 3：ES 效益和 PP 效应均被纳入计算。

虽然 N 和 B 给予同样的技术集，但是排序是基于减排成本来进行的。在情景 1 和 2 中，技术排序基于每项技术的减排成本（tc_j）排序；在情景 3 中，技术排序基于综合成本 $tc_j-(P_{Elec}+\delta_{Elec}\cdot P_C\cdot e_{Elec})\cdot s_{Elecj}+(P_{Fuel}+\delta_{Fuel}\cdot P_C\cdot e_{Fuel})\cdot s_{Fulej}$ 来进行。

主要比较参数为行业竞争力、排放控制、企业绩效、国内消费和福利，计算结果如表 4-6 所示。

表 4-6　不同成本定义下的结果比较

项目		情景 1：不考虑 ES 和 PP	情景 2：不考虑 ES，考虑 PP	情景 3：考虑 ES 和 PP
行业竞争力	ΔN	−0.98%	−1.24%	0.77%
	ΔB	−4.87%	−6.18%	1.29%
	$\Delta(N+B)$	−2.14%	−2.72%	0.93%
	$\Delta(N_m+B_m)$	−3.58%	−4.52%	1.60%
	ΔP_D	1.42%	1.80%	−0.61%
排放控制	ΔE_N	−6.55%	−6.80%	−15.99%
	ΔE_B	−9.24%	−10.49%	−18.17%
	ΔE	−7.50%	−8.10%	−16.76%
企业绩效	N 的市场份额	70.83%	71.07%	69.89%
	B 的市场份额	29.17%	28.93%	30.11%
	$\Delta Profit_N$	1.71%	1.19%	5.20%
	$\Delta Profit_B$	1.37%	−1.11%	13.47%
国内消费和福利	$\Delta(N_d+B_d+F_x)$	−1.89%	−2.40%	0.81%
	ΔWl	−19.09%	−25.80%	7.96%

从表 4-6 可以看出，如果不考虑节能效益，ETS 的实施会为我国钢铁行业带来显著的负面影响，这样的负面影响如果将价格传导机制考虑进去的话会进一步扩大。在情景 1 和情景 2 中，排放已经降低了 7.50% 和 8.10%，在给定排放上限为基准排放 90% 的情况下，钢铁行业是排放权交易市场的配额净买家。

对于产品 N 和 B，在情景 1 和 2 中都受到了损失，如果比较生产、市场份额和收益的话，产品 N 比 B 有更好的表现。所以从情景 1 和情景 2 的结果可以看出，虽然 ETS 会影响竞争力（反映在总产出和出口上），但是可以在一定程度上促进落后产能的淘汰和国内钢铁行业生产水平的提高，即使是在低碳价格水平和几乎完全免费分配的情况下。

如果考虑节能收益，在情景 3 时结果就会出现变化。在情景 3 中，产品 N 和 B 在生产和利润方面都有所提高。排放减少了 16.76%，这就意味着行业会变成配额的净卖家。如果考虑节能收益的话，碳价格在 50 元/t CO_2 并存在免费配额分配的情况下，在行业竞争力、国内产量和福利中会发生回弹效应(ETS 的正面影响)。但是如果考察 N 和 B 的变化，会发现在行业中出现了可能的扭曲效应。当节能潜力越大的时候，B 会比 N 有更好的表现。N 的产量和利润提高了 0.77%和 5.20%，而 B 的产量和利润上升了 1.29%和13.47%。同时，B 的市场份额从 30%上升到了 30.11%。所以这意味着 ETS 使得钢铁行业向着政策相反的方向发展了，这也违背了当初政府建立 ETS 的初始意愿之一(促进落后产能的淘汰，促进生产水平的提高)。

事实上，EU ETS 的一些经验也支持情景 3 的结果。在 EU ETS 的第一阶段，由于考虑了欧盟高耗能行业的竞争力，建立了基于祖父制的免费配额分配。考虑节能收益的部门减排潜力会比不考虑节能收益的部门减排潜力要大得多，由于对减排潜力的低估，使得市场上的配额严重超发。这就导致了这些部门似乎没有受到 ETS 的影响，同时碳价格还远远低于预期水平(Anger 等，2008)，这与情景 3 中的结果有很大程度上的类似。

4.3.3.1 情景 S1：含有免费配额分配的拍卖机制

在情景 S1 中，同样认为 FA 为初始排放 E_0 的 90%，将碳价格从 50 元/t 提高到 250 元/t，模拟结果如表 4-7 所示。

表 4-7 情景 S1 的模拟结果

项目		P_C=50 元/t CO_2	P_C=100 元/t CO_2	P_C=150 元/t CO_2	P_C=200 元/t CO_2	P_C=250 元/t CO_2
行业竞争力	ΔN	0.77%	−0.25%	−1.30%	−2.14%	−3.03%
	ΔB	1.29%	−3.54%	−8.04%	−12.86%	−17.38%
	$\Delta(N+B)$	0.93%	−1.24%	−3.32%	−5.36%	−7.34%
	$\Delta(N_m+B_m)$	1.60%	−2.09%	−5.48%	−8.63%	−11.55%
	ΔP_D	−0.61%	0.82%	2.20%	3.54%	4.85%
排放控制	ΔE_N	−15.99%	−21.16%	−26.59%	−27.71%	−28.86%
	ΔE_B	−18.17%	−25.36%	−31.16%	−36.17%	−39.81%
	ΔE	−16.76%	−22.64%	−28.20%	−30.70%	−32.72%

表 4-7(续)

项目		P_C=50 元/t CO_2	P_C=100 元/t CO_2	P_C=150 元/t CO_2	P_C=200 元/t CO_2	P_C=250 元/t CO_2
企业绩效	N 的市场份额	69.89%	70.70%	71.46%	72.38%	73.25%
	B 的市场份额	30.11%	29.30%	28.54%	27.62%	26.75%
	$\Delta Profit_N$	5.20%	6.81%	8.39%	10.39%	12.32%
	$\Delta Profit_B$	13.47%	14.77%	17.16%	19.39%	22.58%
国内消费和福利	$\Delta(N_d+B_d+F_x)$	0.81%	−1.09%	−2.93%	−4.74%	−6.51%
	ΔWl	7.96%	−17.12%	−41.01%	−64.56%	−67.51%

当碳价格升高时，可以发现一些规律：

第一，在碳价格较高时(超过 100 元/t CO_2)，回弹效应不再出现。国内行业可能会在竞争力上有所损失，这些损失随着碳价格的升高而不断上升。大部分的损失是由于 B 的产量损失造成的(高于 N 的产量损失)，同时 B 在整个国内市场的份额也随着碳价格的上升而有所下降。具体见图 4-1(纵坐标均表示变化比率，下同)。

第二，由于在总产量中 N 的市场份额更大，N 所贡献的减排量始终比 B 要大，但是随着碳价格水平的上涨，来自 B 的减排份额在提高。对于 N 来说，当碳价格从 100 元/t 变化到 250 元/t 时，大部分的减排是由能源强度的改善所带来的。对于 B 来说结果完全不同，随着碳价格的提高，大部分的减排是由于产出的减少所带来的，这也与产品 B 的产量损失相符合。具体见图 4-2(图中 e_N 表示 N 的减排量，e_B 表示 B 的减排量，纵坐标表示变动百分比)。

第三，虽然随着碳价格的提高，国内单位产出的价格也在不断提高，但是如果仔细观察 N 和 B 的成本变化[见图 4-3(Δc_N 表示 N 单位成本的变动百分比，Δc_B 表示 B 单位成本的变动百分比，PD 表示国内产品价格)]，它们的实际成本随着碳价格水平的上涨显示出下降的趋势。增加的减排成本会导致生产成本的增加，同时节能效益可以在很大程度上弥补这种情况，即使是存在对于下游的价格传导效果的情况下。在 N 和 B 中，能源成本的变化曲线呈现“U”形，这主要是由于价格传导和节能的共同作用所导致的。

第四，随着碳价格的上升，N 和 B 的利润都有所上升，同时社会福利呈现出下降的趋势(见图 4-4)。基于之前关于 N 和 B 在不同碳价格水平下产量和市场份额的变化，除了在碳价格为 50 元/t 的时候出现了回弹效应，如果碳价格足够高的话(高于 100 元/t)，通过支付国内生产和福利的损失，带有免费配额分配的

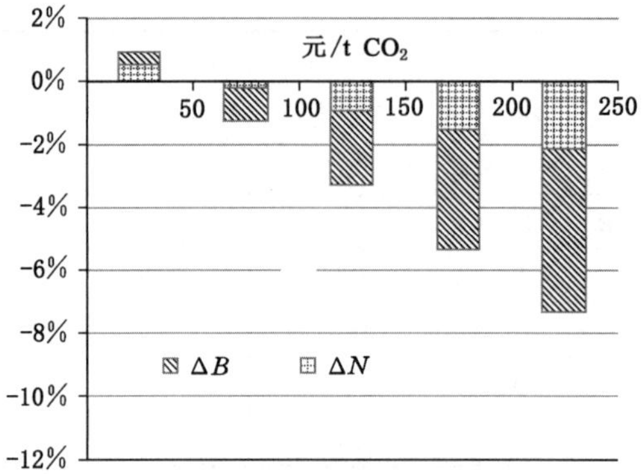

(a) 国内产量的变化（ΔN和ΔB）

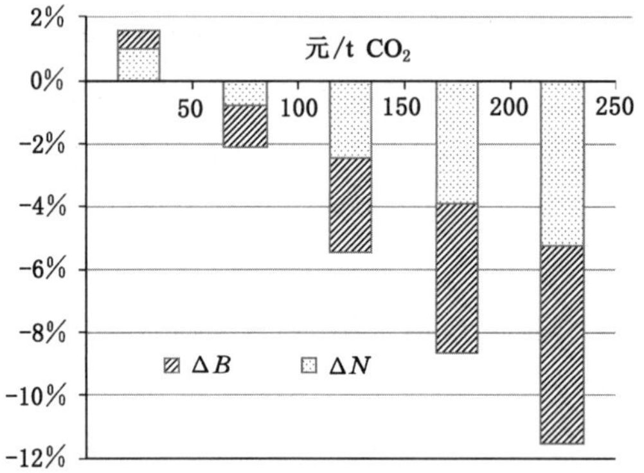

(b) ΔN和ΔB导致的出口变化

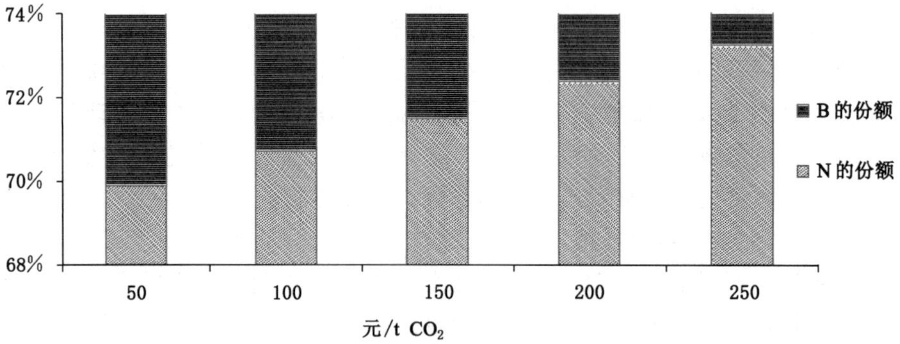

(c) N和B的市场份额

图 4-1 碳价格变化时 N 与 B 的变化趋势

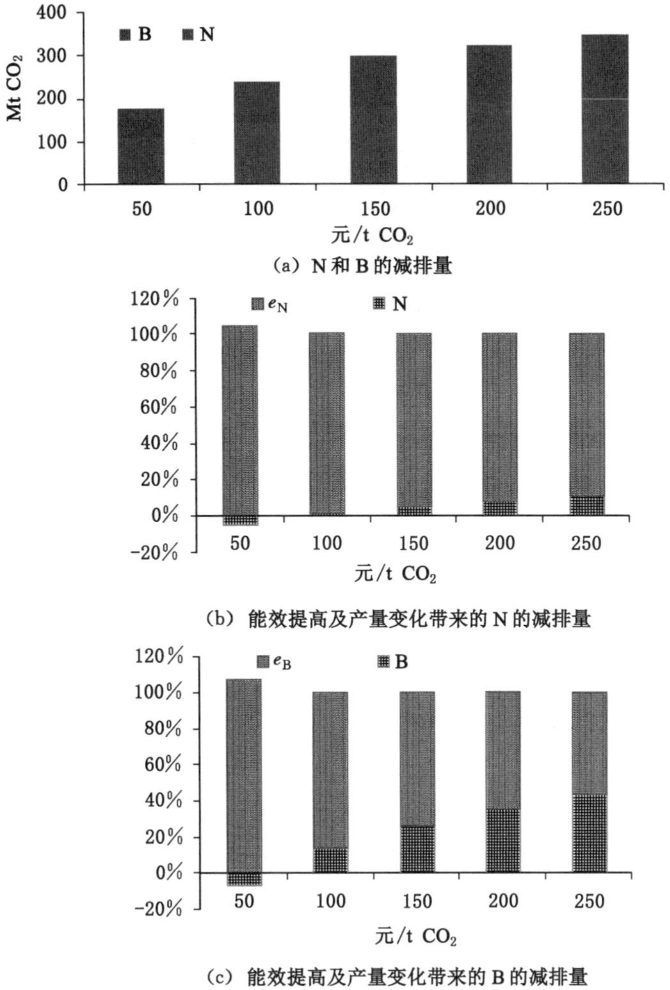

(a) N 和 B 的减排量

(b) 能效提高及产量变化带来的 N 的减排量

(c) 能效提高及产量变化带来的 B 的减排量

图 4-2　碳价格变化时 N 和 B 的减排量以及减排构成

ETS 仍然可以促进落后产能的淘汰以及生产技术水平的提高。实际上，如果考察 N 和 B 的利润就会发现扭曲效应的存在。虽然在更高碳价格的情况下，B 会损失更多的产量和市场份额，它的利润却在不断升高而且比 N 要高很多。在利润增加的情况下，产能不能说是被淘汰的。这种扭曲效应的主要原因是免费的配额分配。模拟结果也与 EU ETS 第一阶段电力和水泥部门的“意外之财”相符合(Oberndorfer，2009)。

接着分析了 FA 从 90%降到 0%的过程中对于产品利润的影响，如图 4-5 所示。如同之前讨论过的，为了促进落后产能的淘汰和生产水平的提高，有必要弱

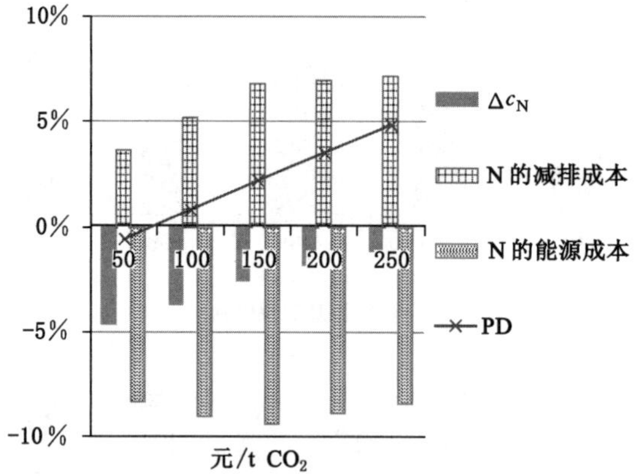

(a) N 单位成本的变化以及减排和能源成本的贡献量

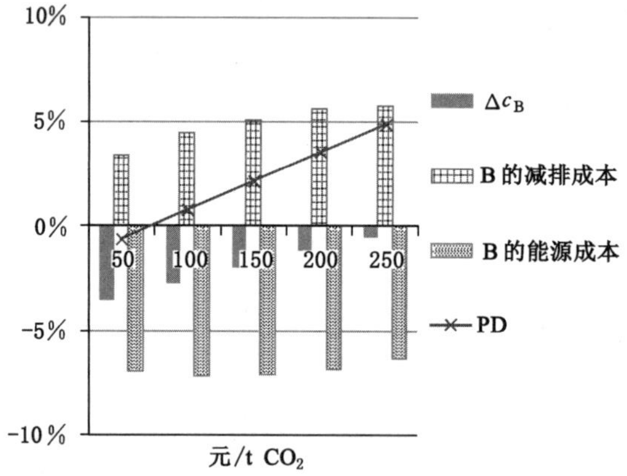

(b) B 单位成本的变化以及减排和能源成本的贡献量

图 4-3　不同碳价格下 N 和 B 的成本变化

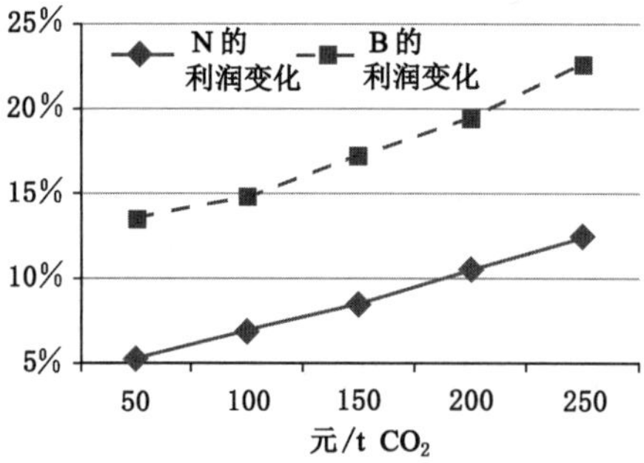

(a) N 和 B 的利润变化

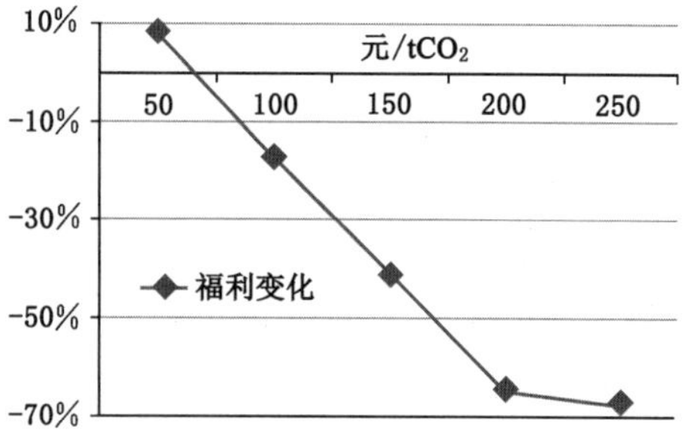

(b) 福利的变化

图 4-4　N 和 B 的利润以及社会福利的变化

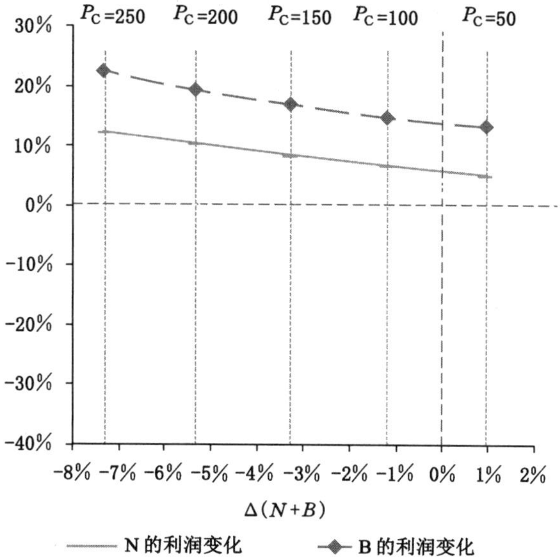

(a) N、B 产量和利润的变化(90% FA)

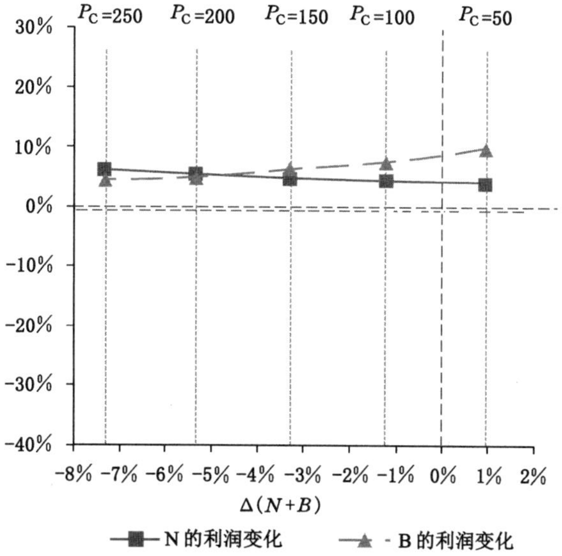

(b) N、B 产量和利润的变化(60% FA)

图 4-5　不同 FA 对于 N 和 B 的利润影响

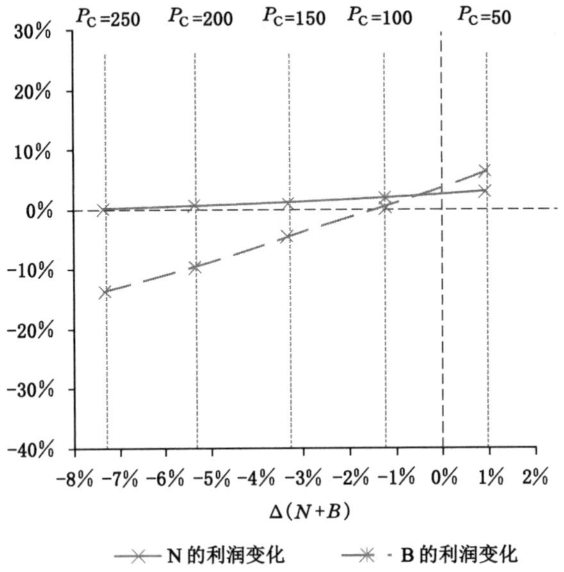

(c) N、B 产量和利润的变化（30% FA）

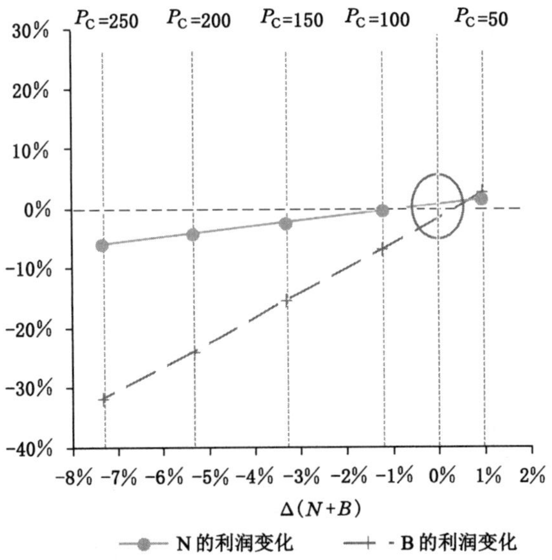

(d) N、B 产量和利润的变化（0% FA）

图 4-5(续)

化落后产能的竞争力，最优的情况就是减少落后产能的产量和利润，同时维持整个国内市场的稳定。遵循这个规则，通过调整碳价格水平，本章试图找寻在不同的 FA 水平下是否存在这样的情况。

从图 4-5 可以看出，企业利润的扭曲效应会在很大程度上由 FA 的下降得到弥补，尤其是对于 B 的利润。在图 4-5(a)和 4-5(b)中，当 FA 为 90%和 60%时，所有企业的利润都高于 0，最好的结果可能不会出现。在图 4-5(c)中，虽然 B 的利润变化在碳价格高于 100 元/t 时是负的，它的利润变化在 $\Delta(N+B)=0$ 的点却始终大于 0，因此在 FA 为 30%的情况下最优的情况也没有出现。在图 4-5(d)中，在 $\Delta(N+B)=0$ 的点，N 的利润变化是正的，同时 B 的利润变化是负的，意味着在完全拍卖的情况下会出现最优的情况。

通过福利最大化，可以在完全拍卖（FA=0%）的情况下满足最优条件的碳价格水平为 70.87 元/t。这个结果也可以被认为是 $ob^*=0$ 时，碳价格水平为 70.87 元/t。这里应该指出的时，在完全拍卖时，碳价格在很大程度上与碳税是相等的。

4.3.3.2　情景 S2：OBA

在情景 S2 下，当碳价格为 50 元/t 时不存在最优情况，对于 ob^* 的计算从碳价格为 100 元/t 开始进行。模拟结果如表 4-8 所示。

表 4-8　情景模拟 S2 的模拟结果

项目		$P_C=70.87^*$ 元/t CO_2 +0%FA	$P_C=100$ 元/t CO_2 $+ob^*$	$P_C=150$ 元/t CO_2 $+ob^*$	$P_C=200$ 元/t CO_2 $+ob^*$	$P_C=250$ 元/t CO_2 $+ob^*$
最优 ob 比例（tCO_2/t 粗钢）		—	0.54	0.97	1.17	1.29
ob^*/e^0_{N+B}		—	30.10%	53.90%	65.02%	71.68%
ob^*/e^0_N		—	32.46%	58.31%	70.34%	77.55%
ob^*/e^0_B		—	25.50%	45.81%	55.26%	60.93%
行业竞争力	ΔN	0.33%	0.63%	1.07%	1.68%	2.21%
	ΔB	−0.76%	−1.48%	−2.50%	−3.93%	−5.16%
	$\Delta(N+B)$	0	0	0	0	0
	$\Delta(N_m+B_m)$	0	0	0	0	0
	ΔP_D	0	0	0	0	0

表 4-8(续)

项目		$P_C=70.87^*$ 元/t CO_2 +0%FA	$P_C=100$ 元/t CO_2 +ob*	$P_C=150$ 元/t CO_2 +ob*	$P_C=200$ 元/t CO_2 +ob*	$P_C=250$ 元/t CO_2 +ob*
排放控制	ΔE_N	−18.11%	−20.46%	−24.82%	−24.88%	−25.01%
	ΔE_B	−21.19%	−23.76%	−27.02%	−29.62%	−30.90%
	ΔE	−19.20%	−21.62%	−25.60%	−26.56%	−27.09%
企业绩效	N 的市场份额	70.23%	70.44%	70.75%	71.18%	71.55%
	B 的市场份额	29.77%	29.56%	29.25%	28.82%	28.45%
	ΔProfit_N	0.65%	1.27%	2.16%	3.40%	4.47%
	ΔProfit_B	−1.52%	−2.93%	−4.94%	−7.71%	−10.05%
国内消费和福利	$\Delta(N_d+B_d+F_x)$	0	0	0	0	0
	ΔWl	−2.78%	−5.86%	−10.86%	−16.00%	−21.19%

通过比较 ob^*/e_N^0 和 ob^*/e_B^0，OBA 可以被看作是一种多元化的退税机制，可以为正常产能的生产提供更多的补贴，因此可以增加 N 的产量和利润同时降低 B 的产量和利润。在图 4-6(a)中，S1 中出现了扭曲效应，其在 ob* 的情况下可以在很大程度上得到纠正。在图 4-6(b)中，随着碳价格的提高，需要提供更多的补贴(随着 ob* 的水平的增加而增加)来维持行业的竞争力，同时促进落后产能的淘汰。随着碳价格水平 ob* 的变化，可以看出随着碳价格的增长边际效用递减。在图 4-6(c)中，对于给定的 ob*，国内福利仍然是损失状态。通过比较 S1 和 S2 中每单位减排量的福利损失，可以发现与 S1 相比，S2 中的福利损失可以在很大程度上得到补偿。

另外，在模型中获得的 ob*，在碳价格不是那么高的时候可能是较低的(当碳价格为 100 元/t 时，$\frac{ob^*}{e_{N+B}^0}=30.10\%$，$\frac{ob^*}{e_N^0}=32.46\%$)。Meunier 等(2014)的研究计算了欧盟水泥行业的最优 OBA 值。当碳价格为 20 欧元/t CO_2 时，OBA* 约占到欧盟行业标杆值免费分配的 37.08%，这是在欧盟 10%的 CO_2 效率最高的水泥窑的平均排放的基础上得到的。虽然在模型的构造和部门上有很大的差别，但是本节的计算结果与他们的计算结果在一定程度上是吻合的。

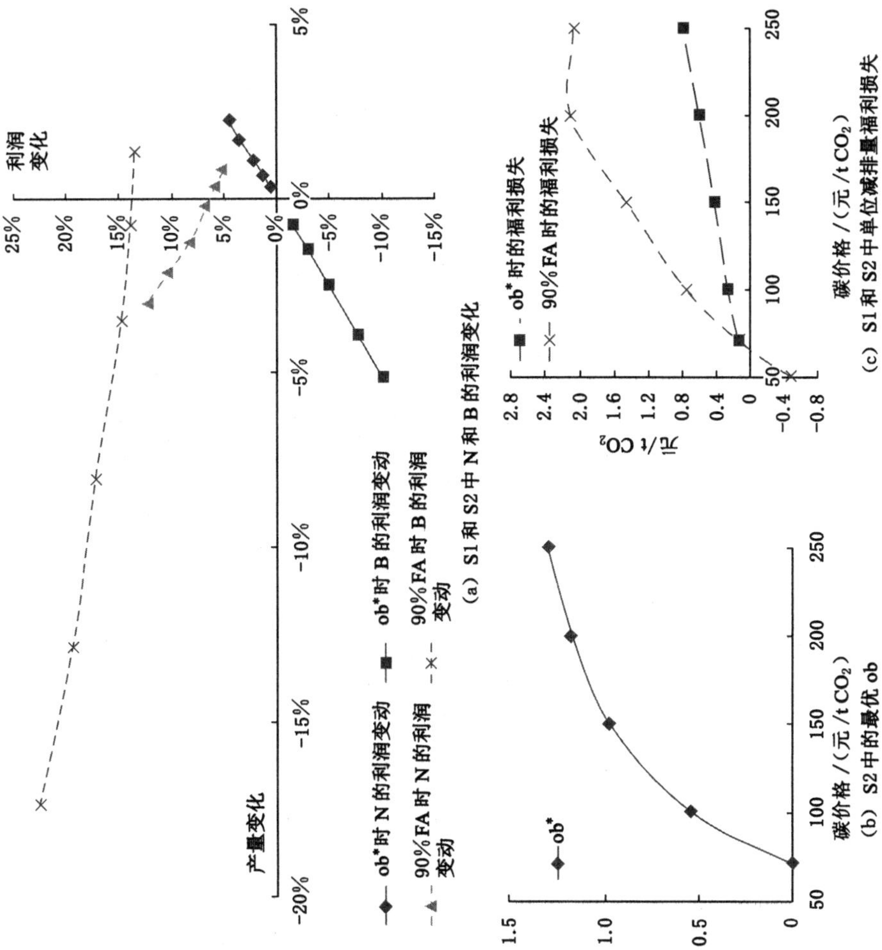

（a）S1 和 S2 中 N 和 B 的利润变化

（b）S2 中的最优 ob

（c）S1 和 S2 中单位减排量福利损失

图 4-6　S1 和 S2 的比较

4.4 结论与讨论

本章为 ETS 对于发展中国家高耗能行业正常产能和落后产能的潜在影响提供了分析框架。通过建立双国三商品的局部均衡模型,使用基于技术层面的微观减排成本曲线,可以得到 ETS 对于正常和落后产能的影响。通过微观层面的减排成本曲线的应用,可以捕捉到由于减排技术采用而带来的潜在节能收益。通过运用价格乘数矩阵可以获得价格传导影响,钢铁行业的上下游行业的溢出效应也可以被纳入计算中。

基于我国钢铁行业的实例分析,政府的意愿是促进落后产能的淘汰并促进节能技术的升级,那么在高耗能行业中强烈建议使用灵活的基于产出的分配模式。因为免费配额分配可以在很大程度上引起国内正常和落后产能的扭曲效应,没有必要再重复 EU ETS 第一阶段的失误。即使是直接的碳税也比实施 ETS 和免费配额分配有利。

如果不考虑高耗能行业的节能收益的话,则有可能会低估行业的减排潜力,因为对于这些行业来说减少 CO_2 排放的主要选择就是不断地提高能效。这个特征会导致在某些特定的情况下(如碳价格为 50 元/t,FA 为 90%时),ETS 的实施使得行业的实际情况与当初的设计意愿背道而驰(如增加落后产能的竞争力)。

即使一个较高的碳价格水平(高于 100 元/t),ETS 中配额的免费分配也会促进落后产能的淘汰,但是会造成企业利润的扭曲。最优状况仅仅存在于完全拍卖的情况下(此时的碳价格为 70.87 元/t),它等于这种情况下的碳税。所以考虑政策实施成本,政府可以对排放征收碳税来代替 ETS 下免费分配的政策。

第 5 章　多样化减排政策组合对高耗能行业的影响研究

5.1 引言

第 3 章和第 4 章的研究是在单一高耗能行业内部进行的，接下来我们将研究拓展到多个高耗能行业。同时，在政策层面我们将分析多种减排政策组合共同实施时的协同效果。本章首先分析数量型政策工具与价格型政策工具的组合对多个高耗能行业的影响。

目前，许多国家和地区都制定了多样化的减排政策来应对气候变化问题，大部分都是覆盖了多区域、多部门的减排政策。全球最大的市场化减排机制——EU ETS 运行至今，为碳排放权交易机制进行了许多有益的探索。但是 EU ETS 也存在着许多不足，如 EU ETS 仅仅覆盖了欧盟约 40% 的排放源，各个成员国不得不制定附加的减排政策来应对未被覆盖的部门。在欧盟的一些成员国，在 EU ETS 之外还存在着能效标准、碳税或者能源税、可再生能源补贴等。在 EU ETS 框架内实施其他的减排政策也存在着许多问题，如可能达不到进一步减排的目的（因为排放被给予了上限）反而有可能造成碳市场中配额价格的降低以及一些经济扭曲行为（Böhringer 等，2011）。因此，对于排放权交易和其他减排政策共同存在时对于部门经济行为、减排效果的研究十分必要。

许多学者对于 ETS 中的配额分配方式以及对部门竞争力的影响进行了研究。在 EU ETS 实施之初，人们担心减排成本的增加会对企业的竞争力造成影响，而许多学者发现，合理的配额分配或返还可以在很大程度上解决这一问题（Demailly 等，2006 和 2008；Meunier 等，2014）。

ETS 与其他减排政策的协同作用也是研究的重点。除了对 ETS 内施加不同的配额分配或返还之外，作为价格控制的政策手段，补贴和排放税等也受到了广泛的关注，许多学者对于这样的政策组合进行了研究（Lecuyer 等，2013；

Fischer 等,2008)。多个减排政策工具共同作用时,会产生与单个减排政策不同的效果。多样化的政策工具在工业部门实施时,常常会存在着一定的矛盾和互动。首先,不同政策的设计目标不同。例如,节能补贴设计的初衷,是为了刺激企业节能,同时弥补一部分利润损失。而 ETS 设计的目的,则是通过排放上限来控制总的 CO_2 排放,并且通过企业的自主交易降低全局减排成本。其次,不同的政策工具对于交易部门的行为影响也不同。最后,不同的高耗能部门在不同政策下的行为呈现多样化特征,部门之间的需求弹性、减排成本、碳强度等差异可能导致同一政策在不同部门间收到不同的效果。因此,对于具有异质性的多个部门在不同减排政策工具下的减排和生产行为进行研究十分必要。

目前对于多政策多部门的研究主要采用的是 CGE 等自顶向下的多部门、多区域模型,而采用局部均衡模型所进行的研究大部分是针对单一部门所进行的。例如,Lecuyer 等(2013)对欧盟电力部门影响的研究;Demailly 等(2006)对欧盟水泥部门影响的研究等。Fischer 等(2012)使用局部均衡模型来模拟不同碳边界调节政策对于高耗能部门的影响,但在实证分析中仍然是基于 CGE 的框架来模拟。根据查阅的文献,针对单个部门的局部均衡模型缺少了部门间的协调,包括减排目标的设置和部门间的分配;采用局部均衡模型对于多个交易部门的影响以及部门间的互动等研究并不多见。局部均衡模型有其自身的优点,它相比 CGE 等自顶向下的模型在参数的分析中更加直观、有效和便利;在局部均衡模型中可以使用其他宏观元素(如宏观层面的减排成本曲线)从而将有用的宏观信息纳入分析框架中来。我们建立了多部门的局部均衡模型,研究关注以下问题:不同政策会对部门减排与生产行为产生什么样的不同影响?具有异质性的不同部门在同一政策下有怎样不同的表现?不同部门在不同政策下会有怎样的相互影响?不同政策下社会福利、排放上限会呈现怎样的变化趋势?

5.2 模型描述

5.2.1 基准情景下的基本模型

首先建立基准情景下的基本模型,将基准情景定义为:存在减排约束上限和排放权交易机制,社会上的各个部门需要在碳市场上购买或者出售配额,配额全部采用拍卖模式获得,不存在补贴、任何形式的免费分配或返还。

模型假设整个部门作为一个交易主体(实际上每个部门存在多个企业,由企业实现减排、生产与交易行为,但是这里为了方便讨论,我们只考虑部门层面,认为一个部门就是一个交易主体)，市场中存在的部门个数为 j，这 j 个部门是完全具有异质性的，并假设这 j 个部门的需求函数、生产成本函数、减排成本函数均相互独立。

对于部门 j，假设其需求曲线是一个线性函数 $p_j=\mu_{dj}-\sigma_{dj}q_j$，其中，$p_j$ 代表部门 j 的产品价格，q_j 代表部门 j 的产量，μ_{dj} 和 σ_{dj} 分别是需求曲线的截距和斜率。考虑需求的不确定性，在对于不确定性的处理上，我们参考 Lecuyer 等(2013)的处理方法，定义不同的需求弹性水平 i，每种弹性水平 i 出现的概率为 ρ_i。这样的需求曲线将不同的价格弹性水平纳入了考虑，当未来的需求水平存在不确定性时，可以通过概率 ρ_i 的调整，使得需求曲线更加贴合高弹性水平或者低弹性水平的情况。于是，包含了不确定性的需求曲线可以表示为：

$$p_j=\sum\nolimits_i \rho_{ij}(\mu_{dj}-\sigma_{dj})q_{ij} \tag{5-1}$$

部门 j 的产品生产成本 $C_j(q_j)$ 假设是关于产量的一个线性函数[Lecuyer 等(2013)]，即 $C_j(q_j)=\sigma_{cj}q_j$，σ_{cj} 表示边际生产成本，在这里认为它是一个常量，同时 $C_j'(q)>0$。

减排成本参考 Meunier 等(2014)的研究用二次型表示为 $AC_j(a)=\alpha_j a_j+\beta_j a_j^2$，其中 a_j 表示部门 j 的减排量，α_j 和 β_j 分别表示二次函数中的系数。

部门 j 购买碳配额的成本为 PC_j，在基准情景下我们假设所有的配额均通过拍卖获得，它可以表示为

$$PC_j(q_j,a_j,\phi)=\phi(\tau_j q_j-a_j) \tag{5-2}$$

其中，ϕ 代表市场上的 CO_2 价格，它对于所有的部门均是相同的；τ_j 表示未减排时的行业平均碳强度。

社会上第 j 个部门的利润函数 π_j 可以表示为：

$$\pi_j=p_j q_j-AC_j(a_j)-C_j(q_j)-PC_j(q_j,a_j,\phi) \tag{5-3}$$

由于 CO_2 的排放具有外部性，会对社会造成影响，因此我们构造了社会福利函数，将这部分外部价格引入福利函数中来进行内部化。由于社会福利会受到 CO_2 排放总量的影响，因此对于每个部门 j 设定一个排放上限 Ω_j，总的排放上限为 Ω，它满足 $\Omega=\sum\nolimits_j \Omega_j$，即总排放上限等于每个部门的排放上限之和，各个部门可以在交易框架内进行配额的买入或卖出。

所有部门的排放之和不能超过排放上限，即满足公式：

$$\sum\nolimits_j (\tau_j q_j-a_j)\leqslant \Omega \tag{5-4}$$

这里假设部门是完全理性的，由于减排会为其带来额外的成本，部门会将排

放上限作为自己的减排目标，在这个框架下进行减排和交易，因此我们认为只有在市场需求不足时会出现 $\sum_j(\tau_j q_j - a_j) < \Omega$ ，否则就认为 $\sum_j(\tau_j q_j - a_j) = \Omega$ 。

假设部门购买 CO_2 的支出全部返还给社会，则社会福利函数 $W(\Omega)$ 可以表示为：

$$W(\Omega) = \sum_j [CS_j(p_j) + \pi_j - dam_j(q_j, a_j) + PC_j(a_j, q_j, \phi)] \quad (5\text{-}5)$$

其中，$CS_j(p_j)$ 表示部门 j 的消费者剩余；$dam_j(q_j, a_j) = \varepsilon(\tau_j q_j - a_j)$ 表示 CO_2 的环境损失函数，用来描绘由于 CO_2 排放而带来的社会损失。损失函数是经典的环境经济学中的处理方法。诺德豪斯(1994)在气候政策模型中采用的损失函数是一个关于排放的线性函数。CO_2 作为一种具有累计效应的污染物，与 SO_2、NO_x 等污染物不同，它的环境污染更加难以刻画。因为污染水平并不仅仅由每年的排放决定，而是由大气中总的 CO_2 浓度而决定的。控制这一类的污染物涉及相当大的不确定性，在政策制定上也存在很大的困难。但是从全球范围内来看，包括 EU ETS 在内的很多气候变化政策，都将每年或者每期的 CO_2 排放作为控制目标。很多学者也同样使用了线性函数来描述 CO_2 的环境损失(Lecuyer 等，2013)。因此，我们使用一个关于排放的线性函数来表示 CO_2 的社会损失，其中 ε 是 CO_2 的单位环境损失系数。由于损失是线性的，它与每单位的排放呈正相关，因此 CO_2 带来的损失是可分的，在这种情况下每个部门排放所带来的损失则很容易被分解出来。

5.2.2 节能补贴情景

我们将节能补贴情景定义为：在基准情景的基础上，政策制定者对于部门 j 的节能行为给予补 ψ_j，补贴按照每年的节能量 s_j 一次性发放。即 $\psi_j(s_j) = \sigma_{\psi j} \cdot s_j$，其中 $\sigma_{\psi j}$ 表示单位节能补贴，模型中外生给定。

部门的节能量 s_j 和减排量 a_j 是可以相互转化的，由于化石能源的节约可以同时带来 CO_2 排放的减少，二者满足以下关系：

$$\begin{aligned} a_{cj} &= f_c s_{cj} \\ a_{pj} &= f_p s_{pj} \\ a_{gj} &= f_g s_{gj} \end{aligned} \quad (5\text{-}6)$$

其中，a_{cj}，a_{pj}，a_{gj} 分别表示第 j 个部门由于煤炭、石油和天然气的减少所带来的 CO_2 减排量；f_c，f_p，f_g 分别代表煤炭、石油和天然气的 CO_2 排放因子；s_{cj}，s_{pj}，s_{gj} 分别代表第 j 个部门减少的煤炭、石油和天然气的使用量。由于在我国的官方能源统计中，常常将所有能源全部转换成为标准煤来表示，因此为了遵循这一统计方式，我们将公式(5-6)简化来表示部门 j 的节能量与减排量之间的关系，如公式(5-7)所示。

$$a_j = f_{sc} s_j \tag{5-7}$$

其中，s_j 代表第 j 个部门总的节能量(以标准煤表示)；f_{sc} 表示标准煤的 CO_2 排放因子。

于是，节能补贴函数可以改写为：

$$\psi_j(a_j) = \sigma_{\psi j} \cdot s_j = \frac{\sigma_{\psi j}}{f_{sc}} a_j = \sigma'_{\psi j} \cdot a_j \tag{5-8}$$

其中，$\sigma'_{\psi j}$ 是转化后的单位节能补贴(按照减排量发放)。部门 j 的需求曲线、减排成本曲线、生产成本均与基准情景一致。此时，第 j 个部门的利润可以表示为：

$$\pi_j(p_j, q_j, a_j, \phi) = p_j q_j - \mathrm{AC}_j(a_j) - C_j(q_j) - \mathrm{PC}_j(q_j, a_j, \phi) + \psi_j(a_j) \tag{5-9}$$

部门 j 通过优化产量 q_j、减排量 a_j 来达到利润最大化。即对于式(5-9)求一阶条件得到：

$$p_j - \sigma_{cj} - \phi\tau_j = 0 \tag{5-10}$$

$$-\alpha_j - 2\beta_j a_j + \phi + \sigma'_{\psi j} = 0 \tag{5-11}$$

假设发放给部门的补贴全部来自社会，社会福利函数可以表示为：

$$W(\Omega) = \sum\nolimits_j [\mathrm{CS}_j(p_j) + \pi_j - \mathrm{dam}_j(q_j, a_j) + \mathrm{PC}_j(\phi, a_j, q_j) - \psi_j(a_j)] \tag{5-12}$$

综合式(5-1)、式(5-4)、式(5-10)、式(5-11)可以得到方程组节能补贴情景下部门 j 最优的 p_j^*，q_j^*，a_j^* 及市场上的均衡 CO_2 价格 ϕ^*，并通过公式(5-12)对 Ω 求一阶导数获得最优的排放上限 Ω^*。

5.2.3　基于产量的返还(Output Based Allowance Payback，OBA)情景

OBA 是一个事后的配额返还机制，其基本内涵是根据部门实际的产量，给予一定的 CO_2 配额返还。我们将 OBA 情景定义为：在基准情景的基础上，为部门 j 设定一个基于产出的碳配额返还比例 ob_j(例如，$\mathrm{ob}_j = 0.5$ 意味着部门年生产量的 50% 折算成 CO_2 配额进行返还)，则企业收到的 CO_2 配额返还量为 $\mathrm{ob}_j \tau_j q_j$。由于配额可以在碳市场上进行出售，因此这部分返还的配额可以作为部门收入的一部分，即企业多出的收入可以表示为 $\mathrm{ob}_j \tau_j q_j \phi$。部门 j 的需求曲

线、减排成本曲线、生产成本均与基准情景一致。此时部门 j 的利润函数可以表示为：

$$\pi_j(p_j,q_j,a_j,\phi)=p_jq_j-\mathrm{AC}_j(a_j)-C_j(q_j)-\mathrm{PC}_j(q_j,a_j,\phi)+\mathrm{ob}_j\tau_jq_j\phi \tag{5-13}$$

部门 j 通过优化产量 q_j 和减排量 a_j 来达到利润最大化，于是可以得到以下两个一阶条件：

$$q_j-\sigma_{cj}-\phi\tau_j\mathrm{ob}_j=0 \tag{5-14}$$

$$-\alpha_j-2\beta_ja_j+\phi=0 \tag{5-15}$$

同时，我们假设返还给企业的配额支出也全部来自社会，于是社会福利函数可以表示为：

$$W(\Omega)=\sum\nolimits_j[\mathrm{CS}_j(p_j)+\pi_j-\mathrm{dam}_j(q_j,a_j)+\mathrm{PC}_j(\phi,a_j,q_j)-\mathrm{ob}_j\tau_jq_j\phi] \tag{5-16}$$

根据式(5-1)、式(5-4)、式(5-14)、式(5-15)可以求得 OBA 情景下部门 j 最优的 p_j^*，q_j^*，a_j^* 及市场上的均衡 CO_2 价格 ϕ^*，并通过公式(5-16)对 Ω 求一阶导数获得最优的排放上限 Ω^*。

5.3 单个部门实例分析——以我国钢铁行业和水泥行业为例

5.3.1 部门选择与数据来源

本节选取我国钢铁和水泥行业作为研究对象。分别选取不同年份的数据模拟获得两种需求弹性水平下的需求曲线，并将两种需求弹性水平的概率均设定为 0.5，即认为在估计期内二者发生的概率相同。减排成本曲线采用 GTAP 模型模拟获得。选取 2010 年的平均钢铁和水泥生产成本作为其边际生产成本。根据 2010 年的基准数据，通过所消耗的能源种类，乘以 IPCC 给定的排放因子得到单位碳强度。节能补贴水平根据我国财政部和发改委出台的《节能技术改造财政奖励资金管理暂行办法》，设定为 300 元/t 标准煤。根据 IPCC 选取标准煤的碳排放因子为 2.46 t CO_2/t 标准煤，因此 300 元/t 标准煤的节能补贴实际上可以折算为减排补贴为 122 元/t CO_2。在对节能补贴进行分析时，我们在这一水平附近选取不同的补贴额度，分别为 50 元/t CO_2、100 元/t CO_2 和 200 元/t CO_2（分别对应节能补贴为 123 元/t 标准煤、246 元/t 标准煤和 369 元/t 标准煤）。损失函数参考 Lecuyer 等(2013)研究中的设定，假设为(10～30)欧元/t CO_2。这是一个跨度较大的假设，他们的研究对于这样一个范围内的损失进行了具体分析。因此，本章参考他们的处理方法，并换算成人民币，即以 100 元/t CO_2 作为基准的单位 CO_2 损失系数，在此基础上对变化损失系数的值进行敏感性分析，具体参数选取如表 5-1 所示。两个部门相比，钢铁行业的减排成本较高，水泥行业的减排成本则较低；钢铁行业的需求弹性高于水泥行业；同时钢铁行业的单位碳强度也高于水泥行业。

表 5-1　参数选取

参数	单位	钢铁部门数值	水泥部门数值
μ_d	元/Mt	8 213.350 0	750.035 0
σ_d	元/Mt	5.294 3	0.178 9
σ_c	元/Mt	4 542.400 0	365.000 0
α	元/Mt CO_2	−65.976 0	−86.198 0
β	元/Mt CO_2	1.991 8	1.074 7
τ	t CO_2/t	1.677 0	1.055 0
σ_ψ	元/Mt CO_2	122.000 0	122.000 0
ε	元/Mt CO_2	100.000 0	100.000 0

5.3.2　节能补贴情景

(1) 双部门节能补贴情景公式推导

当存在 2 个部门时，参照 5.2.2 所述的情景，可以得到方程组(5-17)。

$$\begin{cases} p_1 - \sigma_{c1} - \phi\tau_1 = 0 \\ -\alpha_1 - 2\beta_1 a_1 + \phi + \sigma'_\psi = 0 \\ p_1 - \mu_{d1} + \sigma_{d1} q_1 = 0 \\ p_2 - \sigma_{c2} - \phi\tau_2 = 0 \\ -\alpha_2 - 2\beta_2 a_2 + \phi + \sigma'_\psi = 0 \\ p_2 - \mu_{d2} + \sigma_{d2} q_2 = 0 \\ \tau_1 q_1 - a_1 + \tau_2 q_2 - a_2 = \Omega \end{cases} \tag{5-17}$$

求解可得：

$$p_1^* = -\frac{\sigma_{c1}\sigma_{d1}[-2\sigma_{d2}\beta_2 - 2\beta_1(\sigma_{d2} + 2\beta_2\tau_2^2)] - 4\tau_1\mu_{d1}\sigma_{d2}\beta_1\beta_2\tau_1}{4\sigma_{d2}\beta_1\beta_2\tau_1^2 - \sigma_{d1}[-2\sigma_{d2}\beta_2 - 2\beta_1(\sigma_{d2} + 2\beta_2\tau_2^2)]} +$$

$$\frac{\tau_1\sigma_{d1}\{-2\sigma_{d2}(1-\alpha_1)\beta_2-2\beta_1[2\sigma_{c2}\beta_2\tau_2-2\mu_{d2}\beta_2\tau_2+\sigma_{d2}(1-\alpha_2+2\beta_2\Omega)]\}}{4\sigma_{d2}\beta_1\beta_2\tau_1^2-\sigma_{d1}[-2\sigma_{d2}\beta_2-2\beta_1(\sigma_{d2}+2\beta_2\tau_2^2)]}$$

$$q_1^*=-\frac{\sigma_{d2}(\sigma_{c1}\beta_1-\mu_{d1}\beta_1+\sigma_{c1}\beta_2-\mu_{d1}\beta_2-\sigma'_{\psi}\beta_1\tau_1+\alpha_2\beta_1\tau_1-\sigma'_{\psi}\beta_2\tau_1+\alpha_1\beta_2\tau_1)}{\sigma_{d1}\sigma_{d2}(\beta_1+\beta_2)+2\beta_1\beta_2(\sigma_{d2}\tau_1^2+\sigma_{d1}\tau_2^2)}+$$

$$\frac{2\beta_1\beta_2(\mu_{d2}\tau_1\tau_2-\sigma_{c2}\tau_1\tau_2+\sigma_{c1}\tau_2^2-\mu_{d1}\tau_2^2-\sigma_{d2}\tau_1\Omega)}{\sigma_{d1}\sigma_{d2}(\beta_1+\beta_2)+2\beta_1\beta_2(\sigma_{d2}\tau_1^2+\sigma_{d1}\tau_2^2)}$$

$$a_1^*=-\frac{\sigma_{d1}\sigma_{d2}(\alpha_1-\alpha_2)+2\sigma_{d2}\tau_1\beta_2(\sigma_{c1}-\mu_{d1}-\sigma'_{\psi}\tau_1+\alpha_1\tau_1)}{2\sigma_{d1}\sigma_{d2}(\beta_1+\beta_2)+4\beta_1\beta_2(\sigma_{d2}\tau_1^2+\sigma_{d1}\tau_2^2)}+$$

$$\frac{2\sigma_{d1}\beta_2(\sigma_{c2}\tau_2-\mu_{d2}\tau_2-\sigma'_{\psi}\tau_2^2+\alpha_1\tau_2^2+\sigma_{d1}\Omega)}{2\sigma_{d1}\sigma_{d2}(\beta_1+\beta_2)+4\beta_1\beta_2(\sigma_{d2}\tau_1^2+\sigma_{d1}\tau_2^2)}$$

$$p_2^*=-\frac{\sigma_{d1}\sigma_{d2}(-\sigma_{c2}\beta_1-\sigma_{c2}\beta_2-\sigma'_{\psi}\beta_1\tau_2-\alpha_2\beta_1\tau_2+\sigma'_{\psi}\beta_2\tau_1-\alpha_1\beta_2\tau_2+\beta_1\beta_2\tau_2\Omega)}{\sigma_{d1}\sigma_{d1}(\beta_1+\beta_2)+2\beta_1\beta_2(\sigma_{d2}\tau_1^2+\sigma_{d1}\tau_2^2)}+$$

$$\frac{2\beta_1\beta_2(\sigma_{c2}\sigma_{d2}\tau_1^2+\sigma_{c1}\sigma_{d2}\tau_1\tau_2-\mu_{d1}\sigma_{d2}\tau_1\tau_2-\mu_{d2}\sigma_{d1}\tau_2^2)}{\sigma_{d1}\sigma_{d2}(\beta_1+\beta_2)+2\beta_1\beta_2(\sigma_{d2}\tau_1^2+\sigma_{d1}\tau_2^2)}$$

$$q_2^*=-\frac{\sigma_{d1}(\beta_1-\beta_2)(\sigma_{c2}-\mu_{d2})+2\beta_1\beta_2\tau_1^2(\sigma_{c2}-\mu_{d2})}{\sigma_{d1}\sigma_{d2}(\beta_1+\beta_2)+2\beta_1\beta_2(\sigma_{d2}\tau_1^2+\sigma_{d1}\tau_2^2)}\cdot\frac{-b\pm\sqrt{b^2-4ac}}{2a}+$$

$$\frac{\sigma_{d1}\tau_2(-\sigma'_{\psi}\beta_1+\alpha_2\beta_1-\sigma'_{\psi}\beta_2+\alpha_1\beta_2)+2\beta_1\beta_2\tau_1(\sigma_{c1}\tau_2+\mu_{d1}\tau_2+\sigma_{d1}\Omega)}{\sigma_{d1}\sigma_{d2}(\beta_1+\beta_2)+2\beta_1\beta_2(\sigma_{d2}\tau_1^2+\sigma_{d1}\tau_2^2)}$$

$$a_2^*=-\frac{\sigma_{d1}\sigma_{d2}(\alpha_1+\alpha_2)+2\sigma_{d2}\beta_1\tau_1(\sigma_{c1}-\mu_{d1}-\sigma'_{\psi}\tau_1+\alpha_2\tau_1)}{2\sigma_{d1}\sigma_{d2}(\beta_1+\beta_2)+4\beta_1\beta_2(\sigma_{d2}\tau_1^2+\sigma_{d1}\tau_2^2)}+$$

$$\frac{2\sigma_{d1}\beta_1(\sigma_{c2}\tau_2-\mu_{d2}\tau_2-\sigma'_{\psi}\tau_2^2+\alpha_2\tau_2^2+\sigma_{d1}\Omega)}{2\sigma_{d1}\sigma_{d2}(\beta_1+\beta_2)+4\beta_1\beta_2(\sigma_{d2}\tau_1^2+\sigma_{d1}\tau_2^2)}$$

$$\phi^*=-\frac{\sigma_{d1}\sigma_{d2}(\sigma'_{\psi}\beta_1-\alpha_2\beta_1+\sigma'_{\psi}\beta_2-\alpha_1\beta_2)}{\sigma_{d1}\sigma_{d2}(\beta_1+\beta_2)+2\beta_1\beta_2(\sigma_{d2}\tau_1^2+\sigma_{d1}\tau_2^2)}+$$

$$\frac{2\beta_1\beta_2(\sigma_{c1}\sigma_{d2}\tau_1-\mu_{d1}\sigma_{d2}\tau_1+\sigma_{c2}\sigma_{d1}\tau_2-\mu_{d2}\sigma_{d1}\tau_2+\sigma_{d1}\sigma_{d2}\Omega)}{\sigma_{d1}\sigma_{d2}(\beta_1+\beta_2)+2\beta_1\beta_2(\sigma_{d2}\tau_1^2+\sigma_{d1}\tau_2^2)}$$

将上述参数代入福利函数(5-12)，并对排放上限 Ω 求一阶导数得到最优排放上限：

$$\Omega^*=[2\sigma_{d2}\beta_1\beta_2\tau_1^2+\sigma_{d2}(\sigma_{d2}\beta_1+\sigma_{d2}\beta_2+\beta_1\beta_2\tau_2^2)]^2\cdot$$

$$\left(-\frac{0.5\mu_{d1}\sigma_{d2}\beta_2^2\tau_1[2\sigma_{d2}\beta_1^2\tau_1^2+\sigma_{d1}(\sigma_{d2}\beta_1+\sigma_{d2}\beta_2+4\tau_1^2\tau_2^2)]}{\sigma_{d2}\beta_1\beta_2\tau_1^2+\sigma_{d1}(0.5\sigma_{d2}\beta_1+0.5\sigma_{d2}\beta_2+\beta_1\beta_2\tau_2^2)^2}+\right.$$

$$\frac{\sigma_{d1}^{2}\beta_{2}[\sigma_{d2}^{2}(\alpha_{1}-\alpha_{2})(\beta_{1}-\beta_{2})-4\mu_{d2}\beta_{1}^{2}\beta_{2}\tau_{2}^{3}+2\sigma_{d2}\tau_{2}\mu_{d2}(\beta_{1}^{2}-\beta_{2}^{2})]}{2\sigma_{d2}\beta_{1}\beta_{2}\tau_{1}^{2}+\sigma_{d1}[\sigma_{d2}(\beta_{1}+\beta_{2})+2\beta_{1}\beta_{2}\tau_{2}^{2}]^{2}}+$$

$$\frac{2\sigma_{d2}\tau_{2}\sigma_{c2}(2\beta_{1}^{2}+\beta_{2}^{2}-\beta_{1}\beta_{2})+2\alpha_{2}\beta_{1}^{2}+\alpha_{1}\beta_{2}(\beta_{1}+\beta_{2})+\tau_{2}(2\beta_{1}^{2}-\beta_{2}^{2}+\beta_{1}\beta_{2})}{2\sigma_{d2}\beta_{1}\beta_{2}\tau_{1}^{2}+\sigma_{d1}[\sigma_{d2}(\beta_{1}+\beta_{2})+2\beta_{1}\beta_{2}\tau_{2}^{2}]^{2}}+$$

$$\frac{2\sigma_{d2}\varepsilon\beta_{1}\beta_{2}\tau_{1}^{2}}{2\sigma_{d2}\beta_{1}\beta_{2}\tau_{1}^{2}+\sigma_{d1}[\sigma_{d2}(\beta_{1}+\beta_{2})+2\beta_{1}\beta_{2}\tau_{2}^{2}]^{2}}+$$

$$\frac{\sigma_{d1}\{\sigma_{d1}(4\varepsilon\beta_{1}^{2}\beta_{2}^{2}\tau_{2}^{4}+\sigma_{d2}\beta_{1}\beta_{2}\tau_{2}^{2})[4\varepsilon\beta_{1}+4\varepsilon\beta_{2}-2\beta_{2}(\alpha_{1}-\alpha_{2})-2\beta_{1}\beta_{2}\tau_{2}]\}}{2\sigma_{d2}\beta_{1}\beta_{2}\tau_{1}^{2}+\sigma_{d1}[\sigma_{d2}(\beta_{1}+\beta_{2})+2\beta_{1}\beta_{2}\tau_{2}^{2}]^{2}}+$$

$$\frac{\sigma_{d2}^{2}[\varepsilon(\beta_{1}^{2}+\beta_{2}^{2}+\beta_{1}\beta_{2})+\beta_{2}(-\beta_{1}-\beta_{2})(\alpha_{1}+\alpha_{2})]-\tau_{2}(\beta_{1}^{2}-\beta_{1}\tau_{2})}{2\sigma_{d2}\beta_{1}\beta_{2}\tau_{1}^{2}+\sigma_{d1}[\sigma_{d2}(\beta_{1}+\beta_{2})+2\beta_{1}\beta_{2}\tau_{2}^{2}]^{2}}+$$

$$\frac{\sigma_{d2}\beta_{2}\tau_{1}[\sigma_{c1}(-2\sigma_{d2}\beta_{1}^{2}+2\sigma_{d2}\beta_{2}^{2}+4\beta_{1}^{2}\beta_{2}\tau_{2}^{2})-2\beta_{2}^{2}(\sigma'_{\psi}+2\alpha_{1})+2\varepsilon\beta_{1}(\beta_{1}+\beta_{2})-2\beta_{1}^{2}\beta_{2}\tau_{2}]}{2\sigma_{d2}\beta_{1}\beta_{2}\tau_{1}^{2}+\sigma_{d1}[\sigma_{d2}(\beta_{1}+\beta_{2})+2\beta_{1}\beta_{2}\tau_{2}^{2}]^{2}}+$$

$$\left.\frac{\tau_{1}\{\beta_{1}^{2}\beta_{2}\tau_{2}(-4\sigma_{c2}+4\varepsilon\tau_{2})+\sigma_{d2}[\beta_{1}^{2}(2\sigma'_{\psi}-\alpha_{2})-2(\alpha_{1}-\alpha_{2})\beta_{1}\beta_{2}-2\beta_{2}^{2}(\sigma'_{\psi}+2\alpha_{1})]\}}{2\sigma_{d2}\beta_{1}\beta_{2}\tau_{1}^{2}+\sigma_{d1}[\sigma_{d2}(\beta_{1}+\beta_{2})+2\beta_{1}\beta_{2}\tau_{2}^{2}]^{2}}\right)/$$

$$\{2\sigma_{d2}\beta_{1}\beta_{2}\tau_{1}^{2}+\sigma_{d1}[\sigma_{d2}(\beta_{1}+\beta_{2})+2\beta_{1}\beta_{2}\tau_{2}^{2}]^{2}\}/\{\sigma_{d1}\sigma_{d2}\beta_{2}^{2}[-2\sigma_{d1}\sigma_{d2}(\beta_{1}-\beta_{2})-4\beta_{1}^{2}\tau_{1}^{2}(\sigma_{d2}-2\sigma_{d1})]\}$$

(2) 结果展示

首先研究不同节能补贴水平对于结果的影响。根据标准煤的排放因子，将节能补贴（本应以标准煤价格表示）转换为以 CO_2 价格表示（下面的分析均遵循这个转换方法），分别为 50 元/t CO_2、100 元/t CO_2 和 200 元/t CO_2 时，此时关键参数的变化（与基准情景相比）如图 5-1 所示。

图 5-1(a)(b)分别表示钢铁和水泥部门的参数变化。节能补贴的增加会显著增加被补贴部门的利润和减排量，且增加幅度与补贴额度正相关；同时轻微地提高了产量，对应地使得产品价格轻微下降，且碳价格显著降低。这说明了节能补贴弥补了被补贴部门的利润损失，刺激了部门的节能行为（由于补贴额度与节能量正相关）。除此之外并没有对产量和产品价格产生明显的影响，同时也没有显著影响总配额量。

同样的补贴额度对于水泥部门利润和减排量的正向影响更为显著，对其产量影响也相对较大（虽然对两个部门的产量影响都较弱），但是碳价格的降低幅度小于钢铁部门。这意味着减排成本越低的部门，节能补贴对其减排量的刺激也越大。对于产量的影响则与需求价格弹性密切相关。

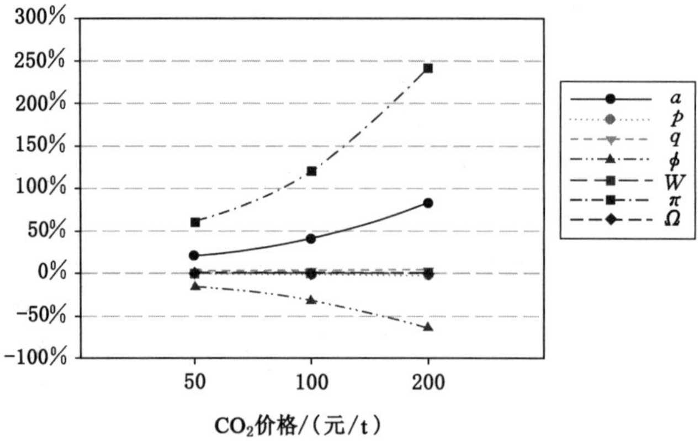

(a) IS

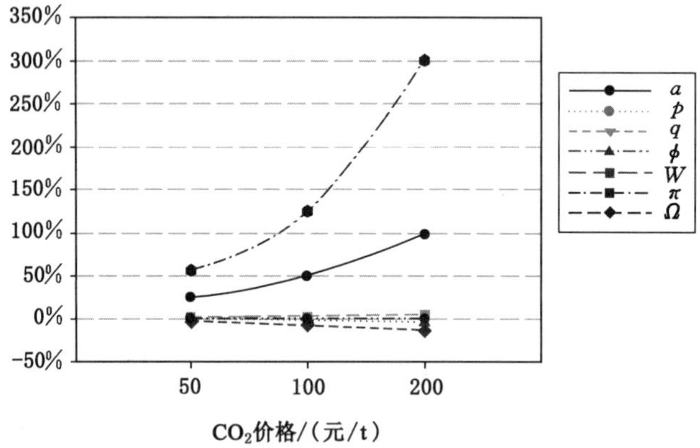

(b) CM

图 5-1　不同补贴水平对于钢铁和水泥部门关键参数的影响

注：IS 代表钢铁行业，CM 代表水泥行业；横坐标中，a 为减排量，p 为产品价格，q 为产量，ϕ 为碳价格，W 为社会福利，π 为利润，Ω 为碳排放上限；纵坐标为变动百分比。

5.3.3　OBA 情景

OBA 情景的公式推导过程与节能补贴情景类似，这里不再赘述。在 OBA 情景下，我们选取 ob 分别为 0.3、0.5、0.8 时，来分析关键参数的变化（与基准情景相比），结果如图 5-2 所示。

图 5-2(a)(b)分别表示钢铁和水泥部门的参数变化。与节能补贴情景有所区别的是，在 OBA 情景下，减排量、利润和碳价格均随 ob 增加呈现先增后降的

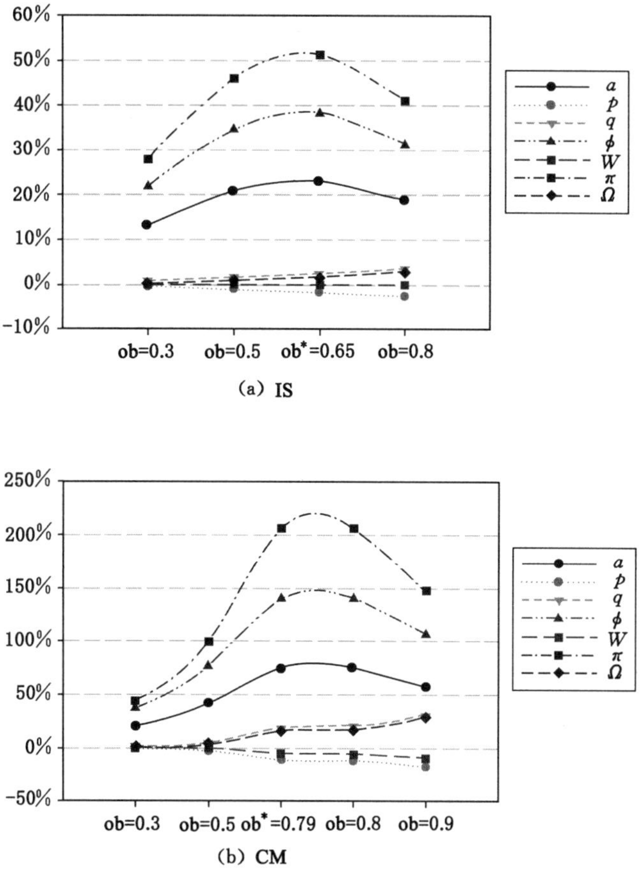

图 5-2　不同 ob 水平对于钢铁和水泥部门关键参数的影响

趋势，并出现了拐点。我们将 ob* 标记为最优的 ob 值，钢铁部门 ob* =0.65，水泥部门 ob* =0.79。这意味着在 OBA 情景下，免费配额并非越高越好，一个合理的 ob 值对于碳市场和部门本身都有利。OBA 对于水泥部门的利润、减排量、碳价格的影响远远高于对钢铁部门相同参数的影响，对水泥部门的产量刺激也更为明显，因此其获得的配额量也增长更多。钢铁部门的社会福利几乎没有变化，水泥部门的社会福利则出现了较为明显的下跌。

由于损失函数会对结果产生影响，我们比较了当单位损失上升时各个参数的变化幅度（单位损失 100 元/t 和 150 元/t，与单位损失 50 元/t 进行比较），如表 5-2 所示。

表 5-2　单位损失的敏感性分析(损失 100 元/t、150 元/t 与损失 50 元/t 时比较,ob=0.5)

钢铁部门	ε=100 元/t	ε=150 元/t	水泥部门	ε=100 元/t	ε=150 元/t
a	50.50%	100.99%	a	50.66%	101.31%
p	1.23%	2.45%	p	11.34%	22.68%
q	−1.56%	−3.12%	q	−13.80%	−27.59%
ϕ	99.99%	200.00%	ϕ	100.00%	200.00%
W	−4.50%	−8.85%	W	−28.10%	−51.13%
π	126.49%	303.98%	π	126.97%	305.27%
Ω	−3.13%	−6.26%	Ω	−16.53%	−33.06%

单位损失越高(即 CO_2 的环境损害性越大),对于部门的减排量约束更高,碳价格越高,利润也越高。对于减排量、碳价格和利润这三个参数,两个部门的变化幅度较为接近。同时,单位损失的增加会轻微地降低产量,提高产品价格,社会福利则随着单位损失的提高而变得更低,社会总的碳配额也随之收紧。除了减排量、碳价格和利润之外,水泥部门的其他参数变化均更为敏感。需要注意的是,单位损失的变化不仅仅可以描述 CO_2 的环境损失程度,同时也可以在一定程度上描述政策松紧程度。当政策收紧时,可以认为是 CO_2 的单位损失增加,二者在效果上是一致的。

5.4　多部门实例分析——以我国钢铁行业和水泥行业为例

5.4.1　节能补贴情景

本节我们分析对于两个部门给予不同的节能补贴政策的影响,此处不考虑 OBA 政策的影响。具体情景如表 5-3 所示。

表 5-3　两部门节能补贴政策情景说明(元/t)

情景	C1	C2	C3	C4	C5	C6	C7	C8
$\sigma'_{\varphi 1}$	50	100	0	0	50	50	100	100
$\sigma'_{\varphi 2}$	0	0	50	100	50	100	50	100

与基准情景相比,不同节能补贴政策下钢铁部门和水泥部门的参数变化如图 5-3 所示。

图 5-3(a)(b)分别展示了钢铁和水泥部门的参数变化。给予钢铁部门节能

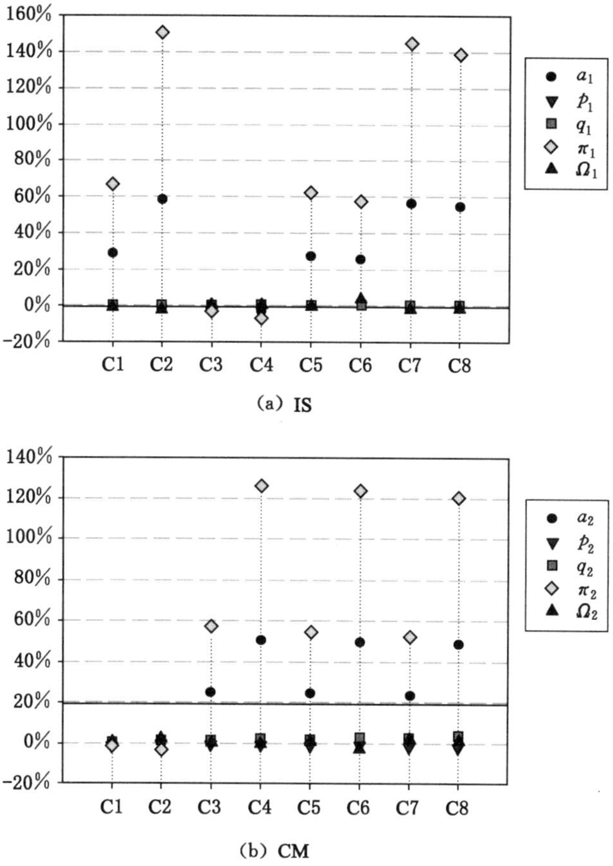

图 5-3　不同节能补贴政策下钢铁部门和水泥部门的参数变化

补贴(C1 和 C2)使得该部门的利润和减排量均大幅增长，且与节能补贴额度正相关，而水泥部门的利润和减排量出现小幅下降。同样的趋势也出现在仅给水泥部门节能补贴的情景中(C3 和 C4)。这说明了给予某一部门的节能补贴，仅仅会刺激本部门的减排行为，增加本部门的利润，而对于另外的部门则会轻微地降低该部门的利润和减排量。与单部门类似，双部门节能补贴情景下，被补贴部门的产量会有轻微上升，同时产品价格轻微下降。

而当两个部门均给予补贴的时候，部门的利润与减排量的上升幅度仅仅只与给本部门的补贴量有关，当给本部门的补贴量一样时，利润与减排量的上升幅度几乎一样。即各个部门受节能补贴的影响相对独立，部门间相关性不大。当给予本部门补贴一样时，另一部门所获得的补贴越高则会轻微抑制本部门的利润和减排量。部门所获得的节能补贴越多，对于生产越会产生刺激（虽然幅度不大），并小幅增加配额。

不同节能补贴政策下，碳价格、社会福利和社会总配额的变化如图 5-4 所示。

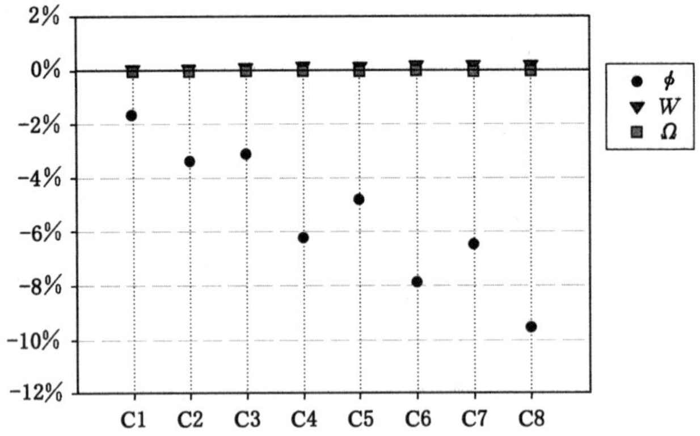

图 5-4　不同节能补贴政策下，碳价格、社会福利和社会总配额的变化

根据不同的外生补贴额度，内生出的均衡碳价格与之呈现负相关关系，同时碳价格对于水泥部门的补贴变化更为敏感（由两个部门的需求曲线和减排成本曲线决定）。当给予减排成本越低的部门节能补贴时，市场上的碳价格下降越多。而同时给予两个部门补贴时，碳价格进一步下跌。节能补贴不影响社会总排放上限（总配额）的多少，对于被补贴部门的产量、价格以及社会总福利的影响也有限，它仅会显著增加被补贴部门的利润和减排量，并降低市场上的碳价格。

5.4.2　OBA 情景

在两部门的 OBA 情景下，两个部门不同的 ob 值如表 5-4 所示。这里我们仅考虑 OBA 政策的影响，没有考虑节能补贴政策的影响。首先分析仅对水泥部门给予 OBA 情景下关键参数的变化，如图 5-5 和图 5-6 所示。

表 5-4　两部门 OBA 政策情景说明

情景	C9	C10	C11	C12	C13	C14	C15	C16	C17
ob_1	0	0	0	0	0.3	0.5	0.7	0.9	0.5
ob_2	0.3	0.5	0.7	0.9	0	0	0	0	0.5
情景	C18	C19	C20	C21	C22	C23	C24	C25	
ob_1	0.5	0.5	0.7	0.7	0.7	0.9	0.9	0.9	
ob_2	0.7	0.9	0.5	0.7	0.9	0.5	0.7	0.9	

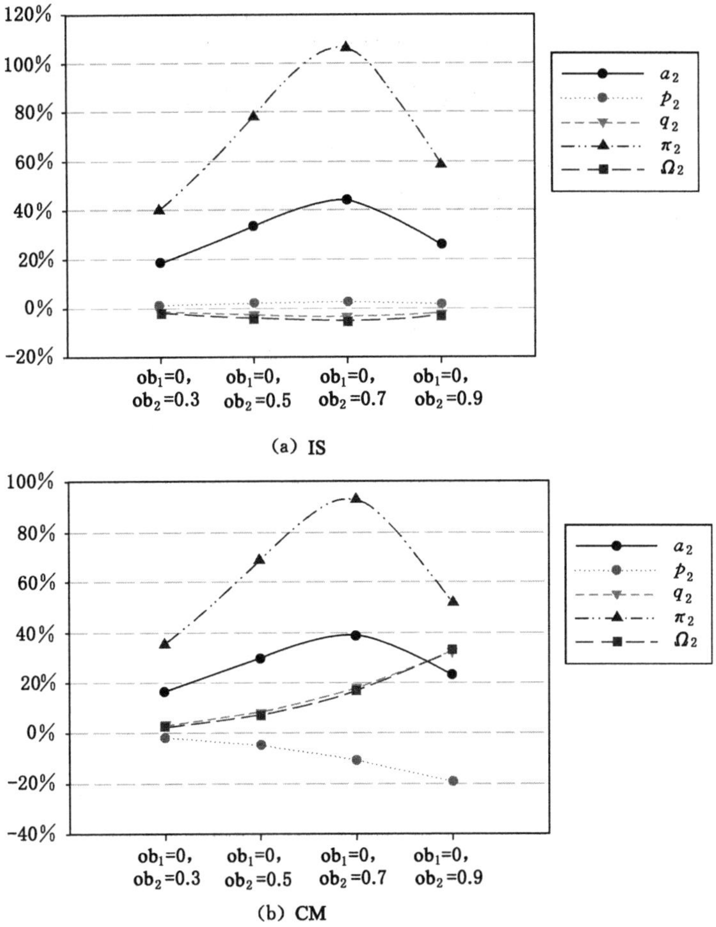

图 5-5 仅水泥部门有 OBA 情景下两个部门关键参数的变化

当仅水泥部门获得 OBA 对于两个部门的利润和减排量均有显著影响，两个部门的利润和减排量均出现先增后降的趋势，这与单部门的模拟结果一致。这意味着与节能补贴的独立性不同，OBA 政策下部门之间利润和减排量的相互影响更为显著。两个部门的利润和减排量均先增后降，并在 $ob_2^* = 0.7 \sim 0.9$ 之间达到了峰值，经计算 $ob_2^* = 0.71$。水泥部门产量受政策刺激有较为明显的提高，排放配额明显增加；而未施加 OBA 政策的钢铁部门产量、排放配额和价格均无明显变化。

仅水泥部门获得 OBA 时，市场碳价格也随会先增后降，在 ob_2^* 达到峰值。

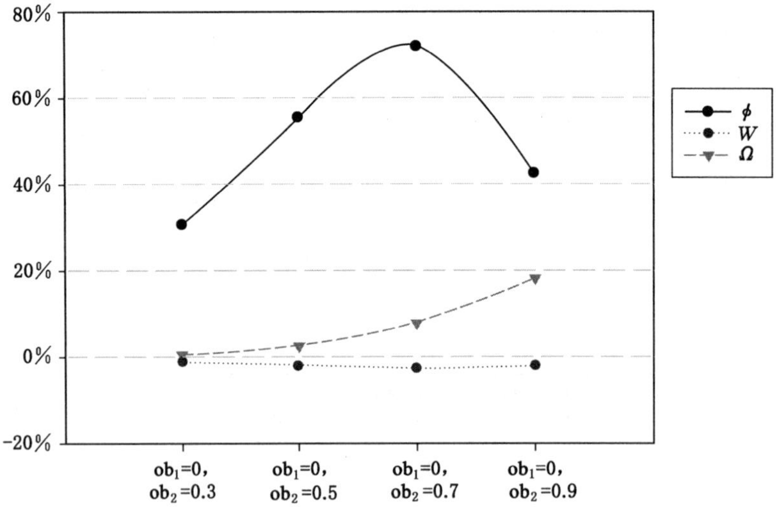

图 5-6　仅水泥部门有 OBA 情景下碳价格、社会福利和社会总配额的变化

社会总排放上限随 ob 增加而增加(OBA 政策对于产量的正向刺激作用增加了社会总排放),对社会福利没有明显影响。过高的 ob_2 会明显降低市场上的碳价格,同时会对两个部门的利润和减排量都产生抑制作用。

仅钢铁部门获得 OBA 的情景如图 5-7 和图 5-8 所示。

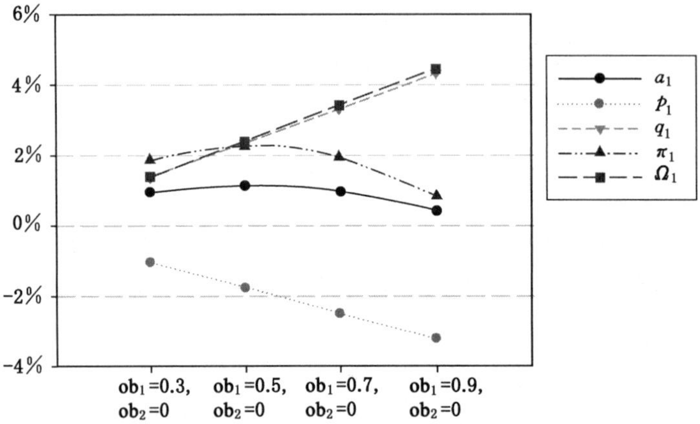

(a) IS

图 5-7　仅钢铁部门有 OBA 情景下两个部门关键参数的变化

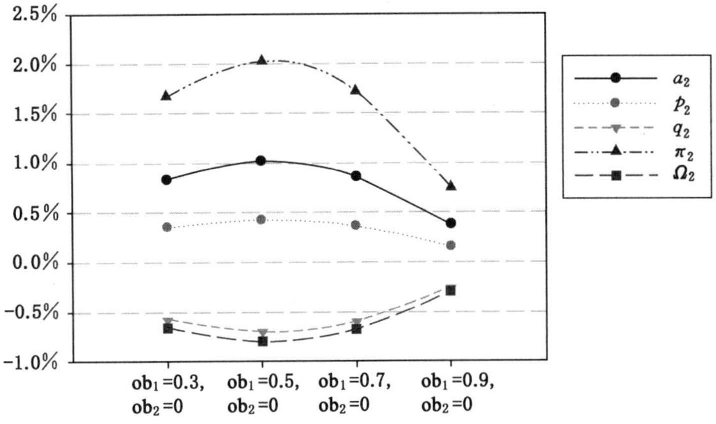

(b) CM

图 5-7(续)

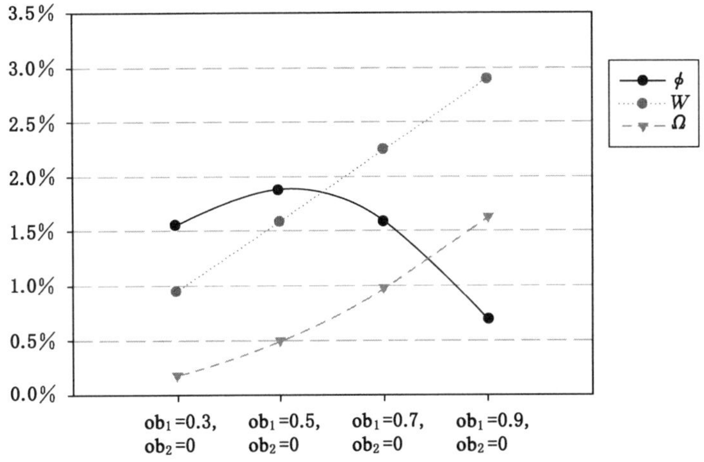

图 5-8　仅钢铁部门有 OBA 情景下碳价格、社会福利和社会总配额的变化

仅钢铁部门获得 OBA 时，两个部门的参数变化幅度均远远小于仅水泥部门获得 OBA 的情景，这意味着对于减排成本较高、需求价格弹性较大、碳强度较高的钢铁部门实施 OBA 政策，对所有部门的政策刺激作用都较弱。虽然刺激作用较弱，OBA 也刺激了钢铁部门的生产，产量随 ob_1 增加而升高；给予钢铁部门的免费配额，在一定程度上抑制了水泥部门的生产(水泥部门的产量轻微下降)。两个部门的产量和利润在 $ob_1^* = 0.5 \sim 0.7$ 之间达到峰值，经计算 $ob_1^* = 0.51$。由于

OBA 对于产量的刺激作用，钢铁部门排放增多，水泥部门排放相应减少。

碳价格、社会福利和社会总配额对于钢铁部门的 OBA 政策变化较不敏感。碳价格在 ob_1 时达到峰值，同时，社会福利和社会总配额仅有小幅上升。不同于节能补贴(节能补贴情景下社会总福利和社会总配额没有明显变化)，OBA 刺激了生产，也提高了总的排放配额，同时社会福利也略微得到提高。

由于在两部门情景下，ob^* 均在 0.5～0.9 之间($ob_1^*=0.51$，$ob_2^*=0.71$)，因此我们没有再分析 ob_1 会和 ob_2 都为 0.3 的情况。在 C17～C25 的情景下，两部门各个参数的变化如图 5-9 和图 5-10 所示，碳价格、社会福利和社会总配额的变化如图 5-11 所示。

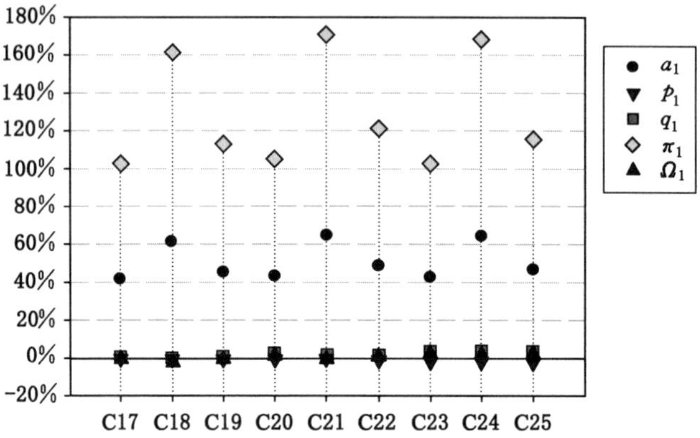

图 5-9　C17～C25 情景下钢铁部门的参数变化

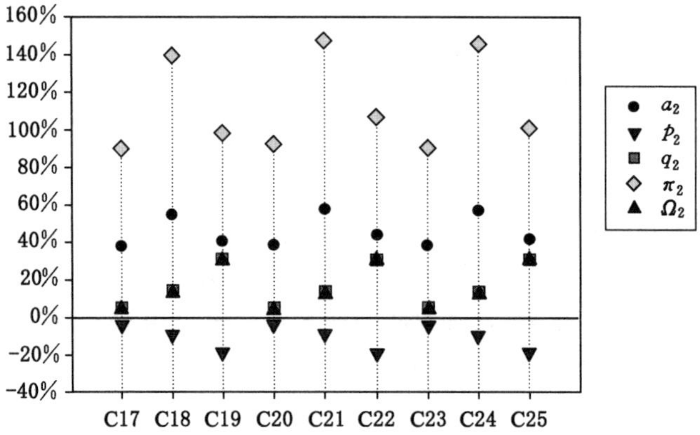

图 5-10　C17～C25 情景下水泥部门的参数变化

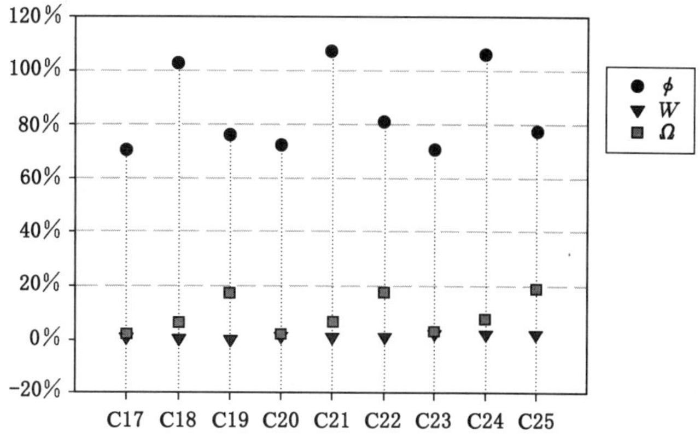

图 5-11　C17～C25 情景下碳价格、社会福利和社会总配额的变化

无论是钢铁部门还是水泥部门，以及社会其他参数均对 ob_2 的变化更为敏感，受 ob_2 的刺激作用，两个部门的利润、减排量均先增后降。水泥部门随 ob_2 上升产量受到更为明显的刺激，减排量显著下降，分得的配额也较钢铁部门更多。随 ob_2 的增加，社会福利均有小幅的上升，社会总排放上限增加，碳价格出现先增后降的趋势。

5.4.3　交叉影响分析

与单部门情景相比，当存在多个交易部门时，不同的减排政策对于部门的减排行为、生产行为、碳价格、社会福利以及排放上限的影响有共同点也有区别。节能补贴情景下，单部门和多部门情况时的补贴均大幅刺激了减排行为，并提高了利润水平，且仅与本部门所受补贴额度正相关。但是，单部门时减排量和利润上升更明显(在钢铁和水泥部门均出现这种现象)。这意味着，即使是在补贴水平一样的情况下，其他部门的存在会对本部门的减排量和利润产生抑制效果。单部门和多部门中的碳价格均随补贴额度的提高而下降，但是单部门碳价格的下跌趋势比多部门时要严重。这意味着即使在补贴额度一样的情况下，多交易部门的存在会减小碳价格的波动趋势。无论市场上交易部门的多少，节能补贴对于部门产量和价格以及社会福利、排放上限的影响都有限。这体现了价格工具的特点，即通过调节减排量来达到排放目标，对于产量和产品价格的影响较小。

OBA 与节能补贴最大的不同在于，除了获得了减排效果之外，还刺激了部门的生产行为，单部门和多部门都如此。同时，部门的利润、减排量、碳价格均出现先增后降的趋势，并在 ob^* 时达到峰值。但是，单部门时，钢铁部门的利润、减排量和碳价格变化幅度小于水泥部门的变化幅度(与部门本身的参数设定有关)。在多部门时,当给予水泥部门(变化更为敏感)相同的 ob,部门参数的变化出现了折中的趋势(即高于钢铁单部门的变化幅度,小于水泥单部门的变化幅度)。对于减排成本较低、需求弹性较大的部门,当存在其他交易部门时,自身的利润和减排量较单部门有所上升;减排成本较高、需求弹性较小的部门则相反。这也说明了减排成本较低、需求弹性较高的部门在交易中会更占优势。如果想要对市场产生更大的刺激,对于变化较不敏感的部门给予刺激政策,并不是一个好的选择,因为它对于市场上的所有部门(包括其自身在内)均无法产生有力的刺激效果(例如,给钢铁部门 OBA 政策时,两个部门参数均没有显著变化)。

单部门时节能补贴和 OBA 对于各个参数的影响对比如表 5-5 所示。这里将变化幅度超过 10%的定义为有显著影响,变化幅度在 10%以内的定义为轻微影响,变化幅度在 1%以内的定义为几乎无影响。

表 5-5　单部门时节能补贴和 OBA 对于各个参数的影响对比

参数	节能补贴	OBA
产品价格	轻微负向刺激	显著负向刺激
产量	轻微正向刺激	显著正向刺激
减排量	显著正向刺激	显著,先增后降,在 ob^* 达到峰值
利润	显著正向刺激	显著,先增后降,在 ob^* 达到峰值
碳价格	显著负向刺激	显著,先增后降,在 ob^* 达到峰值
社会福利	几乎无影响	轻微负向影响
社会总配额	轻微正向刺激	正向刺激

多部门时节能补贴和 OBA 对于各个参数的影响对比见表 5-6。

表 5-6　多部门时节能补贴和 OBA 对于各个参数的影响对比

参数	钢铁部门		水泥部门	
	节能补贴	OBA	节能补贴	OBA
钢铁价格	轻微负向刺激	轻微负向刺激	几乎无影响	几乎无影响
钢铁产量	轻微正向刺激	轻微正向刺激	几乎无影响	几乎无影响
钢铁减排量	显著正向刺激	轻微,先增后降,在 ob_1^* 达到峰值	几乎无影响	显著,先增后降,在 ob_2^* 达到峰值

表 5-6(续)

参数	给予钢铁部门		给予水泥部门	
	节能补贴	OBA	节能补贴	OBA
钢铁利润	显著正向刺激	轻微,先增后降,在 ob_1^* 达到峰值	几乎无影响	显著,先增后降,在 ob_2^* 达到峰值
水泥价格	几乎无影响	轻微正向刺激	轻微负向刺激	显著负向刺激
水泥产量	几乎无影响	轻微负向刺激	轻微正向刺激	显著正向刺激
水泥减排量	几乎无影响	轻微,先增后降,在 ob_1^* 达到峰值	显著正向刺激	显著,先增后降,在 ob_2^* 达到峰值
水泥利润	几乎无影响	轻微,先增后降,在 ob_1^* 达到峰值	显著正向刺激	显著,先增后降,在 ob_2^* 达到峰值
碳价格	显著负向刺激	轻微,先增后降,在 ob_1^* 达到峰值	显著负向刺激	显著,先增后降,在 ob_2^* 达到峰值
社会福利	几乎无影响	轻微正向刺激	几乎无影响	几乎无影响
社会总配额	几乎无影响	轻微正向刺激	几乎无影响	显著正向刺激

5.4.4　最优 ob 的分析

OBA 政策是基于产出的事后分配机制,其存在的目的是尽可能地减小减排政策对于产出的负面影响。单部门和多部门情景均出现了 ob^*,使得部门的利润、减排量、碳价格达到峰值。ob^* 的存在,意味着免费分配的配额量并非越高越好。在 OBA 政策下,起初部门会为了多获得配额而增加其生产量,因此部门的排放量也会相应增多,部门需要在市场中购买的配额量(或者可以出售的配额量)也相应增多,这样就会产生一个活跃的碳市场,碳价格不断升高。当 ob 超过 ob^* 继续增加时,排放和配额仍然在不断增加,但是碳市场的配额量已经出现饱和甚至过量,这就会导致碳价格的一路走低(EU ETS 第一阶段也是由于配额的分配过量导致碳价格一路下跌直至崩盘)。此时,ob 不再能起到刺激碳市场的作用,反而不断降低市场上的碳价格,与此同时企业的利润和减排量也开始下滑。

对于各个交易部门,给予不同的 ob 值会取得不同的政策效果,因此政策制定者可以根据实际情况,对于某个交易部门给予政策倾斜(例如,对于需要抑制产能的高耗能部门,降低免费分配比例;而对于国家鼓励其发展的部门,给予最合适的免费分配比例)。ob^* 的值,与部门的参数设置有关。单部门时,减排成本较低、需求弹性较大的部门,其 ob^* 值会相对较低。存在多个交易部门时,

ob* 也会发生变化。基于我们的模拟结果，多个交易部门时各个部门的 ob* 值均比单部门时要低，这意味着多个交易部门时，较低的 ob* 值就可以使得碳市场更加活跃，并达到最优。因此，政策制定者需要设置一个合理的交易边界，使得碳市场交易主体尽可能丰富，这有利于维持碳市场的稳定，同时也有利于各个交易主体的利润稳定。

5.5 敏感性分析

5.5.1 单部门敏感性分析

部门的参数会影响结果，而差异主要体现在减排成本、需求弹性、单位碳强度上，因此本节对这 3 个参数的敏感性进行分析。以水泥部门为例，分为以下 3 种情况：① 减排成本的敏感性分析，增加水泥行业的减排成本；② 需求价格弹性的敏感性分析，增加水泥行业的需求价格弹性，以反映未来可能出现的高需求价格弹性水平状况；③ 碳强度的敏感性分析，增加水泥行业的单位碳强度，如图 5-12(ob=0.5)所示。

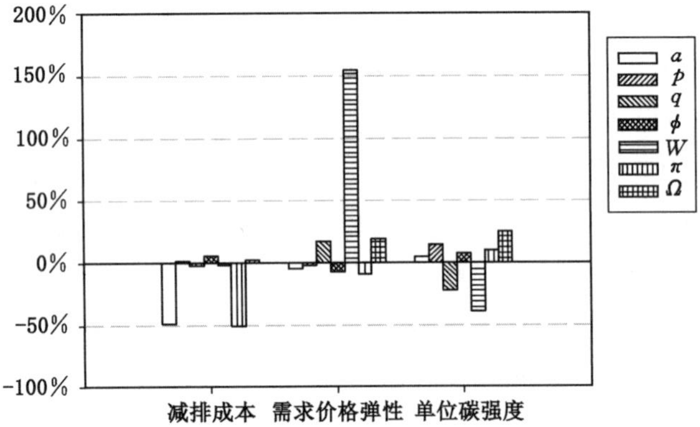

图 5-12　关键参数的敏感性分析——以水泥部门为例

高减排成本会大幅削减减排量和利润，同时提升碳价格，并小幅增加排放上限，对于产量、价格和社会福利没有显著影响。需求价格弹性越高的部门，社会福利也越高，OBA 政策对于产量的刺激作用也更加明显，并显著增加配额量。高需求价格弹性降低了碳价格，小幅削减了减排量，同时也降低了企业利润。高碳强度降低了对于产量的刺激作用，但是由于碳强度本身较高总排放配额也增多。碳价格在高碳强度时也略有升高，与之相同的还有企业的利润。

5.5.2　多部门敏感性分析

两部门情景中，钢铁部门与水泥部门都对于 ob_2 的变化更为敏感。水泥部门的减排成本更低，需求更加无弹性，同时单位碳强度更低。为了分析这三者的具体影响，在这里我们进行敏感性分析，分为以下 3 种情况：① 减排成本的敏感性分析，令两个部门减排成本一致；② 需求价格弹性的敏感性分析，增加水泥部门的需求价格弹性；③ 碳强度的敏感性分析，令两个部门的单位碳强度一致。

表 5-7 为 3 种敏感性分析情景下关键参数的变化（$ob_1=ob_2=0.5$）。

表 5-7　3 种敏感性分析情景下关键参数的变化

参数	基准情景	减排成本	需求价格弹性	碳强度
a_1/Mt CO_2	59.29	61.01	56.13	63.01
p_1/(元/t)	4 685.13	4 690.88	4 674.58	4 697.54
q_1/Mt	666.43	665.34	668.42	664.08
a_2/Mt CO_2	119.29	61.01	113.44	126.18
p_2/(元/t)	454.79	458.41	448.15	520.14
q_2/Mt	1 650.80	1 630.55	1 917.26	1 285.43
ϕ/(元/t CO_2)	170.22	177.08	157.64	185.02
Ω/Mt CO_2	2 680.61	2 713.98	2 974.07	3 080.14

减排成本会显著影响该部门的减排量，对另一部门减排量影响不大。在减排成本一样时，相同 ob 的两个部门的减排量也相同。减排成本越低的部门减排量越高。当水泥部门的减排成本提高之后，均衡碳价格和总配额也有所上升。减排成本对于两个部门的产量和价格均没有显著影响。

需求价格弹性会显著影响该部门的产量、产品价格、总配额和碳价格，并未显著影响另一部门的产量。当水泥部门的需求曲线变得平缓时，OBA 对于其产量的刺激作用变得更加显著。相应地，总配额也有显著的增加，而配额增加则带来了市场碳价格的降低。需求弹性对于部门的减排量没有显著的影响。

单位碳强度也会显著影响该部门的产量、价格、总配额和碳价格，对另一部门相同参数仅仅产生了轻微的影响。当增加单位碳强度时，水泥部门的产量有大幅度的下降，但配额量却有所提高（由单位碳强度导致）。与需求价格弹性的影响不同，虽然配额量也大幅提高，但是碳价格会随之上升。同时，碳强度升高时，两个部门的减排量则小幅上涨。

图 5-13、图 5-14 为与基准情景相比，两个部门参数的敏感性分析。

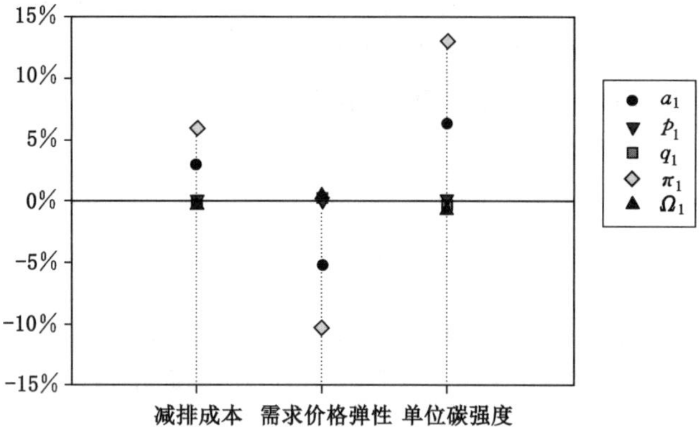

(a) IS

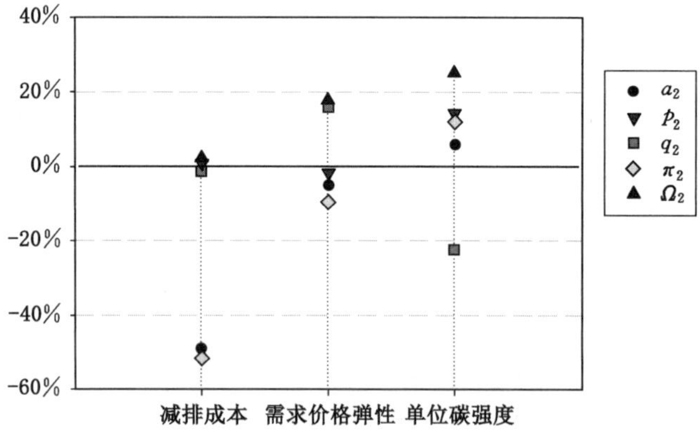

(b) CM

图 5-13　两个部门关键参数的敏感性分析

水泥部门的减排成本、需求价格弹性以及碳强度变化时，钢铁部门的产量、价格和配额始终没有出现明显的变化，利润和减排量则对于其变化更加敏感。当水泥部门的减排成本和碳强度上升时，钢铁部门的利润和减排量显著增加；当水泥部门的需求价格弹性增加时，钢铁部门的利润和减排量却出现了明显下降。这说明，一方的减排成本上升对另一方是有利的，而对本部门却会造成利润和减排量的大幅下跌。一方的需求价格弹性增加时，会造成对方的利润和减排量损失，但也未提高自己的利润和减排量。一方的单位碳强度增加时，则会使得双方

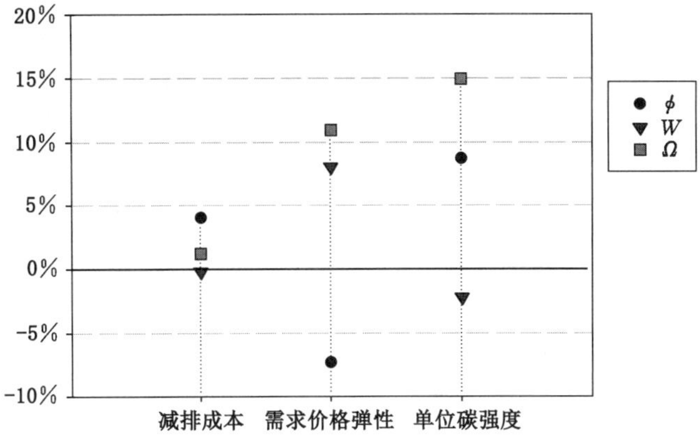

图 5-14　碳价格、社会福利和社会总配额的敏感性分析

的利润和减排量都出现增长，本部门的产量发生了大幅的下跌，利润的小幅增长则主要是由于产品价格的上升以及碳价格的高位所导致的。

减排成本的增加会推高市场上的碳价格，并小幅度增加总配额，对社会福利并没有产生太大影响。需求价格弹性增加时，配额和福利都会显著增加，而相对应的则是由于配额量增加带来的碳价格下跌。虽然碳强度的增加也使得总配额增加，但是这并非是由于产量的增加而引起的，相反产量出现了萎缩，因此市场上的均衡碳价格也有所上升，社会福利出现了下降。

综合来看，对市场上的两个交易部门给予 OBA 政策时，减排成本低的部门减排量更多，降低自身的减排成本对于交易者的利润维持非常重要。减排成本并没有影响社会总福利，虽然它使得碳价格和总配额增加。需求价格弹性的增加对社会福利产生了积极影响，同时使市场上的碳价格降低。过高的碳强度使得该部门的产量出现了大幅度的萎缩。OBA 对于碳强度高的部门产量抑制作用明显。虽然碳强度并未降低市场上的均衡碳价格，但是社会福利却由于碳强度的提高而受到了损失，因此降低产品的单位碳强度对社会有积极的意义。

5.6　结论与讨论

本章建立了局部均衡的模型，分析了在排放权交易中再施加节能补贴和 OBA 对于单个及多个交易部门的影响，并以我国钢铁部门和我国水泥部门为例进行了模拟。

在单部门情景下，节能补贴和 OBA 均会弥补由于排放权交易带来的利润损失。但二者的第一点区别在于，作为价格工具，节能补贴会刺激减排行为，因此大幅提高了部门的减排量和利润，对于产量的影响则不明显；作为数量工具，OBA 在刺激减排行为的同时还会刺激生产行为。第二点区别在于，节能补贴并不改变排放上限，但是会降低市场上的碳价格，与减排额度负相关；而 OBA 虽然也增加了企业的利润、减排量以及市场碳价格，但是它们随着 ob 的增加出现了先增后降的趋势。在 OBA 情景中存在着 ob^* 使得减排量、利润和碳价格达到峰值，ob^* 与部门的减排成本以及需求价格弹性有关，减排成本较低，需求价格弹性较高的部门其 ob^* 值较低。这是由于 OBA 会刺激企业的生产，增加产量。在 ob 开始增加却没有达到 ob^* 的时候，企业的排放量会增加，市场上的配额交易变得活跃，这时碳价格也随之变高，企业的利润和减排量均有所增加。在 ob^* 之后继续增加免费分配的配额比例，会造成配额的过量分配，碳价格、利润和减排量会随之下跌。因此，在制定政策时，如果仅需要弥补某一部门由于排放权交易而带来的利润下降，并提高部门的减排动力，那么节能补贴可以很好地达到目的；但是相较之下，OBA 政策还能带来产量优化的附加效果。由于 ob^* 的存在，政策制定者需要注意，虽然 OBA 的设置初衷是为了在减排的同时最大限度降低对产量的抑制作用，但是返还比例也并非越高越好。一个合理的 ob 值不仅可以维持碳市场稳定，也可以维持企业的利润。

在双部门情景下，除了可以得出与单部门相同的结论之外（节能补贴仅刺激减排行为，OBA 还同时刺激生产行为，以及最优 ob^* 的存在），在部门之间的相互影响上我们还得出了一些有用的结论。首先，两个部门在节能补贴情景下的行为变化相对独立，相互影响较小，即部门的行为仅与自身获得的补贴额度有关。其次，两个部门在 OBA 情景下的行为变化相关性更大。在两个部门的 OBA 情景下，存在一个优势部门，分配给它的 ob 值会对市场上所有的部门产生明显影响；而另一个弱势部门，市场上所有部门对于分配给它的 ob 值都不敏感（包括其本身在内）。在模拟中，减排成本较高、需求价格弹性较低的一方，ob 值变化对于市场各个部门的影响更大。最后，与单部门相比，多部门时各个部门的 ob^* 值均比单部门时要低，这说明市场上的交易主体越多，ob^* 越早达到。因此，在多部门的 OBA 情景下政策制定者不仅需要设计一个合理的 ob 值来维持碳价格以及部门利润的稳定，并且需要划定一个合理的交易边界，使得交易主体尽可能丰富，由于一些部门的 ob 值会对市场产生更大的影响，因此可以根据实际情况合理分配配额，对不同的行业给予不同的初始配额或配额返还。

减排成本、需求价格弹性和碳强度三者的敏感性分析表明，高耗能行业降低自身的减排成本，对于维持利润稳定非常重要。需求价格弹性的提高会显著增加社会福利并降低碳价格，价格弹性越高其产量刺激作用也更加明显。降低产品的单位碳强度对部门和社会而言都十分重要，碳强度越高其产量抑制作用越明显，而且社会福利也由于碳强度的提高而受到损失。

本章的分析存在着以下的局限性：本章的分析是将节能补贴与 OBA 政策独立进行讨论的，并没有研究同时具有节能补贴和 OBA 政策的情况。另外，我们没有考虑行业间的产业链联系，由于选取的两个行业处于不同的产业链上游，对于部门间的相互作用和连接并不明显，如果考虑更广义的政策协调时，需要关注到部门间的联系。

第6章　能效交易与碳市场的协同效应及高耗能行业的策略性选择

6.1　引言

第5章研究了数量型工具(排放权交易机制)与价格型工具相结合时对于我国多个高耗能行业的影响。在排放权交易机制与价格型工具的组合之外,还应该考虑两种数量型工具同时存在时的政策效果。除了排放权交易机制,我国还在积极推行能效交易机制。能效交易与排放权交易机制在原理上类似,都是将能耗目标或排放目标转化成配额的形式,企业需要在市场上通过购买获得。而两种交易机制都将高耗能行业覆盖在其中,这就意味着企业可能需要同时参与两种交易。由于我国的能源结构以煤炭为主,能耗的减少会带来排放的降低,能耗目标与排放目标密不可分。企业同时参与两种交易机制,可能会面临覆盖范围的重叠问题。因此,本章研究能效交易与排放权交易共同存在的可行性与协同效应,同时量化分析了两种交易机制的覆盖范围重叠或不重叠时对于高耗能行业的利润、产量等参数的影响,以及行业在这两种交易机制间的策略性选择。

6.1.1　能效交易的概念

能效交易证书,在欧美等国家也被称为白色证书(White Certificate),是近年来发展的一个新的政策工具,其基本概念是:为能源供应商和能源分销商设定一个能效目标,要求其在一个指定的时间框架内,通过为辖区内的耗能部门实施节能措施,获得节能量以完成节能目标。监管部门对能源供应商和分销商完成目标的部分颁发白色证书,超额完成的白色证书,可以在市场上进行交易,未完成目标的供应商和分销商,可以选择在市场上购买白色证书,或者接受监管部门的处罚。

推行白色证书体系有利于节约能源,在一定程度上可缓解能源供给紧张,并避免能源系统扩张导致的过度投资。白色证书作为一项政策工具有两个目的:

一是作为一项计量工具，要求在一个特定的时间框架内实现节能目标；二是为了向现有的和潜在的参与者提供有效的节能路径，白色证书的交易可以是双边的，也可以在一个市场中进行。

6.1.2　世界其他国家或地区实施白色证书交易的经验

实施能效交易的国家或地区的目标、机构和覆盖范围各有特点，但是基本上都是由能源供应商和分销商作为责任方向客户提供节能措施，获得白色证书来完成节能目标。同时，能效交易的覆盖范围与碳交易体系（ETS）有所区别。美国的加利福尼亚州是最早实施能效义务的地区（1970 年），欧洲的意大利、英国、法国等已进入能效交易的市场运行阶段。亚洲的印度从 2011 年 3 月开始实施能效交易体系。表 6-1 列出了欧洲主要国家或地区实施白色证书体系的覆盖范围（Lees，2007）。

从表 6-1 可以看出，在欧洲，各个国家基本上都是由能源的供应商来承担能效目标，而客户群也与 EU ETS（欧盟碳交易体系）有所区别。下面将详细介绍几个国家和地区的经验（Johnson，2013）。

表 6-1　欧洲主要国家或地区实施白色证书体系的覆盖范围

国家或地区	责任公司	目标客户	目标设定机构	管理机构
比利时弗兰德省	电力分销商	住宅部门、非能源密集型工业、服务业	弗兰德政府	弗兰德政府
法国	所有能源供应商	除 EU ETS 之外的所有部门	政府	政府
意大利	电力和天然气分销商	所有部门	政府	国家天然气和电力独立监管机构
英国	电力和天然气分销商	只包括住宅部门	政府	天然气电力市场办公室
爱尔兰	电力公司	除交通部门之外的所有部门	监管机构	能源监管委员会
丹麦	电力、天然气、热能分销商	除交通部门之外的所有部门	政府	丹麦能源管理局

（1）意大利

2008 年，意大利以覆盖 50 000 个顾客以上的电力和天然气分销商作为履约方，承诺降低辖区内住户的能源使用量。意大利的能效交易体系覆盖了所有的终端能源使用部门。2012 年累计节能量为 22.4 Mtoe（百万吨油当量）。

同时，证书的交易是开放的，价格由买卖双方投标决定。履约方可自己节能以获得证书，也可在市场上购买。第三方机构（能源服务公司）也可以参与证书交易，意大利 80%的节能量来自第三方机构。而意大利的大型工业企业和能源密集型企业全部纳入欧盟碳交易体系（EU ETS）的覆盖范围，约覆盖了全国 45%的碳排放量。

（2）英国

英国的能源效率承诺从 2002 年开始，每 3 年为一期。

第一期的履约方为覆盖 15 000 个顾客以上的电力和天然气分销商，第二期的履约方为覆盖 50 000 个顾客以上的电力和天然气分销商。英国的目标客户只有家庭住宅部门。而其他的能源密集型企业则属于 EU ETS 的覆盖范围。

在英国的住宅部门中，有两类节能措施可供选择，一类是非结构性节能措施，指家电的更新换代、节能照明等；另一类是结构性节能措施，指墙体的保温和隔热、建筑物的翻新等。对于 60 岁以上老人、儿童和残疾人等，能源供应商和分销商要承担节能成本的大部分甚至全部，而对于普通群众，供应商和分销商则要承担成本的 50%左右。

（3）法国

2006—2009 年是法国能效交易体系的第一阶段，履约方包括电力、天然气、燃料、固定加热和制冷的能源分销商。三年总的节能目标为 54 TWh（1 TWh=10^9 kWh），其中电力部门占 57%，天然气部门占 26%，石油部门占 13%，其他部门占 4%。如果没有达到节能目标，履约方需要支付 2 欧分/kWh 的惩罚。在法国，除了被 EU ETS 覆盖的部门，其他的部门均被纳入能效交易的体系中。能效交易是法国降低能源密度的重要工具，其目标是到 2030 年每年降低能量使用量的 2.5%。在法国，白色证书可以在双边市场进行买卖。

（4）丹麦

丹麦的能效交易履约方为电力、天然气和热能的分销商。最初节能目标为 2.95 PJ（1 PJ=10^{15} J），到 2010 年节能目标被提高到 5.4 PJ，节能目标以协议的方式签署。丹麦的能效体系覆盖了除交通部门之外其他所有的终端耗能部门，但是公司或企业内部交通所产生的能耗被包括在内。

（5）比利时弗兰德省

比利时弗兰德省的能效义务体系从 2003 年开始实施，旨在一个双边的市场中鼓励能源的有效使用。它覆盖了所有的电力终端使用者，终端耗能部门包括住宅部门、非能源密集型企业和服务业部门，并区分高电压(大于 1 kV)和低电压(小于 1 kV)设定不同的节能目标。节能目标也在不断提高，到 2008 年，目标已经提高到节约居民部门前两年用能量的 2%，其他部门前两年用能量的1.5%。但是弗兰德省的能效义务体系不允许白色证书的交易。弗兰德省的能效义务体系成功地达到了既定的目标，且花费远远低于预期的水平。

(6) 印度

印度实施了国家应对气候变化计划，旨在推动以市场为主导的能效提高以保证印度的可持续发展。这项计划由 8 项目标组成，其中能效交易和可再生能源是 8 项目标中最重要的两项。印度在《提高能效的国家使命》中提出了新倡议：实现能效交易，能源效率的市场转型，能源效率融资平台，节能经济发展框架。能效交易在 2012 年 3 月开始实施，第一阶段(2012—2015 年)八大耗能行业的 478 个工厂被纳入交易范围，包括火电厂、钢铁、水泥、化肥、造铝、纺织、造纸和氯碱。这 8 个行业的指定消费者约占年度消耗总量的 54%(以 2007—2008 年的水平计算)，约为 164 Mtoe。在能效交易范围内的每个工厂都会签署一个特定的能源消耗降低目标，由监管部门进行监督，必须在 2015 年 3 月前达到目标。节能目标的设定是根据企业前 5 年的能源消耗数据和产量数据计算得来的。

(7) 美国加利福尼亚州

加利福尼亚州(简称“加州”)是美国人口最多的州，总的能源需求位列美国第二。加州的能效项目可以追溯到 20 世纪 70 年代，并逐步得到发展。加利福尼亚能效义务是一个全州范围内的能效项目，履约方为电力和天然气的供应商。加州除了公共交通之外的所有消费部门都包含在内，2011 年 98%的电力节约来自居民和商业部门，而天然气的节能量主要来自商业和工业部门。在实施能效交易的同时，加州还实施了总量控制的碳交易体系，排放量在每年 25 000 t CO_2 以上的企业被纳入交易范围。加州虽然同时具有能效交易体系和碳交易体系，但是二者的覆盖范围有所区别。

6.2　能效交易体系和碳交易市场的联系

碳市场机制，是管理者在总量控制和配额分配的制度下，向覆盖的工业部门制定和分配排放配额。配额可以通过市场进行交易，碳排放超额的部门或者减排成本较高的部门，可以选择在市场上购买配额；而超额完成排放任务或者减排成本较低的部门，则可以在市场上出售配额。但是碳市场机制无法充分挖掘所有企业的能效提高潜力；同时，碳价格本身无法去除所有的市场障碍，如对于电力价格的管制导致碳价格无法通过电价得到有效的传导。同时，碳交易市场会刺激能源转换，刺激新能源和可再生能源对于传统能源的替代，而新能源和可再生能源的稳定性远远不如传统化石能源，因此大规模的能源替代可能带来能源安全隐患。

因此，能效交易体系和碳交易市场的结合，能够进一步提高高耗能企业的节能减排潜力。另外，同时推行能效交易和碳交易，可能会存在着覆盖企业和覆盖能源种类上的重叠问题，需要适当的政策设计。

6.2.1 能效交易体系的评估方法和成本返还机制

能效交易的体系是灵活的，具体包括所实施的节能措施是灵活的、符合条件的部门数量是灵活的、节能量的储蓄是灵活的、非责任方参与交易是灵活的、交易选项也是灵活的。

而评估节能量的方法，则是通过能耗计量或者获取节能技术列表，赋予每项节能措施一个标准节能量。能耗计量是度量实施节能之后的节能水平，而获取节能技术列表则是将标准节能量作为计量依据。

6.2.2 能效交易体系下的消费者行为

能效交易体系下的消费者行为如图 6-1 所示（Oikonomou 等，2007）。

初始状态时，消费者的效用曲线为 U_1，这时消费者购买 X_1 单位的传统能源商品，Z_1 单位的能效商品，均衡点为 A。当实施白色证书体系时，负责能效义务的能源供应商或者分销商会鼓励消费者更换能效商品（如给予一部分或者全部的费用补偿），这时消费者购买的能效商品增多，为 Z_2 单位，而相应的传统能源商品就减少，为 X_2 单位。这时 B 点落在预算线上，而偏离了效用曲线 U_1。由于消费者可支配收入的增加，效用曲线上移至 U_2，这时，消费者对于传统能源商品和能效商品购买都会增多，分别为 X_3 和 Z_3 个单位，此时均衡点到达 C 点，落在新的效用曲线 U_2 上。图 6-1 反映了能效交易的一个可能的效果，就是通过降低能效商品价格的方式，向消费者引入能效商品，这有利于打破传统商品的市场垄断。而能效商品本身由于占有了价格优势，会对相同商品产生替代效应。通过能效交易的引入，最基本的目标是通过向不同消费水平的终端用户扩散更多的能效商品或节能技术，来实现市场的转型。

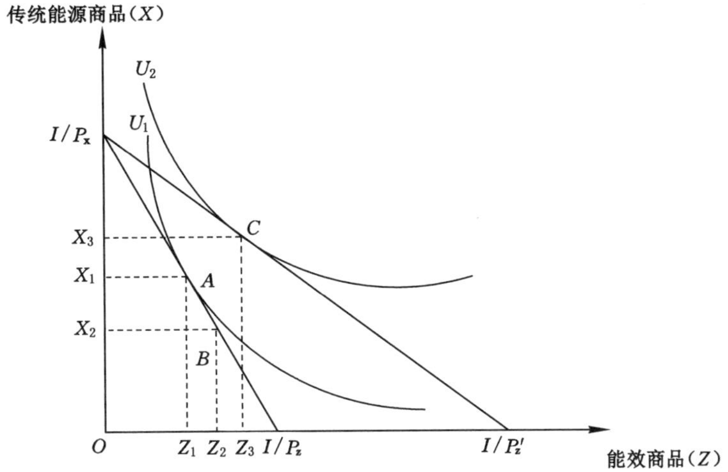

图 6-1　能效交易体系下的消费者行为

6.2.3　能效交易和碳市场同时作用时对于高耗能行业的影响——以电力部门为例

根据我国的实际情况，虽然在具体的纳入范围上和欧盟有所不同，但是未来白色证书交易体系也将会和碳市场同时展开，现分析二者共同作用时的影响(以电力市场为例)。同时存在碳市场和白色证书对于电力市场的影响如图 6-2 所示(Sorrell 等，2009)。

初始情况下，不存在碳市场和能效交易体系，此时年度电力消费为 E，均衡电价为 P。当引入碳市场时，由于在电价的基础上每度电加上了碳价格 C，电力生产商的生产成本提高，因此供给曲线上移，上移的幅度与碳价格 C 相关。存在碳交易市场时对于电力供应产生了影响，但对于需求侧并没有影响，因此需求曲线不变，此时的年度电力消费量降至 E_{E}，均衡电价上升至 P_{E}。在已经存在碳交易市场的基础上引入能效交易体系，由于履约方要向终端用户提供节能措施，因此终端用户的电力消费降低，导致需求曲线下移，同时由于负担了节能措施费用中的一部分或者全部(根据政策的设计以及目标群体的不同有所不同)，电力生产者的生产成本进一步提高，供给曲线继续上移。此时的年度电力消费继续下降至 E_{ET}，消费者均衡电价继续上升至 P_{ET}^{C}。在能效交易体系下，除了电力生产商承担部分税费之外，消费者要承担数额为 L 的税费，因此批发电价为 $P_{ET}^{C}-L=P_{ET}^{W}$。

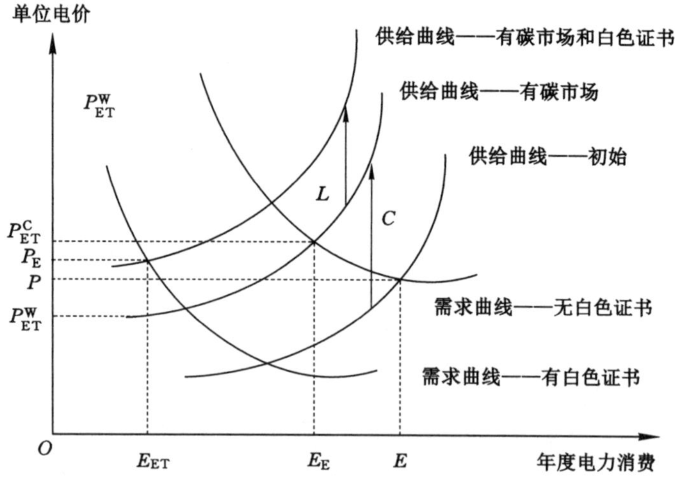

图 6-2　同时存在碳市场和白色证书对于电力市场的影响

因此,碳交易市场会对供给曲线产生影响,而对于需求侧则没有影响。而对于只存在碳市场的情况,引入能效交易体系,会直接影响电力需求侧,使得电力需求下降更多。由于碳交易以及能效交易主要目标在于抑制传统化石能源的使用量,根据前面的分析,能效交易的引入会改变商品结构,提高能效商品或节能技术的使用量,因此对于传统化石能源的使用结构也会产生影响。这会减少火电的产量,而对可再生能源发电没有大的影响。但是由于电力生产者的销售收入减少,会抑制对可再生能源发电的投资。同时,由于火电产量的减少,引入白色证书体系会在这个区域内同时带来 CO_2 减少的效果。

事实上,根据碳交易市场的体制设计,碳排放的配额或者是碳排放的上限是固定的,因此电力企业减少的 CO_2 排放会在其他企业那里得到补足。从全局来看,在碳市场基础上引入能效交易,可以带来协同的节能减排效果,通常还有额外的节能量。因此,应该考虑企业的额外减排行为,并及时基于此调整碳市场的排放上限,从而更好地达到协同的减排效果。

6.3　我国同时实施能效和碳排放权交易体系的政策设计

我国先期已经在北京、上海、重庆、天津、湖北、广东和深圳开始了碳交易的试点工作,而同时,国家发展改革委计划将年综合能源消费量在 1 万 t 标准煤以上，以及有关部门指定的年综合能源消费量 5 000 t 标准煤以上的重点用能单位(2010 年全国约 17 000 家)纳入能效交易体系中。两种体系同时实施，会存在覆盖企业、覆盖能源种类重叠等一系列的问题，因此，如何进行政策设计，来解决这一问题是二者同时实施的关键。

6.3.1　同时推广两种体系的内在原因

碳交易市场对于我国的减排工作有很重要的作用，在限制了排放的总配额的情况下，各企业进行总量控制条件下的碳交易，以完成制定的减排目标。但是同时，碳交易市场也存在着一些弊端，例如，由于交易成本的存在，碳交易市场通常不能覆盖所有的部门，因此需要有其他的机制配合实施；同时，对于碳排放的严格限制，会加速新能源对于传统能源的替代，如果基础设施跟不上，可能导致能源供应系统的安全问题。

能效交易体系主要关注能效的提高和能源使用量的降低，它作为碳交易市场的补充，可以关注未被碳交易市场所刺激到的节能领域。因此，二者的共同存在对于我国更好地完成节能减排目标有很重要的意义。

6.3.2　两种体系的覆盖范围

7 个碳交易试点对于覆盖范围的划定各有不同，但是基本上包括各地区耗能较高的行业和企业。如果将能耗在前 10 000 家的企业纳入能效交易体系，那么两种体系在覆盖范围上一定会存在着重叠。

不仅仅是企业覆盖范围的重叠，对于覆盖能源种类的范围上，我国共同实施的两种体系也存在着重叠现象。在碳交易体系中，一般碳排放高的能源种类均被纳入覆盖范围，如煤炭、石油、电力等。而《万家企业节能低碳行动实施方案》中的企业也有相当一部分是这类能源生产或使用企业。在国外，通常是将化石能源覆盖在碳交易体系中，因为这类能源的碳排放量较高，采用总量控制的碳排放权交易对于这类能源来说收效明显；国外通常将电力和天然气的使用划分到能效交易体系中。

虽然我国同时实施两种体系在企业和能源种类的覆盖范围上均存在着重叠现象，类似的国际经验较少，但是并不意味着这样的情况下两种体系无法共同实施。因此，需要进行细致而合理的政策体系设计。

6.3.3　我国同时实施能效交易和碳交易体系的政策建议

我国同时实施能效交易和碳交易的结构如图 6-3 所示。

发电企业和燃料生产企业以及由他们供应能源的工业消费群体被纳入碳交

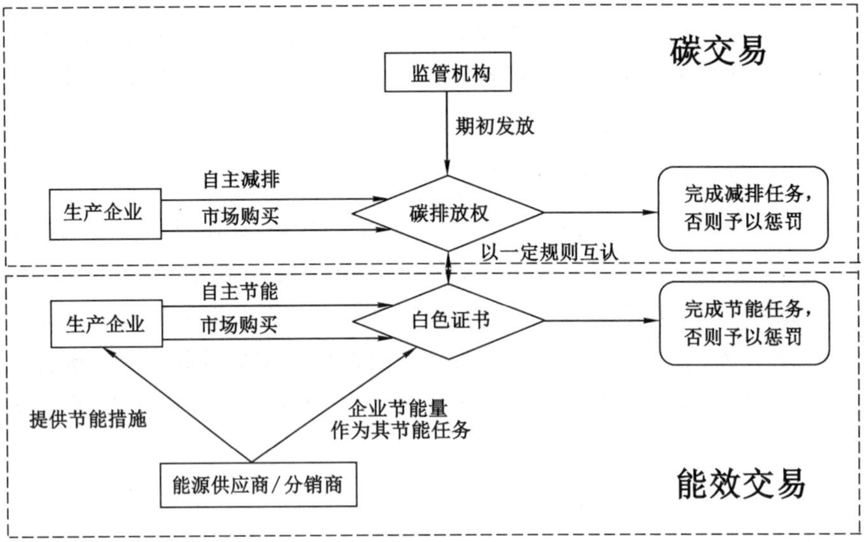

图 6-3　我国同时实施能效交易和碳交易的结构图

易体系。各省市根据国家的整体目标设定排放上限并在初期发放排放配额。各个企业根据自己的边际减排成本决定是采取减排行动或是在市场上买入减排配额，无论采取哪种方式，必须完成当期的排放任务，否则监管机构将予以惩罚。同时，将工业消费群体以及各个电力供应商和分销商纳入能效交易体系，由电力供应商和分销商承担能效提高义务，他们向辖区内的工业消费群体提供节能措施（节能量以一定的形式进行度量）并获得白色证书。相似地，各个企业根据自己的边际节能成本选择是自主节能还是在市场上购买白色证书以完成当期的节能任务，否则监管机构将予以惩罚。

由于节能的同时会带来减排的效果，因此，可以允许白色证书和碳排放许可证之间互相转化，可以互相充抵当期的减排任务或者节能任务。

6.3.4　两种政策工具同时实施可能存在的问题

（1）范围的重叠问题

目前，两种政策工具同时实施的最大问题是范围的重叠问题。由于节能和减排的效果通常是协同出现的，无法简单地将二者剥离开而单独核算，而作为同时被纳入两种交易体系的企业，就必定面临着如何同时进行碳交易和节能交易的问题。而同时实施两套交易体系，也势必会带来交易成本、行政成本和监管成本的增加。如何不加重企业的交易与行政成本，避免两套班子同时运作产生的效率浪费，这是需要着重解决的问题。

(2) 减排量与节能量的互认问题

由于存在着范围的重叠问题，如何设定一个规则，使得减排量与节能量之间可以互相抵扣，互相认可，也是机制设计者需要考虑的问题。一般来说，企业实施节能的主要途径是通过节能技术的推广以及能效的提高，这在降低能源消耗量的同时，也会带来能源使用结构的变化。节能的过程，势必会带来减排的效果。但是对于减排行为，相对来说则更加简单，减少化石能源的使用量，甚至优化产量与产能都可以带来 CO_2 排放水平的降低。因此，节能量与减排量虽然关系紧密，但却不是绝对的对等关系。碳排放许可证和白色证书之间以什么样的方式、什么样的价格进行单边或者双边抵扣，是我国同时实施两种交易体系所必须要解决的问题。

(3) 节能量的核算问题

与碳排放的核算相比，节能量的核算更为困难。在欧美一些国家或地区的经验中，通常是将节能量与特定的节能技术挂钩。例如，更换某种型号的节能灯可以带来多少节能量，企业运用某种节能技术可以带来多少节能量。我国也可以采用这种方法进行核算，但是由于纳入交易的企业存在着异质性，对于监管方来说，技术列表的获取以及特定节能技术节能量的核定都是一个巨大的工程。如果采用比较粗略的核算方法，仅以每年节约了多少标准煤来核算企业的节能量，这与碳减排量的核算方法太过类似，那么用同样一种核算方法去核定两种体系是否必要，值得商榷。因此，从节能量核算的准确程度上来说，采用欧美一些国家的精确到技术的核算方法显然更优。但是如何做到核算成本的最优化，也依然是白色证书体系面临的重要问题。

(4) 两种体系同时存在时的协调问题

在协调两种体系时，最重要的是要始终明确二者的功能差异。对于能效交易来说，其出发点是节能技术和能效商品的推广，通过能效交易对于节能技术和能效商品的推广进行部分或者全部的成本回收，以此来刺激企业实行节能技术，购买能效商品。而对于碳交易来说，其核心在于碳排放总量的控制以及在这个框架下的配额分配、许可证交易等问题。因此，两种体系的出发点不同，本质功能也不同，相应地，政府和企业本身在两种交易体系中扮演的角色也不同。在能效交易中，政府主要扮演监管的角色，而要提高交易本身的活跃度，可以考虑借鉴西方国家的经验，引入第三方能源服务公司，进行节能技术的咨询、安装、节能量核算等工作，这些能源服务公司也可以作为交易方参与白色证书的买卖。这样可以极大地减少政府的行政工作，降低成本，同时提高市场活跃度。而在碳交易中，政府除了扮演监管的角色之外，还要进行碳排放总量的控制、配额的分配等宏观工作。而作为交易主体的企业，则是要在进行碳排放总量控制的基础上同时提高能效水平，实施节能技术，二者并不矛盾，而是相辅相成，具有协同作用。政府和企业本身在两种交易体系中各司其职，角色有重叠之处但并不雷同。同时，第三方能源服务公司的引入，不仅可以大大减少政府的工作，还可以加强能效交易市场的活跃度，加大白色证书的流动性，对于能效交易体系的实施起到重要的作用。

6.4 能效交易和碳市场同时实施的模型建立

6.4.1 基本模型描述

能效交易的主要目标是为了控制能源消耗量，碳交易的主要目标则是为了控制 CO_2 排放量。二者看起来是两个独立目标，但是联系紧密。高耗能行业 CO_2 的控制有两条途径，一是降低单位产出的 CO_2 排放，即可以通过提高能源效率、进行能源替代等方式达到；另一个则是通过减少生产来减少 CO_2 排放。因此对于高耗能行业而言，减少能源消耗、提高能效是最有效的减排途径之一。这也就意味着在能效交易中，部门通过降低能耗可以同时带来节能和减排的协同效应。因此，在模型中给定能耗上限 Ω。部门 j 进行节能活动后，节能量为 a_j，初始的单位能耗为 τ_j，那么部门总能耗必须满足上限的要求，即存在：

$$\sum_j (\tau_j q_i - a_j) \leqslant \Omega \tag{6-1}$$

假设部门 j 是完全理性的，在一个正常的能效交易市场中，企业会最大化自己的利润，因此会将能耗上限当作自己的总能耗。由于节能对于企业而言意味着需要付出更多的成本，减少生产，因此企业不会完成比能耗上限更多的节能任务。当节能量交易市场需求充足时，认为 $\sum_j (\tau_j q_i - a_j) = \Omega$ 成立；只要在需求严重不足的时候才会出现 $\sum_j (\tau_j q_i - a_j) < \Omega$。

这 j 个部门的需求曲线可以表示成：

$$p_j = \sum_j \rho_{ij} (\mu_{\mathrm{d}ij} - \sigma_{\mathrm{d}ij}) q_{ij} \tag{6-2}$$

其中，ρ_{ij} 表示部门 j 出现状态 i 的概率，在未来的政策及经济状况不明确的情况下，可以通过调整不同状态（如高需求状态，低需求状态）的概率，来获得更加贴合实际情况的需求函数。引入状态 i 可以更好地刻画需求的不确定性。

生产成本可以表示为 $C_j(q)=\sigma_{cj}q_j$。

节能成本（Cost of Energy Saving，CES）曲线可以用二次型曲线表示为：

$$\mathrm{CES}_j(a_j)=\alpha_j a_j+\beta_j a_j^2 \tag{6-3}$$

6.4.2　允许交易范围的重叠

如果在高耗能行业开展能效交易工作，势必会牵涉与碳市场的交易范围重叠问题。目前我国工业企业碳排放的核算方法中，主要包括化石燃料燃烧排放、生产过程排放、废弃物处理排放以及隐含电力消费的排放[①]。企业的能源节约量可以被认为同时带来了 CO_2 减排的效果（主要通过减少化石燃料燃烧达到），这部分节能量可以通过所节约的化石能源种类乘以各自的 CO_2 排放因子得到，即得到相应的减排量，如式（6-4）所示。其中，ES_j 代表部门 j 的总节能量；CA_j 代表部门 j 的减排量；co_j 代表部门 j 节约的煤炭量；pe_j 代表部门 j 节约的石油量；ga_j 代表部门 j 节约的天然气量；f_{co}，f_{pe} 和 f_{ga} 分别代表煤炭、石油和天然气的 CO_2 排放因子。

$$\begin{aligned}\mathrm{ES}_j &= \mathrm{co}_j+\mathrm{pe}_j+\mathrm{ga}_j\\ \mathrm{CA}_j &= \mathrm{co}_j f_{\mathrm{co}}+\mathrm{pe}_j f_{\mathrm{pe}}+\mathrm{ga}_j f_{\mathrm{ga}}\end{aligned} \tag{6-4}$$

通常，我国对于能源的核算习惯全部换算成为吨标准煤表示，因此对于公式（6-4）可以得到简化的转换方法，即公式（6-5），这里 ES_j 为以吨标准煤表示的部门 j 的总节能量，f_{e} 表示标准煤的 CO_2 排放因子。

$$\mathrm{CA}_j=\mathrm{ES}_j f_{\mathrm{e}} \tag{6-5}$$

在本节的分析框架中，我们对于交易范围重叠进行如下定义：企业进行节能活动可以获得一定的节能量，这部分节能量可以在能效市场进行交易；同时由于节能会带来减排效果，这部分节能量可以使用公式（6-5）换算成减排量并在碳市场进行交易，这样就称为交易范围产生了重叠。反之，如果这部分节能量要么只能在能效市场进行交易，已交易的部分不能换算成减排量在碳市场进行交易，或者是直接换算成减排量在碳市场进行交易而不可以进行能效交易，这样就称为交易范围不重叠。

---

① 《北京市企业（单位）二氧化碳排放核算和报告指南（2014 版）》规定，在北京市 2013—2015 年碳排放权交易试点期间，参与北京市二氧化碳排放权交易试点的企业只核算其北京市行政辖区内固定排放设施化石燃料燃烧、工业生产过程、废弃物处理的二氧化碳直接排放，以及北京市行政辖区内固定设施电力消耗隐含的电力生产时的二氧化碳排放。

我们假设允许两个市场的交易范围重叠，在这种情景下，j 个部门的总利润可以表示为：

$$\pi = \sum_j [p_j q_j - c_j q_j - (\alpha_j a_j + \beta_j a_j^2) - k(\tau_j q_j - a_j) - \phi f_e(\tau_j q_j - a_j) - \phi f'_j(q_j - q_j^0)] \tag{6-6}$$

其中，$p_j q_j$ 表示部门 j 的销售收入；$k(\tau_j q_j - a_j)$ 表示部门 j 在能效市场的获利或支出；τ_j 表示白色证书价格，表示部门 j 的单位能耗；$\phi f_e(\tau_j q_j - a_j)$ 表示部门 j 在碳市场的获利或支出；ϕ 表示碳价格；f 表示节约能源的排放因子(这里选择标准煤的排放因子)。当 $\tau_j q_j - a_j > 0$ 时，部门 j 需要在能效市场或者碳市场中支出成本，当 $\tau_j q_j - a_j < 0$ 时，部门 j 可以在能效市场或碳市场获利。f'_j 表示部门 j 的 CO_2 过程排放因子；$q_j - q_j^0$ 表示部门 j 的产量变化。$\phi f'_j(q_j - q_j^0)$ 则表示由于产量的变化，部门 j 在碳市场的获利或支出。

需要注意的是，在这里部门 j 的节能量统一用吨标准煤来核算，为了统计口径的一致性，当在碳市场中进行交易时，我们将部门的节能量乘以标准煤的 CO_2 排放因子，将其换算成 CO_2 减排量之后在碳市场中进行交易。

因此，部门 j 面临着最优化问题：

$$\max \pi_j = \max[p_j q_j - c_j q_j - (\alpha_j a_j + \beta_j a_j^2) - k(\tau_j q_j - a_j) - \phi f_e(\tau_j q_j - a_j) - \phi f'_j(q_j - q_j^0)]$$

$$\text{s.t.} \quad \tau_j q_j - a_j \leqslant \Omega_j$$

部门 j 通过优化自身的产能和节能量使得自身利润达到最大，因此可以得到以下两个一阶条件：

$$p_j - c_j - k\tau_j - \varphi f_e \tau_j - \phi f'_j = 0 \tag{6-7}$$

$$-\alpha_j - 2\beta_j a_j + k + \phi f_e = 0 \tag{6-8}$$

结合式(6-1)、式(6-2)、式(6-7)、式(6-8)，可以解得 p_j^*、q_j^*、a_j^*、k^*。

6.4.3 不允许交易范围的重叠

交易部门可以根据自身情况和两个市场的交易情况自由选择参与交易的市场，但是两个市场中交易的部分相对独立，即在一个市场中交易的配额(节能量或减排量)只能一次性使用，无法再等额换算成为另一种配额(对应的为减排量或节能量)进行交易。即

$$\mathrm{QU}_{je} = \mathrm{ES}_{je}$$

$$\mathrm{QU}_{jc} = (\mathrm{ES}_{je} - \mathrm{QU}_{je}) f_e$$

$$\mathrm{QU}_j = \mathrm{QU}_{jc} + \mathrm{QU}_{je} \tag{6-9}$$

其中,QU_{je}代表部门 j 在能效市场交易的配额量,它等于节能量中用于能效交易的部分 ES_{je};QU_{jc}代表部门 j 在碳市场交易的配额量,它等于节能量中除去能效交易部分的剩余部分,乘以标准煤的排放因子得来。QU_{je}和 QU_{jc}之和即为部门的总配额 QU_j。

由于本章主要研究不同的部门对于能效市场和碳市场的不同选择所带来的影响,细化到配额层面的交易行为并非本章的研究目标。因此,我们对模型(6-9)进行了简化处理,即每个部门的所有配额只能选择一个交易市场,假设有 j_c 个部门选择了碳交易,而 j_e 个部门选择了能效交易,则 $j_c+j_e=j$,所有的部门都必须在两个市场中二选一,不允许重复,也不允许不选择。

此时,总利润函数可以表示为:

$$\pi=\sum_j[p_jq_j-c_jq_j-(\alpha_ja_j+\beta_ja_j^2)-\phi f'_j(q_j-q_j^0)]-$$
$$\sum_{je}k(\tau_eq_e-a_e)-\sum_{jc}\phi f(\tau_cq_c-a_c)$$

对于选择能效交易的部门 n 而言,面临着以下最优化问题:

$$\max\pi_n=\max[p_nq_n-c_nq_n-(\alpha_na_n+\beta_na_n^2)-k(\tau_nq_n-a_n)-\phi f'_n(q_n-q_n^0)]$$
$$\text{s.t.}\quad \tau_nq_n-a_n\leqslant\Omega_n$$

对于选择碳交易的部门 m 而言,面临着以下最优化问题:

$$\max\pi_m=\max[p_mq_m-c_mq_m-(\alpha_ma_m+\beta_ma_m^2)-k(\tau_mq_m-a_m)-$$
$$\phi f'_m(q_m-q_m^0)]$$
$$\text{s.t.}\quad \tau_mq_m-a_m\leqslant\Omega_m$$

部门通过优化节能量和产量达到利润最大化。对于部门 n 而言,如果它选择能效交易,那么可以得到以下两个一阶条件:

$$p_n-c_n-k\tau_n=0 \tag{6-10}$$

$$-\alpha_n-2\beta_na_n+k=0 \tag{6-11}$$

对于部门 m 而言,如果它选择碳交易,那么可以得到以下两个一阶条件:

$$p_m-c_m-k\tau_m=0 \tag{6-12}$$

$$-\alpha_m-2\beta_ma_m+k=0 \tag{6-13}$$

联立式(6-1)、式(6-2)、式(6-10)、式(6-11)、式(6-12)、式(6-13)就可以解得 p_n^*、q_n^*、a_n^*、p_m^*、q_m^*、a_m^*、k^*。这里仍然令碳价格外生。

此时,各个部门主要面临着不同碳价格或白色证书价格下的最优策略选择问题。

对于部门 j 而言,在不同的碳价格下(这里以碳价格为例,白色证书情况类

似),部门的利润矩阵如下(c 表示选择碳市场,e 表示选择能效市场):

	ϕ_1	ϕ_2	$\cdots$	ϕ_x
选项 c	π_{1c}	π_{2c}	$\cdots$	π_{xc}
选项 e	π_{1e}	π_{2e}	$\cdots$	π_{xe}

当 $\pi_{xc} \leqslant \pi_{xe}$ 时,部门选择能效交易;当 $\pi_{xc} \geqslant \pi_{xe}$ 时,部门选择碳交易。

6.5 实例分析——以我国钢铁行业和水泥行业为例

6.5.1 数据来源说明

本节中关于钢铁行业的参数统一用下标 1 表示,关于水泥行业的参数统一用下标 2 表示。本节使用的节能成本曲线使用GTAP 模型获得,由于GTAP 模型获得的是减排成本曲线(即减排多少吨 CO_2 需要多少成本),而本节的分析是基于节能成本进行的,因此根据标准煤的排放因子,将减排成本曲线转化为节能成本曲线。分别选取钢铁和水泥行业不同年份的数据模拟获得两种需求弹性水平下的需求曲线,并将两种需求弹性水平的概率均设定为 0.5,即认为在估计期内二者发生的概率相同。钢铁和水泥行业能耗的预测均参考国家级的规划获得,详细参见 6.5.2。具体参数如表 6-2 所示。

表 6-2 参数说明

参数	单位	钢铁部门数值	水泥部门数值
μ_d	元/Mt	8 213.350 0	750.035 0
σ_d	元/Mt	5.294 3	0.178 9
σ_c	元/Mt	4 500.000 0	360.000 0
α	元/Mtce	−162.300 0	−212.050 0
β	元/Mtce	12.050 0	6.500 0
τ	tce/t	0.680 0	0.131 0
Ω	Mtce	399.00 00	250.800 0
f'	t CO_2/t	—	0.550 0
q^0	Mt	—	1 898.000 0

注:Mtce 表示百万吨煤当量,tce 表示吨煤当量。

6.5.2　行业能耗上限的确定

6.5.2.1　钢铁行业能耗上限的确定

（1）粗钢产量预测

根据《钢铁工业"十二五"发展规划》，"十二五"时期粗钢消费量预测采用了实际调研和指标测算两种方式，以实际调研分析为主，以指标测算对实际调研分析结果做比对印证。实际调研方式采用的是行业消费调研法和地区消费平衡法：通过对实际钢材消费占全国总量 90%以上的 13 个行业进行调研分析，预计 2015 年我国粗钢消费量在 7.5 亿 t 左右；地区消费平衡法根据各省 2010 年粗钢实际消费量和各省已公布的"十二五"国内生产总值发展目标等因素，预测 2015 年消费量为 8.2 亿 t。指标测算方式采用消费系数和回归分析法，预测结果范围是 7.1～8.1 亿 t。

（2）吨钢综合能耗的预测

《钢铁工业"十二五"发展规划》根据行业发展实际，衡量各项指标的潜力，提出了 2015 年钢铁工业单位工业增加值能耗和二氧化碳排放下降 18%的目标。该目标高于国家提出的 16%的目标，但低于工业行业 20%的目标。这一目标的设置主要是考虑我国钢铁工业节能已处于较为领先的水平，节能潜力相对其他工业行业较小，下降 18%的目标仍然十分艰巨，必须从提高附加值和全方位推进节能减排两方面下功夫才有可能实现。钢铁工业 2005 年、2010 年、2015 年主要指标目标如表 6-3 所示。

表 6-3　钢铁工业 2005 年、2010 年、2015 年主要指标目标

指标	2005 年	2010 年	2015 年	"十二五"累计增长/%
单位工业增加值能耗降低/%	—	—	—	18
单位工业增加值二氧化碳排放降低/%	—	—	—	18
企业平均吨钢综合能耗降低/千克标准煤	694	605	≤580	≥4

注：数据来源于《钢铁工业"十二五"发展规划》。

因此，我们在具体的核算中选定单位工业增加值能耗降低 18%的目标进行核算。

（3）钢铁行业能耗目标确定

根据表 6-3，2010 年钢铁行业的吨钢综合能耗为 605 kgce/t（千克标准煤当量每吨），假设"十二五"期间吨钢综合能耗降低 18%，经计算为 605×（1－12%）＝

532 kgce，即 0.532 t 标准煤。

而钢铁行业的产量目标则定为 7.5 亿 t，那么总能耗目标为 7.5×0.532＝3.990亿 t 标准煤。

6.5.2.2 水泥行业能耗上限的确定

（1）水泥产量预测

根据工业和信息化部《关于水泥工业节能减排的指导意见》和《建材工业"十二五"发展规划》，水泥行业是我国国民经济建设的重要基础材料产业，也是主要的能源资源消耗和污染物排放行业之一。2009 年全国水泥总产量为 16.5 亿 t，水泥行业能源消耗总量约占全国能源消耗总量的 5％，颗粒物排放量约占工业排放总量的 30％。2015 年水泥需求预测如表 6-4 所示。

表 6-4 2015 年水泥需求预测

产品	2010 年	"十一五"年均增长/％	2015 年	"十二五"年均增长/％
水泥/亿 t	18.8	11.9	22	3.3

注：数据来源于《建材工业"十二五"发展规划》。

（2）水泥生产能耗预测

根据《关于水泥工业节能减排的指导意见》，到"十二五"末，全国水泥生产平均可比熟料综合能耗小于 114 kgce/t，水泥综合能耗小于 93 kgce/t。这里我们选取平均可比熟料综合能耗，即 114 kgce/t。

（3）水泥部门排放目标确定

根据产量和能耗水平，水泥行业能效目标可以计算为 22 亿 t×0.114 tce ＝2.508 亿 t 标准煤。但是水泥生产具有特殊性，很大一部分的 CO_2 排放来自过程排放（即生成熟料时碳酸钙分解产生的 CO_2），平均每生产 1 t 水泥的过程排放约 0.55 t CO_2（Creedy 等，2006），因此每吨水泥的总 CO_2 排放量可以表示为：

$$fe_c q_c + 0.55 q_c \tag{6-14}$$

其中，e_c 代表每吨水泥的单位能耗（以吨标准煤表示）；f 代表标准煤的排放因子；q_c 代表水泥的产量。在每吨水泥熟料综合能耗 114 kgce/t 的目标下，每吨水泥的 CO_2 排放为 0.114×2.46＋0.55＝0.830（t CO_2/t）。

根据以上核算，钢铁和水泥两个部门总能耗目标为 6.498 亿 t 标准煤。

6.5.3 结果展示

在结果展示部分，可分为 4 种情景：情景 1 和情景 2 讨论允许交易范围重叠的情况，情景 1 假设碳价格外生，情景 2 假设白色证书价格。

(1) 情景 1：允许交易范围的重叠，碳市场和碳价格处于确定状态

在情景 1 下，两个部门的配额量恒定，节能量可以同时在能效市场和碳市场进行交易。当两个部门都同时在两个市场交易时，首先令碳价格外生，旨在分析外在的碳市场会对能效市场产生什么样的影响。

除碳价格外，其余参数可根据以下方程组求得（由于钢铁部门的过程排放很小，故忽略不计）：

$$\max \pi_1 = \max[p_1 q_1 - c_1 q_1 - (\alpha_1 a_1 + \beta_1 a_1^2) - k(\tau_1 q_1 - a_1) - \phi f'_{\mathrm{e}}(\tau_1 q_1 - a_1)]$$

$$\max \pi_2 = \max[p_2 q_2 - c_2 q_2 - (\alpha_2 a_2 + \beta_2 a_2^2) - k(\tau_2 q_2 - a_2) - \phi f'_{\mathrm{e}}(\tau_2 q_2 - a_2)]$$

$$\text{s.t.}\quad \tau_j q_j - a_j \leqslant \Omega_j \tag{6-15}$$

通过公式(6-14)分别对 q_1、a_1、q_2、a_2 求一阶条件，再结合式(6-1)、式(6-2)，可以得到方程组(6-16)。

$$\begin{cases} p_1 - c_1 - k\tau_1 - \phi f_{\mathrm{e}}\tau_1 = 0 \\ -\alpha_1 - 2\beta_1 a_1 + k + \phi f_{\mathrm{e}} = 0 \\ p_1 - \mu_{\mathrm{d1}} + \sigma_{\mathrm{d1}} q_1 = 0 \\ p_2 - c_2 - k\tau_2 - \phi f_{\mathrm{e}}\tau_2 - \phi f'_2 = 0 \\ -\alpha_2 - 2\beta_2 a_2 + k + \phi f_{\mathrm{e}} = 0 \\ p_2 - \mu_{\mathrm{d2}} + \sigma_{\mathrm{d2}} q_2 = 0 \\ \tau_1 q_1 - a_1 + \tau_2 q_2 - a_2 \leqslant \Omega \end{cases} \tag{6-16}$$

对方程组(6-16)求解可得：

$$p_1^* = -\frac{-c_1\sigma_{\mathrm{d1}}(\beta_1 + \beta_2) - \sigma_{\mathrm{d1}}\tau_1(\alpha_2\beta_1 + \alpha_1\beta_2)}{\sigma_{\mathrm{d1}}\beta_1 + \sigma_{\mathrm{d1}}\beta_2 + 2\beta_1\beta_2(\tau_1^2 + \tau_2^2)} - \frac{2\beta_1\beta_2(\sigma_{\mathrm{d1}}\tau_1^2 - c_2\tau_1\tau_2 + \mu_{\mathrm{d2}}\tau_1\tau_2 + c_1\tau_2^2 - f'_2\tau_1\tau_2\phi - \sigma_{\mathrm{d1}}\tau_1\Omega)}{\sigma_{\mathrm{d1}}\beta_1 + \sigma_{\mathrm{d1}}\beta_2 + 2\beta_1\beta_2(\tau_1^2 + \tau_2^2)}$$

$$q_1^* = -\frac{(\sigma_{\mathrm{d1}}\beta_1 + \sigma_{\mathrm{d1}}\beta_2)(c_1 - \mu_{\mathrm{d1}}) + \sigma_{\mathrm{d1}}\tau_1(\alpha_2\beta_1 + \alpha_1\beta_2)}{\sigma_{\mathrm{d1}}[\sigma_{\mathrm{d1}}(\beta_1 + \beta_2) + 2\beta_1\beta_2(\tau_1^2 + \tau_2^2)]} - \frac{2\beta_1\beta_2(c_2\tau_1\tau_2 - \mu_{\mathrm{d2}}\tau_1\tau_2 - c_1\tau_2^2 + \mu_{\mathrm{d1}}\tau_2^2 + f'_2\tau_1\tau_2\phi + \sigma_{\mathrm{d1}}\tau_1\Omega)}{\sigma_{\mathrm{d1}}[\sigma_{\mathrm{d1}}(\beta_1 + \beta_2) + 2\beta_1\beta_2(\tau_1^2 + \tau_2^2)]}$$

$$a_1^* = -\frac{\sigma_{\mathrm{d1}}(\alpha_1 + \alpha_2) + 2\beta_2\tau_1(c_1 - \mu_{\mathrm{d1}})}{2\sigma_{\mathrm{d1}}(\beta_1 + \beta_2) + 2\beta_1\beta_2(\tau_1^2 + \tau_2^2)} + \frac{2\beta_2(\alpha_1\tau_1^2 + c_2\tau_2 - \mu_{\mathrm{d2}}\tau_2 + 2\alpha_1\tau_2^2 + f'_2\tau_2\phi + \sigma_{\mathrm{d1}}\Omega)}{2\sigma_{\mathrm{d1}}(\beta_1 + \beta_2) + 2\beta_1\beta_2(\tau_1^2 + \tau_2^2)}$$

$$p_2^* = -\frac{-c_2\sigma_{d1}(\beta_1+\beta_2)-\sigma_{d1}\tau_2(\alpha_2\beta_1+\alpha_1\beta_2)-\sigma_{d1}f'_2\phi(\beta_1+\beta_2)}{\sigma_{d1}(\beta_1+\beta_2)+2\beta_1\beta_2(\tau_1^2+\tau_2^2)} - \frac{2\beta_1\beta_2(c_2\tau_1^2-c_1\tau_1\tau_2+\mu_{d1}\tau_1\tau_2+\mu_{d2}\tau_2^2+f'_2\tau_1^2\phi-\sigma_{d1}\tau_2\Omega)}{\sigma_{d1}(\beta_1+\beta_2)+2\beta_1\beta_2(\tau_1^2+\tau_2^2)}$$

$$q_2^* = -\frac{(\sigma_{d1}\beta_1+\sigma_{d1}\beta_2)(c_2-\mu_{d2})+\sigma_{d1}\tau_2(\alpha_2\beta_1+\alpha_1\beta_2)+\sigma_{d1}f'_2\phi(\beta_1+\beta_2)}{\sigma_{d1}^2(\beta_1+\beta_2)+2\beta_1\beta_2(\tau_1^2+\tau_2^2)} + \frac{2\beta_1\beta_2(c_2\tau_1^2-\mu_{d2}\tau_1^2-c_1\tau_1\tau_2+\mu_{d1}\tau_1\tau_2+f'_2\tau_1^2\phi-\sigma_{d1}\tau_2\Omega)}{\sigma_{d1}^2(\beta_1+\beta_2)+2\beta_1\beta_2(\tau_1^2+\tau_2^2)}$$

$$a_2^* = -\frac{-\sigma_{d1}(\alpha_1-\alpha_2)+2\beta_1(c_1\tau_1-\mu_{d1}\tau_1+\alpha_2\tau_1^2+c_2\tau_2-\mu_{d2}\tau_2+\alpha_2\tau_2^2+f'_2\tau_2\phi+\sigma_{d1}\Omega)}{2\sigma_{d1}(\beta_1+\beta_2)+4\beta_1\beta_2(\tau_1^2+\tau_2^2)}$$

$$k^* = -\frac{-\sigma_{d1}(\alpha_2\beta_1-\alpha_1\beta_2+f_e\beta_1\phi+f_e\beta_2\phi)}{\sigma_{d1}(\beta_1+\beta_2)+2\beta_1\beta_2(\tau_1^2+\tau_2^2)} + \frac{2\beta_1\beta_2(c_1\tau_1-\mu_{d1}\tau_1+c_2\tau_2-\mu_{d2}\tau_2+f_e\tau_1^2\phi+f'_2\tau_2\phi+f_e\tau_2^2\phi+\sigma_{d1}\Omega)}{\sigma_{d1}(\beta_1+\beta_2)+2\beta_1\beta_2(\tau_1^2+\tau_2^2)}$$

情景 1 下，当能耗目标为 649.8 Mt 时，不同碳价格对关键参数的影响如图 6-4 所示（以 50 元/t CO_2 作为基准，碳价格为 60 元/t、70 元/t、80 元/t 时各个参数与基准相比变动的百分比）。

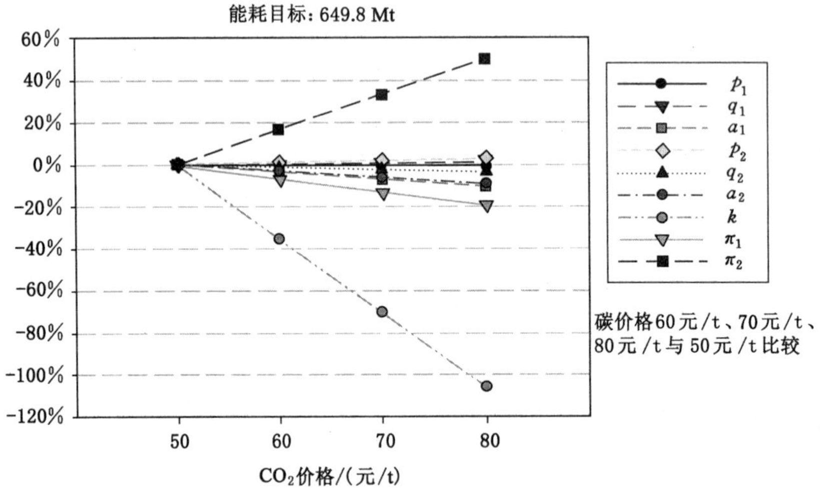

图 6-4　情景 1 下碳价格对于关键参数的影响

注：纵坐标表示变动百分比，下同。

随着碳价格的升高，两个部门的节能量都有所降低。钢铁部门产量上升，价格降低；水泥部门则相反，产量降低，价格升高。碳价格的上涨对水泥部门的利润更有利，钢铁部门的利润则随之降低。这也反映了由于水泥部门还可以通过降低产量来获得更多的额外减排量，因此它在碳价格上涨时会获利更多。对于部门而言，在恒定的节能目标下其节能的影子价格是相对固定的。当碳价格足够高时，白色证书价格可能会跌至 0 甚至出现负值，计算结果显示，当碳价格达到 80 元/t 时，白色证书价格已经下降到−6.03 元/tce。这个结果意味着，当碳价格足够高时，两个部门都不会选择在能效市场进行交易，对于他们而言，只在碳市场上进行交易就可以完成节能目标，同时可以达到利润最大化。此时的能效交易市场则处于一个尴尬的境地，它的存在无法为节能目标带来额外的影响，并且由于企业参与意愿不高导致白色证书价格一路下跌直至 0。

能耗目标变化也会对结果产生影响，接下来我们设定更高或更低的两个能耗目标(分别为 600 Mt 和 700 Mt 标准煤)，这时关键参数的变化如表 6-5 所示，选取不同能耗目标、同种碳价格水平下(这里选取碳价格为 50 元/t)的参数进行对比。

表 6-5　情景 1 不同能耗目标下关键参数的变化(碳价格为 50 元/t)

参数	单位	649.8 Mt（比较基准）	600 Mt	600 Mt 与基准相比的变化率	700 Mt	700 Mt 与基准相比的变化率
p_1	元/t	4 656.96	4 769.20	2.41%	4 543.82	−2.43%
q_1	Mt	671.750	650.545	−3.16%	693.116	3.18%
a_1	Mtce	16.310 00	23.161 30	42.01%	9.408 48	−42.32%
p_2	元/t	417.740	439.361	5.18%	395.942	−5.22%
q_2	Mt	1 857.96	1 737.06	−6.51%	1 979.83	6.56%
a_2	Mtce	34.070 0	46.764 4	37.26%	21.268 6	−37.57%
k	元/tce	107.830	272.887	153.07%	−58.558	−154.31%
π_1	百万元	3 206.42	6 464.17	101.60%	1 066.64	−66.73%
π_2	百万元	59 738.9	66 409.9	11.17%	55 135.3	−7.71%

当收紧能耗目标时，相同的碳价格下均衡的白色证书价格有了大幅度提高。这意味着此时部门节能的影子价格大幅增加；反之亦然。当能耗增高和降低时，各个参数分别呈现相反趋势的变化，价格、产量、减排量和白色证书价格的变动幅度基本一致。这意味着当能耗目标呈现线性变化时，除了利润之外的其他参数也呈线性变化。当碳价格达到 50 元/t 时，白色证书价格已经为负值。这也

从侧面反映了当能耗目标宽松时,仅仅一个市场就可以达到部门的节能目标,另一个市场则可能会出现交易量很低或无交易的情况。同时,宽松的能耗目标对于市场本身也是不利的,EU ETS 第一阶段由于配额分配得过于宽松,导致碳价格的一路下跌直至崩盘。能耗目标收紧时,两个部门的利润都上涨;能耗目标放宽时,两个部门的利润都下跌。钢铁部门上涨或下降的幅度都比水泥部门敏感。这也反映了当能耗目标放宽时,表面上产量提高,减排压力降低,但是部门的利润并没有因此上涨,反而出现了下跌。即宽松的目标不仅对于碳市场和能效市场是无利的,对于覆盖部门的利润也是无利的。

在这种允许重叠的机制设计下,两种交易市场共同存在并不能促进部门更多地节能,更多的是节能量在两个市场中的分配,以及机制之间的相互影响,二者对于节能的协同效应较差。但是,此时二者共同存在依然有一定的现实意义,当一个市场的目标制定得不合理时(现实中碳市场的排放目标和能效市场的能耗目标通常是各自设定的),会导致一个市场的活跃度较差,价格较低时,另一个市场可以起到补充作用,促进节能目标的达成。

(2) 情景 2:允许交易范围的重叠,能效市场和白色证书价格处于确定状态

假设两个部门都选择碳交易,而同时也存在能效交易市场,即与情景 1 类似,企业所节约的能源可以同时在两个市场进行交易。但是与情景 1 不同的是,这里令白色证书价格内生,碳价格外生,来分析节能量价格对于碳市场的影响。推导过程与情景 1 类似,不再赘述。在能耗目标为 649.8 Mt 的基准情景下,情景 2 下白色证书价格对于关键参数的影响如图 6-5 所示(以白色证书价格为 50 元/tce 作为基准)。

节能量价格对于碳价格、两个部门的利润及减排量有较明显的影响,对于价格和产量的影响比较微弱。节能量价格上涨时,钢铁部门的产量下跌,价格上升,水泥部门的变化趋势则相反。两个部门的节能量都有所提高,这意味着白色证书价格越高,越可以刺激交易部门进行更多的节能活动。钢铁部门的利润上升,水泥部门的利润则下降,说明白色证书价格上涨对于钢铁部门更加有利。

我们同样模拟了能效目标为 600 Mt 和 700 Mt 时二者的关系,发现能效目标一致的情况下,无论是外生碳价格还是外生白色证书价格,二者的线性关系是确定的。这也进一步说明了当能效目标一定时,部门节能的影子价格实际上是恒定的,此时两个市场存在更多的是市场内部的相互影响,不具有协同作用,无法带来更多的节能或减排效果。

(3) 情景 3:钢铁部门选择碳交易、水泥部门选择能效交易

假设所节能的部分不能够同时在两个市场交易,所有的部门必须在两个市场中二选一,且必须选择一个,此时就不存在交易范围的重叠。

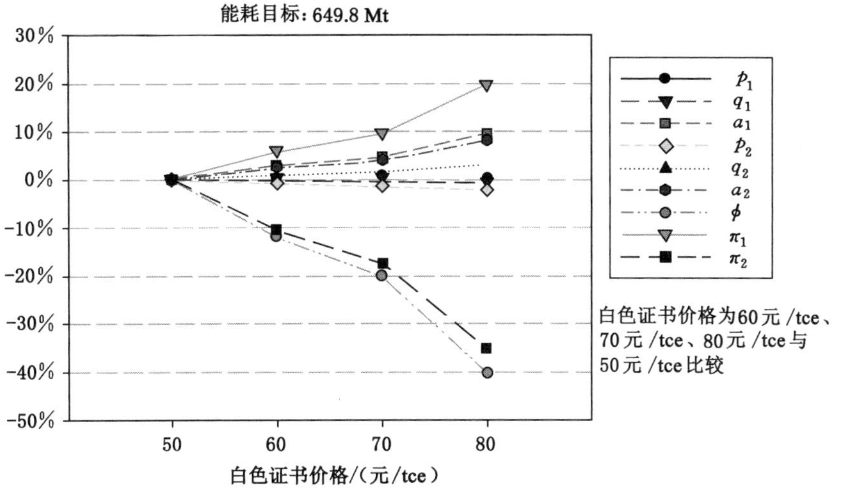

图 6-5　情景 2 下白色证书价格对于关键参数的影响

首先假设钢铁部门选择碳交易，水泥部门选择能效交易，碳价格外生确定。在情景 3 下，钢铁部门和水泥部门各自优化自身的利润函数。

$$\max \pi_1 = \max[p_1q_1 - c_1q_1 - (\alpha_1a_1 + \beta_1a_1^2) - k(\tau_1q_1 - a_1)]$$

$$\max \pi_2 = \max[p_2q_2 - c_2q_2 - (\alpha_2a_2 + \beta_2a_2^2) - \phi f(\tau_2q_2 - a_2) - \phi f'_{e}(\tau_2q_2 - a_2)]$$

$$\text{s.t.} \quad \tau_nq_n - a_n \leqslant \Omega_n \tag{6-17}$$

通过式(6-17)分别对 q_1、a_1、q_2、a_2 求一阶条件，再结合式(6-1)、式(6-2)可以得到方程组(6-18)。

$$\begin{cases} p_1 - c_1 - \phi f_{e}\tau_1 = 0 \\ -\alpha_1 - 2\beta_1a_1 + \phi f_{e} = 0 \\ p_1 - \mu_{d1} + \sigma_{d1}q_1 = 0 \\ p_2 - c_2 - k\tau_2 = 0 \\ -\alpha_2 - 2\beta_2a_2 + k = 0 \\ p_2 - \mu_{d2} + \sigma_{d2}q_2 = 0 \\ \tau_1q_1 - a_1 + \tau_2q_2 - a_2 = 0 \end{cases} \tag{6-18}$$

解得：

$$p_1^* = c_1 + f_{e}\tau_1\phi$$

$$q_1^* = -\frac{c_1 - \mu_{d1}\tau_1\phi}{\sigma_{d1}}$$

$$a_1^* = -\frac{\alpha_1 - f_e\phi}{2\beta_1}$$

$$p_2^* = -\frac{\sigma_{d1}\sigma_{d2}(-c_2\beta_1 - \alpha_2\beta_1\tau_2 - \alpha_1\beta_2\tau_2 + f_e\beta_2\tau_2\phi + 2\beta_1\beta_2\tau_2\Omega)}{\sigma_{d1}\beta_1(\sigma_{d2} + 2\beta_2\tau_2^2)} + \frac{2\beta_1\beta_2(c_1\sigma_{d2}\tau_1\tau_2 - \mu_{d1}\sigma_{d2}\tau_1\tau_2 - \mu_{d2}\sigma_{d1}\tau_2^2 + \sigma_{d2}f_e\tau_1^2\tau_2\phi)}{\sigma_{d1}\beta_1(\sigma_{d2} + 2\beta_2\tau_2^2)}$$

$$q_2^* = -\frac{(c_2 - \mu_{d2})\sigma_{d1}\beta_1 + \sigma_{d1}\tau_2(\alpha_2\beta_1 + \alpha_1\beta_2)}{\sigma_{d1}\beta_1(\sigma_{d2} + 2\beta_2\tau_2^2)} - \frac{2\beta_1\beta_2(c_1\tau_1\tau_2 - \mu_{d1}\tau_1\tau_2 + f_e\tau_1^2\tau_2\phi + \sigma_{d1}\tau_2\Omega) + \sigma_{d1}f_e\beta_2\tau_2\phi}{\sigma_{d1}\beta_1(\sigma_{d2} + 2\beta_2\tau_2^2)}$$

$$a_2^* = -\frac{\sigma_{d1}\sigma_{d2}(-\alpha_1 + f_e\phi + 2\beta_1\Omega) + 2\beta_1\tau_1\sigma_{d2}(c_1 - \mu_{d1})}{2\sigma_{d1}\beta_1(\sigma_{d2} + 2\beta_2\tau_2^2)} + \frac{2\sigma_{d1}\beta_1\tau_2(c_2 - \mu_{d2}) + 2\beta_1(\sigma_{d1}\alpha_2\tau_2^2 + \sigma_{d2}f_e\tau_1^2\phi)}{2\sigma_{d1}\beta_1(\sigma_{d2} + 2\beta_2\tau_2^2)}$$

$$k^* = -\frac{\sigma_{d1}\sigma_{d2}(-\alpha_2\beta_1 - \alpha_1\beta_2 + f_e\beta_2\phi + 2\beta_1\beta_2\Omega)}{\sigma_{d1}\beta_1(\sigma_{d2} + 2\beta_2\tau_2^2)} + \frac{2\beta_1\beta_2(c_1\sigma_{d2}\tau_1 - \mu_{d1}\sigma_{d2}\tau_1 + c_2\sigma_{d1}\tau_2 - \mu_{d2}\sigma_{d1}\tau_2 + \sigma_{d2}f_e\tau_1^2\phi)}{\sigma_{d1}\beta_1(\sigma_{d2} + 2\beta_2\tau_2^2)}$$

能耗目标仍然为 649.8 Mt，根据 6.5.2.1 和 6.5.2.2 的分析可以知道，在我们的模型框架下白色证书价格和碳价格是线性相关的，在情景 3 和 4 中我们仅分析碳价格外生确定、白色证书价格内生的情况，来分析两个市场间的内在关联，由于与白色证书外生确定、碳价格内生的情况类似，这里不再赘述。情景 3 下碳价格对于关键参数的影响如图 6-6 所示（以 50 元/t 的碳价格作为基准）。

碳价格对于部门的利润、减排量和白色证书价格有较为显著的影响，对于产量、价格的影响较为轻微。当碳价格上涨时，选择碳市场的钢铁部门节能量有了大幅度提升，同时产量下降，价格升高；选择能效市场的水泥部门则呈相反趋势的变动。碳价格的上升反映了碳市场目标的收紧，因此钢铁部门必须增加节能量来获得更多的减排量。由于总的能耗目标是一定的，钢铁部门完成的部分增多，水泥部门需要完成的节能任务就相应减少。同时，碳价格越高，其覆盖的部门利润上涨幅度越大，而能效交易覆盖的部门利润则相应降低。当政策机制发生改变时，部门节能的影子价格也发生变动。

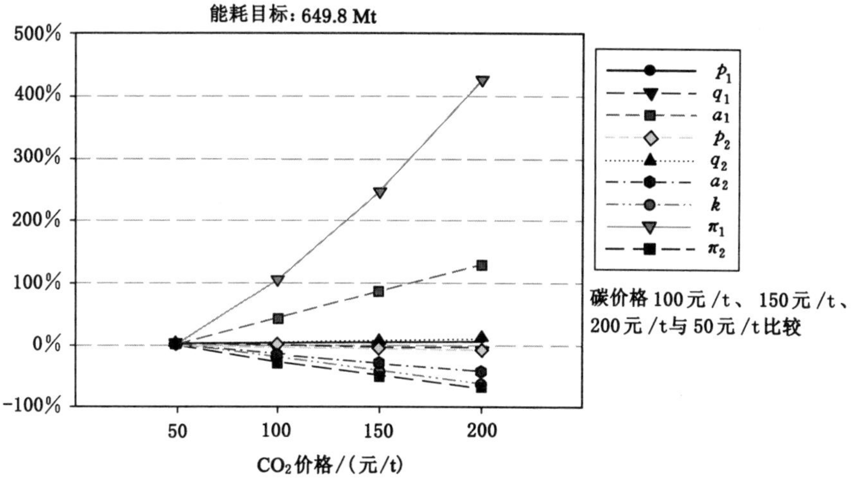

图 6-6　情景 3 下碳价格对于关键参数的影响

将能耗上限设置为 600 Mt 和 700 Mt 标准煤，来分析不同能耗对于关键参数的影响。情景 3 下不同能耗目标下关键参数的变化如表 6-6 所示，为了直观地显示不同能耗上限的影响，选取相同的碳价格(50 元/t)，比较了 600 Mt 和 700 Mt 能耗目标下，各个参数与基准能耗目标相比的变化率。

表 6-6　情景 3 不同能耗目标下关键参数的变化(碳价格为 50 元/t)

参数	单位	649.8 Mt（比较基准）	600 Mt	600 Mt 与基准相比的变化率	700 Mt	700 Mt 与基准相比的变化率
p_1	元/t	4 583.64	4 583.64	0	4 583.64	0
q_1	Mt	685.595	685.595	0	685.595	0
a_1	Mtce	11.838 2	11.838 2	0	11.838 2	0
p_2	元/t	416.029	453.766	9.07%	377.989	−9.14%
q_2	Mt	1 867.52	1 656.52	−11.30%	2 080.21	11.39%
a_2	Mtce	49.211 6	71.370 8	45.03%	26.874 4	−45.39%
k	元/tce	427.701	715.770	67.35%	137.317	−67.89%
π_1	百万元	1 688.72	1 688.72	0	1 688.72	0
π_2	百万元	15 741.60	33 109.60	110.33%	4 694.52	−70.18%

当碳价格一致时，能耗水平的变化并没有影响钢铁部门的产量、价格、减排量和利润，这意味着选择碳市场的部门其产量、价格和减排量不受到能耗上限的影响，而仅与碳价格相关。而对于选择能效交易的部门而言，能耗目标收紧时节能量增加，产量降低，价格增加；反之亦然。这说明能耗目标对于其覆盖部门节能和生产行为都产生了影响，促使部门加大节能同时降低产量。虽然这看起来对于选择能效交易的部门是不利的，但是因为此时产品价格和白色证书价格都会增加，因此其利润大幅度增加。白色证书价格与碳价格线性负相关，过于宽松的能耗上限目标会降低白色证书价格，同时降低其覆盖部门的利润(与 EU ETS 第一阶段由于配额宽松导致碳价格崩盘的原理一致)。

(4) 情景 4：钢铁部门选择能效交易、水泥部门选择碳交易

同样是一个部门选择碳市场，另一个部门选择能效交易市场，但是与情景 3 相反，这里假设钢铁部门选择能效交易，水泥部门选择碳交易，碳价格外生确定。能耗上限同样是 649.8 Mt，情景 4 下碳价格对于关键参数的影响如图 6-7 所示。

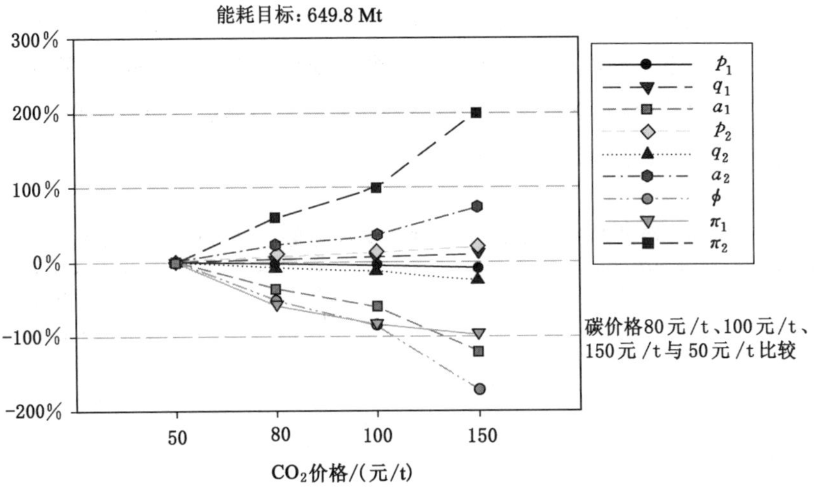

图 6-7　情景 4 下碳价格对于关键参数的影响

碳价格显著影响了两个部门的利润、节能量和白色证书价格，对于两个部门的产量和价格有轻微的影响。碳价格升高时，选择碳交易的水泥部门节能量大幅增加，产量降低，价格升高，意味着当碳市场配额收紧时，其覆盖部门需要加大节能行为，同时降低产量来完成排放目标。而选择能效交易的钢铁部

门，由于对方部门完成目标量增多，自身的节能量相对较为宽松。当碳价格升高至 150 元/t 时，钢铁部门的节能量已经呈负值，这意味着此时钢铁部门反而增加了能源消耗，同时也增加了产量。由于超额生产导致产品价格下降，能效市场白色证书价格也一路下跌，钢铁部门利润大幅度降低。这样得出的结论与情景 3 一致，碳价格上涨时，对于选择碳交易的部门而言利润升高，而对于选择能效交易的部门而言利润会降低。

能耗目标分别为 600 Mt 和 700 Mt 时关键参数的变化如表 6-7 所示。

表 6-7　情景 4 不同能耗目标下关键参数的变化(碳价格为 50 元/t)

参数	单位	649.8 Mt（比较基准）	600 Mt	600 Mt 与基准相比的变化率	700 Mt	700 Mt 与基准相比的变化率
p_1	元/t	4 755.35	5 018.20	5.53%	4 490.39	−5.57%
q_1	Mt	653.161	603.513	−7.60%	703.208	7.66%
a_1	Mtce	22.316 0	38.355 20	71.87%	6.147 97	−72.45%
p_2	元/t	403.613	403.613	0	403.613	0
q_2	Mt	1 936.94	1 936.94	0	1 936.94	0
a_2	Mtce	25.773 1	25.773 1	0	25.773 1	0
k	元/tce	375.515 0	762.060 0	102.94%	−14.133 8	−103.76%
π_1	百万元	6 000.940	17 727.000	195.40%	455.461	−92.41%
π_2	百万元	56 512.6	56 512.6	0	56 512.6	0

能耗目标的变化并没有对选择碳交易的水泥部门产量、价格、节能量和利润产生影响。这说明碳市场覆盖部门的生产和节能行为不受能效目标变动的影响，而仅与碳价格有关。选择能效交易的钢铁部门，能耗目标收紧时节能量增加，产量下降，价格上涨；反之亦然，且变动幅度与能耗变动幅度线性相关。同时，能耗目标收紧时，钢铁部门的利润大幅上涨；反之则大幅下跌。这说明在覆盖范围不重叠时，能耗目标过于宽松会降低白色证书的价格，同时损害其覆盖部门的利润(与情景 3 结论一致)。

6.5.4　不同情景下部门的策略性选择分析

本章分析在不同情景下，能耗目标、碳价格等参数发生变动时，部门策略性选择行为的变化。

(1) 允许交易范围重叠

当允许交易范围重叠时，部门可以同时在两个市场进行交易，在这种情况下，部门不需要在两个市场中做出决策。因此，这里我们主要分析不同碳价格及白色证书价格下部门利润及产量的变动趋势。能耗上限为 649.8 Mt 时，允许交易范围重叠时两部门的利润如表 6-8 所示。

表 6-8　允许交易范围重叠时两部门的利润　　单位：百万元

P_{CO_2}/(元/t)	50	60	70	80	变动趋势
π_1	3 206.42	2 992.31	2 785.60	2 586.28	−
π_2	59 738.90	69 729.80	79 734.50	89 752.90	+
P_{TWC}/(元/tce)	50	60	70	80	变动趋势
π_1	2 883.13	2 937.81	2 993.00	3 048.70	+
π_2	74 967.50	72 331.80	69 697.00	67 063.10	−

表 6-8 显示了从利润的角度来看，碳价格上涨对于水泥部门有利，白色证书价格上涨则对于钢铁部门有利。这是由于水泥部门与钢铁部门相比，存在着过程排放，除了节能所带来的减排效果之外，产量减少还会带来很大一部分的额外减排效果。因此，对于水泥部门而言，减排比节能相对来说更容易，碳价格越高对其更有利。而钢铁部门则相反，白色证书价格越高，其利润增加越多。因此，对于钢铁部门而言，白色证书价格高、碳价格低对其更有利。当碳价格和白色证书价格变动时，水泥部门的利润变化幅度均大于钢铁部门，这意味着水泥部门的利润对于两个市场的价格变动都更加敏感。

对于部门而言，利润最大化是决策的首要目标，但是对于整个行业而言，产量也是行业健康运行与否的重要指标，因此这里分析当允许交易范围重叠、能耗上限为 649.8 Mt 时，两部门的产量变动趋势如表 6-9 所示。

表 6-9　允许交易范围重叠时两部门的产量　　单位：Mt

P_{CO_2}/(元/t)	50	60	70	80	变动趋势
q_1	671.75	673.46	675.18	676.89	+
q_2	1 857.96	1 836.99	1 816.02	1 795.05	−
P_{TWC}/(元/tce)	50	60	70	80	变动趋势
q_1	674.36	673.91	673.46	673.00	−
q_2	1 826.01	1 831.53	1 837.06	1 842.59	+

部门的产量与利润变动趋势相反。碳价格上涨时，钢铁部门生产了更多的产品，而水泥部门则缩减了产量。很明显，由于过程排放的存在，在碳价格高涨时，减产以带来更多的减排量对于水泥行业是更加划算的；当白色证书价格上涨时，则情况相反。在各种情况下，水泥部门的产量变化幅度均大于钢铁部门的产量变化幅度，这意味着水泥部门的生产对于碳市场和能效交易市场更加敏感。综合看来，两个部门的产量都没有非常明显的波动，即对于部门而言，节能和减排更多的是通过降低单位能耗来完成的，减少生产以完成能耗目标的数量非常有限。

(2) 不允许交易范围重叠

当不允许交易范围重叠时，意味着部门必须在两个市场中做出决策。对于部门而言，利润最大化是首要的决策条件，因此首先分析在相同碳价格下，能耗上限为 649.8 Mt 时，两部门的利润如表 6-10 所示，最优选择用加粗字体表示。通过前面的分析可以知道，当不允许交易范围重叠时，白色证书价格和碳价格呈负线性相关性，碳价格上升与白色证书价格降低时参数的变动趋势一致，反之亦然。因此，我们仅分析碳价格变动时部门的利润变化，白色证书价格变动的情况可以由此推出。由于在情景 4 下，碳价格为150 元/t 时白色证书价格已经是负值，仅分析碳价格分别为 50 元/t、80 元/t、100 元/t 时的情况。

表 6-10　不允许交易范围重叠时两部门的利润　　单位：百万元

P_{CO_2}/(元/t)	选项	10	50	80	100
π_1(钢铁)	碳交易	724.722	1 688.72	**2 675.37**	**3 458.690**
π_1(钢铁)	能效交易	**13 110.200**	**6 000.94**	2 469.11	971.762
P_{CO_2}/(元/t)	选项	10	50	80	100
π_2(水泥)	碳交易	12 593.0	**56 512.60**	**89 941.20**	**112 460**
π_2(水泥)	能效交易	**19 557.2**	15 741.60	13 151.30	11 553.800

对于钢铁部门而言，当碳价格为 50 元/t 及以下时，选择能效交易可以获得更多的利润；当碳价格超过 80 元/t 时，选择碳交易时利润开始反超选择能效交易的利润，此后随碳价格的上涨，选择碳交易的利润进一步增加，即钢铁部门此时选择碳交易会获得更大的利润。

对于水泥部门而言，仅在碳价格非常低(10 元/t 及以下)时，选择能效交易会获得更大的利润。当碳价格升高时，选择碳交易会带来更高的利润。经计算，临界点出现在碳价格为 16 元/t 时，即碳价格超过 16 元/t 时，水泥部门会更倾向于选择碳交易。而当水泥部门选择碳交易时，随碳价格升高，部门利润的上升速度也非常之快。

当碳价格较低(10 元/t 及以下)时，两个部门都更倾向于选择能效交易。

当碳价格处于中等水平(高于 16 元/t，小于 80 元/t)时，钢铁部门倾向于选择能效交易，而水泥部门倾向于选择碳交易。

当碳价格较高(超过 80 元/t)时，两个部门都更倾向于选择碳交易。

不允许交易范围重叠时两部门的产量如表 6-11 所示，同样仅分析当碳价格发生变化时参数的变化趋势。

表 6-11　不允许交易范围重叠时两部门的产量　　单位：Mt

P_{CO_2}/(元/t)	选项	10	50	80	100
q_1(钢铁)	碳交易	698.233	685.595	676.116	669.796
q_1(钢铁)	能效交易	620.137	653.161	677.929	694.441
P_{CO_2}/(元/t)	选项	10	50	80	100
q_2(水泥)	碳交易	2 132.02	1 936.94	1 790.63	1 693.09
q_2(水泥)	能效交易	1 813.81	1 867.52	1 907.81	1 934.66

当碳价格较低(10 元/t，50 元/t)时，钢铁和水泥部门选择碳交易会生产更多的产品，这是由于碳价格越低意味着减排约束越松，同时能效市场的目标就越紧，因此白色证书价格较高，市场内交易部门也需要削减更多的产量；而当碳价格较高(100 元/t)时，两个部门选择能效交易则会生产更多的产品，原因与上相类似。产量的变化与利润的变化趋势几乎是相反的，也就是说当碳价格较低，选择碳交易看起来生产了更多的产品，但是部门利润并没有提高，因为产量提高带来了产能过剩，导致了产品价格的下跌；同时碳市场上由于配额过量导致碳价格过低，从而损害了企业的利润。当企业做出相反选择时(碳价格较低时选择能效交易，碳价格较高时选择碳交易)会得到更高的利润，但是行业产量出现了较明显的萎缩。从部门决策的角度而言，产量可能并不是其首要决策因素，但是高耗能行业的产品一般都是工业发展的基础产品，产品产量和价格的稳定对于我国工业经济的发展至关重要。因此，政策制定者需要根据经济运行情况制定合理稳定的产量目标，使企业在选择时既能够兼顾自身利益又能够保证产量稳定，避免给工业经济带来较大波动。

6.6 结论与讨论

白色证书(能效交易)体系由于其区别于碳市场的特殊机制,在节能减排的实践中可以发挥独特的作用。白色证书体系与碳交易体系协同作用,可以在供应侧和需求侧同时发挥作用,得到更好的节能减排效果。通过分析发现,与碳市场单独存在时相比,引入白色证书体系(假设由电力生产者承担能效义务),会显著降低电力需求,并减少火电的产量。但是由于碳交易体系限制了 CO_2 排放上限,碳市场需要根据白色证书体系的实施进行适当调整。

我国处于推广能效交易的初始阶段,很可能将耗能大户(如能耗前 10 000 家的企业)纳入能效交易体系;而在碳交易市场中,会将大型能源密集型企业纳入覆盖范围。因此,我国的能效交易体系与碳交易体系在覆盖的企业范围、覆盖的能源范围上很可能有所重叠。因此,需要设计合理的政策体系以使二者配合达到最优的效果。通过分析研究,我们认为能效交易和碳交易是可以共生共存并协同达到更好的效果。在具体的实际操作过程中,各个企业既要完成碳排放的目标,同时还要提高能效,减少更多的能源使用量。而往往实施一个减排技术就可以同时达到这两项效果,这样会导致一项技术同时带来的碳减排量和节能量会存在重复核算的问题。在政策制定时,可以考虑碳排放权证书与白色证书以一定的形式互换互认,节能任务和减排任务在一定的范围内以特定的方式可以互相转化,这样既不会加大企业的节能减排负担,又可以促使各个企业根据自身的情况,自由选择是多进行减排行为,还是多进行能效提高行为。企业无论选择哪种行为,都对我国的节能减排任务有着重要的作用。

同时,为了使两种体系都能够高效运行,政府和企业在两种体系内都要扮演自身的角色。也可在能效交易体系中引入第三方能源服务公司,减少政府和企业的监管及行政成本,活跃能效交易市场,加大白色证书的流通量。

当允许交易范围重叠时,对于部门来说,节能的影子价格是一定的,也就意味着在利润最大化的条件下,两个市场并非完全独立,而是有密切的相互关联。这种关联性最直接的反映就是碳价格与节能量配额价格呈现此消彼长的规律,具有线性负相关性。在这种情况下,设置两个市场并不能带来节能量的进一步提高,更多的是两个机制内部的互动和影响。但是这并不意味着设置两个市场是重复的和毫无意义的,由于两个市场的总量目标及内部机制是分别确定的,一旦一个市场的配额设置出现超额,导致配额价格过低的情况发生(如 EU ETS

第一阶段由于配额超发导致碳价格崩盘），而另一个市场是合理而稳定的话，企业依然可以正常在该市场进行交易，并能够在一定程度上刺激企业的节能行为。

此时，当能耗目标发生变化时，部门的节能和生产行为也随之发生变化。能耗目标低，则部门需要加大节能量，缩减产量，与此同时市场上的产品价格也会随之上涨；反之亦然。虽然表面上对于部门的生产是有利的，但是值得注意的是，当能耗目标上涨时，部门的利润反而降低（当目标高至 700 Mt 标准煤时，两个部门的利润都有所下降），钢铁部门的利润对于能耗的变化更加敏感。这意味着设置一个合理的能耗目标，对于维持交易市场的稳定十分必要，同时也可以维持交易部门的利润。

当不允许交易范围重叠时，碳价格较高（高于 80 元/t）时，两个部门都会倾向于选择碳交易以获得更高的利润；碳价格较低（低于 16 元/t）时，两个部门则都会倾向于选择能效交易来获得更高的利润；碳价格处于中间水平（高于 16 元/t，小于 80 元/t）时，钢铁部门选择能效交易、水泥部门选择碳交易会获得更高的利润。其内在原因是水泥部门除了节能带来的减排效果之外，还可以通过降低产量获得比钢铁部门更大的减排效果，因此对于水泥部门而言，除非是碳价格非常低，否则它都更倾向于选择碳交易。钢铁部门则不同，只有在碳价格较高的情况下才会获得比能效交易更高的利润。水泥部门的利润和产量对于两个市场的配额价格变动都比钢铁部门更加敏感。值得注意的是，部门的产量几乎与利润呈现相反趋势的变动，这意味着部门如果仅将利润最大化作为决策目标时可能会以牺牲产量为代价。因此，政策制定者需要制定合理的产量控制目标，来维持产品市场的稳定。

此时，能耗目标的变化并没有对选择碳市场部门的产量、价格、节能量和利润产生影响。选择能效交易的一方，当能耗目标收紧时，产量会降低，同时节能量增加，但是利润也出现了上涨；能耗目标放宽时则相反。这意味着不允许交易范围重叠时能耗目标并非越宽松越好，过于宽松的目标会使得市场上配额出现过量，导致白色证书价格下跌并损害部门的利润（这与允许交易范围重叠时的结论一致）。

总的说来，当允许交易范围重叠时，同样的能耗目标下两个市场的总节能量相对固定，两个市场并未带来更高的节能量或者减排量，二者之间存在此消彼长的关系，但是两个市场的配额价格依然存在密切的关联；当不允许交易范围重叠时，碳价格的变化依然会对能效市场产生影响（主要原因是两个部门需要完成的总的能耗上限一定，碳市场覆盖部门多履行义务，能效市场覆盖部门则可以少履行义务)，二者的相关性依然很大。同时设置两个市场最大的意义不在于带来更好的节能或减排效果，而是通过市场内在机制使得二者互为补充，并且为交易部门提供多种政策选择，使其能够在能耗目标框架下对于策略进行优化，以获得更高的利润。

本章的研究存在以下局限性：首先，本章使用 GTAP 模型模拟出了节能成本曲线，这条曲线是由减排成本曲线换算而来，可能不能够非常精确地反映实际节能成本。其次，本书在模拟中认为节能成本是恒定不变的，而实际运用中能耗目标的变化可能会加速节能技术的运用，进而降低节能成本并改变节能成本曲线。第三，本章仅仅考虑允许重叠和不允许重叠这两种情况，在实际的设置中可以有更加多元化的政策组合。最后，本书仅考虑了钢铁部门和水泥部门这两个高耗能部门，如果将其他高耗能部门都纳入考虑可能会得到更加丰富和多元的结果，而这些将在下一步的工作中予以更加详尽的考虑。

第7章 研究总结与政策建议

7.1 主要研究结论

本书主要得到以下结论：

(1) 以钢铁行业为例进行的节能与减排成本研究中，基于钢铁生产的流程共选取了41项节能技术，一半左右的技术具有成本有效性。但是有许多重点推广技术由于成本过高目前并不具备推广条件，应当更多关注节能减排量大、成本较低的技术。通过对于节能潜力的分析，本书得出在目前我国转炉炼钢比例较高的情况下，钢铁行业节能主要来自燃料节约，电能节约比例较小。节能减排成本曲线表明，如果考虑技术的节能或减排收益，我国钢铁行业的节能减排成本并不是非常高，行业有意愿同时也有条件进行碳市场或能效市场交易。

(2) 目前我国高耗能行业的节能技术存在较大的采用障碍及隐形成本，因此当采用市场化的减排政策时，行业利润和进出口会受到不同程度的损失。要想在市场化的减排政策之下维持高耗能行业的整体竞争力，需要确定一个合理的配额分配规则以及边境调节政策。合理的配额分配规则以及较低的障碍率可以促进企业的技术进步，降低单位能耗，避免行业通过产量的大幅度波动来达到减排效果。同时，降低技术的进入壁垒有利于行业利润稳定。不同的行业适用不同的边境调节政策，对于出口量较低的行业而言(如我国钢铁行业)，出口补贴并不能起到很好的弥补利润损失的作用，相较之下，进口品征税政策对于利润弥补作用更加明显。

(3) 在高耗能行业中使用灵活的基于产出的分配模式，可以促进落后产能的淘汰并促进节能技术的升级。而含免费分配的排放权交易机制可以在很大程度上引起国内正常和落后产能的扭曲效应。考虑政策实施成本，碳税可以作为含免费分配的排放权交易机制的替代策略。忽略高耗能行业的节能收益会造成减排潜力的低估，因为对于这些行业来说减少CO_2排放的主要选择就是不断提高能效。因此,在碳价格较低同时免费配额分配比例较高时,ETS 的实施使得行业的实际情况与政策设计意愿背道而驰(即增加落后产能的竞争力);在一个较高的碳价格水平实施配额的免费分配,虽然促进了落后产能的淘汰,但是却造成企业利润的扭曲。

(4) 节能补贴与基于产出的配额返还对于交易部门的行为有很大不同的影响。节能补贴会刺激减排行为(大幅度提高减排量),同时增加利润并降低市场上的均衡碳价格;而基于产出的配额返还在刺激减排行为的同时还刺激了企业的生产行为,存在最优的 ob 使得企业的利润、减排量和碳价格达到最优。市场中多个部门的相互影响在两种政策下有所不同。节能补贴对于部门的影响较为独立,而基于产出的配额返还政策下部门的相互影响更为强烈。市场上存在某个优势部门,其返还比例的变化会导致整个交易市场各个部门的参数出现大幅度的波动。行业本身的减排成本、需求价格弹性以及单位碳强度的异质性导致了不同部门行为区别的产生。高耗能行业降低自身的减排成本对于维持利润稳定非常重要。较高的需求价格弹性对于产量刺激作用也更加明显。降低产品的单位碳强度对部门和社会而言都十分重要,碳强度越高其产量抑制作用越明显,并对社会福利造成了损失。

(5) 由于高耗能行业是我国节能减排政策的重点目标行业,这些行业很可能同时被纳入碳市场与能效交易市场中,因此,我国的能效交易体系与碳交易体系在覆盖的企业范围、覆盖的能源范围上很可能有所重叠。通过本书的分析,我们认为在允许交易范围重叠的情况下,由于节能减排的影子价格是一定的,两个市场并不能带来节能量的进一步提高,更多的是能耗和排放目标在两个市场内部的分配问题。二者同时存在的意义在于,通过合理设置碳交易与能效交易可以使得二者互为补充,也能进一步保证节能减排工作的实施及目标的完成。在不允许交易范围重叠的情况下,企业可以根据自身情况选择更有利于利润最大化的市场进行交易。但是由于利润与产量不完全挂钩,追求利润最大化可能会造成产量的波动。

7.2 政策建议

通过研究,本书得出以下政策建议:

(1) 目前,高耗能行业推广的节能减排技术中,有一些技术成本较高,不具有成本有效性,因此应细致核算其节能减排效果与实际成本,谨慎在全行业进行推广。而对于一些成本较低的节能技术，应该为企业提供技术咨询，提供一定的采用补贴等，以促进技术的采用。

(2) 政策制定者需要意识到节能减排技术存在的进入壁垒和采用障碍对于企业造成的影响，应加大力度降低节能减排技术的隐形成本（咨询、研发等成本），提高企业采用积极性。

(3) 应针对不同行业制定相应的边境调节政策。对于某些出口密集型行业，出口补贴和边境调节税政策可能会收到较好的效果；而对于某些出口量较低的行业，出口补贴政策并不能够弥补由于国内减排政策造成的利润损失。同时，应提高制造企业产品的附加值，避免生产过多的低技术附加值产品，加大与进口产品的竞争力，提高对于进口产品的替代弹性。

(4) 在实施碳市场时，应设定合理的配额分配规则。在拍卖的情况下同时设置免费配额分配会造成正常产能与落后产能的扭曲，与政策设计意愿不相符。基于产出的配额返还是一个较好的替代方案。

(5) 节能补贴对于高耗能行业来说更类似于一种纯收入。它虽然也能够达到节能减排的效果，但是从社会福利、企业生产的角度来说并没有带来更多的附加效果。相较之下，基于产出的配额返还可以刺激企业的生产行为。在使用基于产出的配额返还政策时，应当注意最优返还比例的存在，即需要确定一个合理的返还比例，以利于维持交易市场的活跃度，利于企业利润的稳定。市场上交易部门越多、活跃程度越高，更低的配额返还比例就越可以达到系统的最优状态。因此，一个包含更多企业数目的碳市场可能是更好的选择。当采用基于产出的配额返还政策时，市场中会出现优势部门，对于其进行的配额返还会对整个市场造成更大的影响，因此在实际政策制定时应当视情况给予政策倾斜。

(6) 同时设置能效交易市场和碳市场，需要考虑交易范围的覆盖问题。二者交易范围的重叠并不意味着机制设置的重复，二者可以互为补充，促进节能目标的达成。设置两个市场最大的意义不在于带来更好的节能或减排效果，而在于通过市场内在机制使得二者互为补充，为交易部门提供多种政策选择，使其能够在能耗目标框架下对于策略进行优化，以获得更高的利润。企业进行自主选择时可能会为了利润最大化而忽视产量，造成产量波动，因此合理的产量目标需要被同时设定以维持市场的稳定。

(7) 无论是在碳市场还是在能效交易市场中，合理的能耗或排放上限设置非常重要。过于宽松的上限目标可能会导致交易不活跃、配额价格过低而使得市场化减排政策失去原本的意义，同时也会有损企业的利润。

7.3 主要创新点

本书的创新点主要体现在：

(1) 将基于技术的离散型节能减排成本曲线纳入局部均衡模型框架，分析了减排政策对于行业竞争力的影响。以往节能与减排成本曲线大多是通过多区域、多部门的模型(CGE、GTAP 等)获得的宏观层面的曲线。与这类曲线相比，自底向上的曲线在实际使用中具有灵活性，不同企业可以根据其实际技术数据对节能与减排成本曲线进行更改，以更好地贴合企业或行业的实际情况。而将基于技术的离散型节能减排成本曲线纳入局部均衡模型框架，可以更好地反映行业真实的减排成本，在分析不同高耗能行业时可以根据行业不同情况对减排成本曲线进行灵活调整，使得对行业竞争力所受减排政策的影响分析更加真实可靠。

(2) 依据节能减排技术的使用率区分了正常产能与落后产能的技术集合，获得了两种产能的减排成本曲线。将高耗能行业的上下游行业的价格传导机制纳入社会福利函数中，获得了最大化社会福利条件下的最优配额分配比例。由于我国高耗能行业的情况复杂、产能差别较大、数据难以获得，以往的针对高耗能行业节能减排的研究无法对正常产能和落后产能进行区分。而本书通过减排技术清单，获得了正常产能与落后产能的减排成本曲线，在局部均衡模型中对于两种产能进行区分，将高耗能行业的上下游行业的价格传导机制纳入分析，量化分析了市场化机制对于两种产能利润、产量、排放等参数的影响，进而分析了维持正常产能、淘汰落后产能方面的政策效果。

(3) 考虑了数量型和价格型的减排政策组合，并建立了包含多个高耗能部门的局部均衡模型。以往对于多个交易部门的研究大多采用多区域、多部门的模型(CGE、GTAP 等)，而使用局部均衡模型进行的分析大多是针对单个部门进行的。本书将多个交易部门引入局部均衡模型中，对于数量型和价格型减排政策组合下部门间的相互影响进行了分析。不同于以往研究中外生碳价格和排放上限的假设，模型根据社会福利最大化条件内生获得了最优的排放上限和均衡碳价格，以及每个部门最优的产量、价格、减排量等参数。

(4) 考虑了两种数量型减排政策组合(能效交易与碳交易)且覆盖范围重叠时，二者共同实施的协同效应，以及行业在两种机制间的策略性选择问题。由于我国能效交易和碳交易的研究工作尚不完备，缺乏对两种交易机制共同实施时协同效应的量化分析，对于二者共同实施的减排效果、覆盖范围、配额价格等热点问题尚没有得到明确答案。而本书通过建立包含多个高耗能部门的能效交易与碳交易局部均衡模型，量化分析了当覆盖范围重叠或不重叠时覆盖行业减排与生产行为，分析了二者的协同效应以及部门间的相互影响，提出了二者共同存在虽然无法带来进一步的节能或减排效果，但是可以互为补充以保证达成节能减排政策的目标，同时也能够给予覆盖行业更多的空间进行策略性选择。

7.4 存在的局限性

（1）在对高耗能企业减排成本的核算中，所使用的自底向上方法体现了行业的平均水平，无法反映企业的异质性。具体企业在实际使用过程中可以对数据进行调整以获得更贴合自身实际情况的减排成本曲线。同时，由于无法涵盖所有的节能技术，自底向上的节能减排成本曲线可能会造成对节能及减排量的低估。

（2）在市场化减排政策对高耗能行业影响的研究中，使用了自底向上的减排成本曲线，虽然经过我国钢铁行业的敏感性分析认为其与宏观减排成本曲线可以在一定程度上相互替代，但是也确实存在着减排成本被低估的问题。因此，在下一步的工作中，应对减排成本曲线进行进一步的研究，使其能够更加贴合行业实际。

（3）本书在对配额分配方式的讨论中，主要讨论了基于产出的分配和免费分配，而对于其他分配方式（如基于排放的分配方式、基于行业标杆值的分配方式等）没有考虑。在对节能政策的讨论中，主要分析了节能补贴的影响，对其他节能政策的影响考虑不足。在下一步的工作中，会将其他的节能政策纳入进来。

（4）由于高耗能行业大都处于产业链上游，部门间的相互作用和连接并不强烈，因此在多部门的分析中，没有考虑部门之间的相互作用和价格传导。在下一步的工作中，部门间价格传导机制会被作为模型参数纳入分析中。

（5）在多部门研究中，只分析了两个部门同时存在于交易市场上的情况，当存在多个部门时情况可能会有所不同。

7.5 下一步研究方向

高耗能行业的节能减排是一个复杂的问题，涉及国家、行业、企业各个层面。本书侧重于采用局部均衡的思想分析了减排成本及政策对行业层面的影响，而更细化的企业层面则没有涉及。今后的工作中,将对于企业层面的行为进行更细致的研究。同时,本书侧重分析碳交易、能效交易和节能减排补贴这几种政策,在政策的协同效果上仅考虑了碳交易和能效交易,实际上更多政策的协同作用也是十分有意义的。另外,本书在部门间的相互影响分析中只有两个部门,当存在更多部门时,部门的行为以及政策效果可能会发生变化,同时多部门之间的价格传导机制也会对结果产生影响,这些将在今后的工作中予以进一步研究。

参考文献

安景松,2012.浅析舞钢 90 t 偏心底出钢电炉节能降耗特点[J].河北冶金,11:82-84.

曹静,2009.走低碳发展之路:中国碳税政策的设计及 CGE 模型分析[J].金融研究,12:19-29.

陈敏,温宗国,杜鹏飞,2012.基于 AIM/enduse 模型的水泥行业节能减排途径分析[J].中国人口·资源与环境,22(增刊 1):234-239.

陈文颖,高鹏飞,何建坤,2004.用 MARKAL-MACRO 模型研究碳减排对中国能源系统的影响[J].清华大学学报(自然科学版),44(3):342-346.

程南洋,杨红强,聂影,2006.国际碳排放贸易与循环经济的协调[J].生态经济,22(3):71-74.

程施,2011.中国工业部门二氧化碳减排成本研究[D].大连:大连理工大学.

范英,莫建雷,2015.中国碳市场顶层设计重大问题及建议[J].中国科学院院刊,30(4):492-502.

高鹏飞,陈文颖,何建坤,2004.中国的二氧化碳边际减排成本[J].清华大学学报(自然科学版),44(9):1192-1195.

高颖,李善同,2009.征收能源消费税对社会经济与能源环境的影响分析[J].中国人口·资源与环境,19(2):30-35.

顾阿伦,曹纯,2012.印度能效交易市场现状与启示[J].环境保护,40(12):70-73.

顾阿伦,史宵鸣,汪澜,等,2012.中国水泥行业节能减排的潜力与成本分析[J].中国人口·资源与环境,22(8):16-21.

关丽娟,乔晗,赵鸣,等,2012.我国碳排放权交易及其定价研究:基于影子价格模型的分析[J].价格理论与实践,4:83-84.

郭清阁,浦涛,2005.连铸坯热送热装节能浅析[J].冶金能源,24(1):22-24.

国家统计局能源统计司,2011.中国能源统计年鉴:2011[M].北京:中国统计出版社.

洪娟,陈静,2009.我国碳交易市场价格影响因素分析[J].价格理论与实践,12:65-66.

黄建,2012.煤炭清单与减排政策研究[D].上海:复旦大学.

黄桐城,武邦涛,2004.基于治理成本和排污收益的排污权交易定价模型[J].上海管理科学,26(6):34-36.

姜周华,马哲元,芮树森,等,1996.直流电弧炉长弧泡沫渣技术[J].宝钢技术,1996(4):26-31.

李博知,2003.高炉喷吹废塑料的现状及前景[J].鞍钢技术,3:12-14.

李国盛,黄伟,杨明华,等,2009.电炉烟气余热回收装置的研发与工程实践[J].冶金能源,28(1):41-43.

李洪心,2008.可计算的一般均衡模型:建模与仿真[M].北京:机械工业出版社.

李骏龙,由世俊,张欢,等,2012.天津市办公建筑能效交易基准线研究[J].建筑科学,28(10):29-33.

李寿德,黄桐城,2003.初始排污权分配的一个多目标决策模型[J].中国管理科学,11(6):40-44.

李远,朱磊,2014.白色证书与碳市场关系研究及启示[J].中国能源,36(1):34-39.

廖夏伟,谭清良,张雯,等,2013.中国发电行业生命周期温室气体减排潜力及成本分析[J].北京大学学报(自然科学版),49(5):885-891.

列昂节夫,1987.投入产出分析:瓦·列昂节夫文集[M].陈冰,解书森,译.西宁:青海人民出版社.

刘晗,2014.天津市民用建筑能效交易现状与发展思路[J].墙材革新与建筑节能,6:36-37.

刘伟,樊泽安,王飞,等,2010.邯钢 1 000 m^3 高炉提高喷煤比的探索[J].河北冶金,1:32-34.胡民,2007.排污权定价的影子价格模型分析[J].价格月刊,2:19-22.

刘伟平,戴永务,2004.碳排放权交易在中国的研究进展[J].林业经济问题,24(4):193-197.

刘兴海,2013.我国各省(市)二氧化碳减排潜力与减排成本的实证研究:基于SBM模型[D].北京:北京化工大学.

鲁炜,崔丽琴,2003.可交易排污权初始分配模式分析[J].中国环境管理(吉林),22(5):8-9.

陆敏,李岩岩,2014.基于GM(1,1)模型的我国若干节能减排政策评价研究[J].生态经济,30(9):45-49.

莫建雷,朱磊,范英,2013.碳市场价格稳定机制探索及对中国碳市场建设的建议[J].气候变化研究进展,9(5):368-375.

秦湘灵,2011.可再生能源发电政策与环境效益分析方法研究[D].北京:华北电力大学.

史娇蓉,廖振良,2011.欧盟可交易白色证书机制的发展及启示[J].环境科学与管理,36(9):11-16.

苏明,傅志华,许文,等,2009.碳税的国际经验与借鉴[J].经济研究参考,72:17-23.

王灿,陈吉宁,邹骥,2005.基于 CGE 模型的 CO_2 减排对中国经济的影响[J].清华大学学报(自然科学版),45(12):1621-1624.

王鲁,王家真,2009.连续退火炉余热回收技术应用与节能方案[J].宝钢技术,2:70-74.

王倩,2014.高耗能企业节能减排税收政策效应实证研究[D].大庆:东北石油大学.

王维兴,2011.2010 年重点钢铁企业能耗述评[J].炼铁技术通讯,4:1-6.

王信,袁方,2010.碳排放权交易中的排放权分配和价格管理[J].金融发展评论,11:48-57.

王宇,计彤,2014.中国低碳电力技术减排潜力及减排成本分析[J].生态经济,30(11):14-17.

魏涛远,格罗姆斯洛德,2002.征收碳税对中国经济与温室气体排放的影响[J].世界经济与政治,8:47-49.

魏玮,何旭波,2012.节能减排与经济增长双目标下的 R&D 补贴政策选择:基于动态可计算一般均衡的情景分析[J].当代经济科学,34(6):70-80.

肖敬斌,刘克勤,王爽,2010.天津钢管 100 t 电炉除尘工程[J].环境工程,28(2):99-101.

许金华,范英,2013.中国水泥行业节能潜力和 CO_2 减排潜力分析[J].气候变化研究进展,9(5):341-349.

杨超,王锋,门明,2011.征收碳税对二氧化碳减排及宏观经济的影响分析[J].统计研究,28(7):45-54.

杨岚,毛显强,刘琴,等,2009.基于 CGE 模型的能源税政策影响分析[J].中国人口·资源与环境,19(2):24-29.

叶斌,2013.基于资源优化配置的我国电力行业碳减排成本研究:以深圳市为例[D].哈尔滨:哈尔滨工业大学.

曾春水,张朝凌,2005.南钢高效化连铸的生产实践[J].江西冶金,25(4):21-23.

张国兴,张绪涛,汪应洛,等,2014.节能减排政府补贴的最优边界问题研究[J].管理科学学报,17(11):129-138.

张红亮,2009.碳排放权初始分配方法比较[J].环境保护与循环经济,29(12):16-18.

张怀东,李志全,贾文君,等,2006.邯钢CCPP发电技术的选择与应用[J].能源研究与利用,6:38-41.

张林,2007.南钢的能源管理系统与节能降耗[J].能源研究与利用,6:1-4.

张明文,张金良,谭忠富,等,2009.碳税对经济增长、能源消费与收入分配的影响分析[J].技术经济,28(6):48-51.

张然,2013.钢铁行业碳减排成本效益研究[D].天津:天津财经大学.

张晓晖,陈效孺,杨茉,2005.冷热电联产系统对CO_2排放影响的分析研究[J].热能动力工程,20(3):296-299.

赵书新,2011.节能减排政府补贴激励政策设计的机理研究[D].北京:北京交通大学.

赵玉焕,范静文,2012.碳税对能源密集型产业国际竞争力影响研究[J].中国人口·资源与环境,22(6):45-51.

郑兆平,1999.蓄热式燃烧技术综述[J].钢铁研究,27(6):48-51.

《中国钢铁工业年鉴》编辑委员会,2010.中国钢铁工业年鉴:2010[M].北京:《中国钢铁工业年鉴》编辑委员会.

中华人民共和国财政部,中华人民共和国国家发展和改革委员会,2007.节能技术改造财政奖励资金管理暂行办法[EB/OL].(2007-08-10)[2016-01-06].http://www.mof.gov.cn/gkml/caizhengwengao/caizhengbuwengao2007/caizhengbuwengao200711/200805/t20080519_27902.htm.

中华人民共和国工业和信息化部,2009.钢铁企业烧结余热发电技术推广实施方案[EB/OL].(2009-12-29)[2016-01-06].https://www.miit.gov.cn/cms_files/filemanager/oldfile/miit/n1146290/n1146402/n7039597/c7073580/part/7073581.pdf

中华人民共和国工业和信息化部,2010.钢铁企业干式TRT发电技术推广实施方案[EB/OL].(2010-01-20)[2016-01-06].https://www.miit.gov.cn/n1146295/n1652858/n1652930/n3757017/c3758571/part/3758574.pdf.

中华人民共和国工业和信息化部,2010.钢铁企业和焦化企业干熄焦技术推广实施方案[EB/OL].(2010-01-20)[2016-01-06].https://www.miit.gov.cn/cms_files/filemanager/oldfile/miit/n1146285/n1146352/n3054355/n3057542/n3057546/c3634059/part/3634063.pdf.

中华人民共和国工业和信息化部,2010.钢铁企业炼焦煤调湿技术推广实施方案[EB/OL].(2010-01-20)[2016-01-06].https://www.miit.gov.cn/cms_files/

filemanager/oldfile/miit/n1146285/n1146352/n3054355/n3057542/n3057546/c3634059/part/3634060.pdf.

中华人民共和国工业和信息化部,2010.关于水泥工业节能减排的指导意见[EB/OL].(2010-11-25)[2016-01-06]. https://www.gov.cn/gzdt/2010-12/24/content_1772512.htm.

中华人民共和国工业和信息化部,2011.建材工业“十二五”发展规划[EB/OL].(2011-11-08)[2016-01-06]. https://www.miit.gov.cn/cms_files/filemanager/oldfile/miit/n1146285/n1146352/n3054355/n3057569/n3057581/c3565096/part/3565097.pdf.

中华人民共和国工业与信息化部,2012.工业节能“十二五”规划[EB/OL].(2012-02-26)[2016-01-06]. https://www.miit.gov.cn/cms_files/filemanager/oldfile/miit/n1146290/n1146402/n7039597/c7062297/part/7062298.pdf.

中华人民共和国国家发展和改革委员会,2011.万家企业节能低碳行动实施方案[EB/OL].(2011-12-07)[2016-01-06].https://www.ndrc.gov.cn/xxgk/zcfb/tz/201112/W020190905511164831982.pdf.

中华人民共和国国家发展和改革委员会,2014.国家重点推广的低碳技术目录[EB/OL].(2014-08-25)[2016-01-06].https://www.ndrc.gov.cn/xxgk/zcfb/gg/201409/t20140905_961102_ext.html.

周茂林,沈惟桥,孟宪俭,等,2005.莱钢 120 t 转炉烟气干法除尘工艺技术[J].山东冶金,27(5):17-19.

朱安迪,2015.低碳政策机制:碳关税与碳税的比较[D].杭州:浙江大学.

朱永彬,刘晓,王铮,2010.碳税政策的减排效果及其对我国经济的影响分析[J].中国软科学,4:1-9.

ANON, 2010. ACEEE summer study on energy efficiency in buildings [EB].[S.l.:s.n.]

ANGER N, OBERNDORFER U, 2008. Firm performance and employment in the EU emissions trading scheme: an empirical assessment for Germany[J]. Energy policy, 36(1): 12-22.

ARENS M, WORRELL E, SCHLEICH J, 2012. Energy intensity development of the German iron and steel industry between 1991 and 2007[J]. Energy, 45(1): 786-797.

BAKER E, CLARKE L, SHITTU E, 2008. Technical change and the marginal cost of abatement[J]. Energy economics, 30(6): 2799-2816.

BERTOLDI P,REZESSY S,LEES E,et al.,2010.Energy supplier obligations and white certificate schemes: comparative analysis of experiences in the European Union[J].Energy policy,38(3):1455-1469.

BÖHRINGER C, KELLER A,2011.Energy security: an impact assessment of the EU climate and energy package[R].Oldenburg:University of Oldenburg.

BURNIAUX J M, NICOLETTI G, MARTIN S J, 1992. Green: a global modelfor quanifying the cost of policies to curb CO_2 emissions[J]. OECD economic studies,19:49-90.

CAI W J, WANG C, CHEN J N, et al., 2008. Comparison of CO_2 emission scenarios and mitigation opportunities in China's five sectors in 2020[J]. Energy policy,36(3):1181-1194.

CALLAN T,LYONS S,SCOTT S,et al.,2009.The distributional implications of a carbon tax in Ireland[J].Energy policy,37(2):407-412.

CHEN W Y,WU Z X,HE J K,et al.,2007.Carbon emission control strategies for China:a comparative study with partial and general equilibrium versions of the China MARKAL model[J].Energy,32(1):59-72.

CLINE W R,1992.The economics of global warming[M].[S.l.:s.n.]

COASE R H, 1960. The problem of social cost[J]. The Journal of law and economics,3:1-44.

CONG R G, WEI Y M, 2010. Potential impact of (CET) carbon emissions trading on China's power sector: a perspective from different allowance allocation options[J].Energy,35(9):3921-3931.

CRAMTON P, KERR S, 2002. Tradeable carbon permit auctions[J]. Energy policy,30(4):333-345.

CREEDY J, SLEEMAN C, 2006. Carbon taxation, prices and welfare in New Zealand[J].Ecological economics,57(3):333-345.

CRIQUI P, MIMA S, VIGUIER L, 1999. Marginal abatement costs of CO_2 emission reductions, geographical flexibility and concrete ceilings: an assessment using the POLES model[J].Energy policy,27(10):585-601.

DEFRA, 2007. Carbon emissions reduction target April 2008 to March 2011 [R]. London: Department of Environment, Food and Rural Affairs, UK Government.

DEMAILLY D, QUIRION P, 2006. CO_2 abatement, competitiveness and leakage in the European cement industry under the EU ETS: grandfathering versus output-based allocation[J].Climate policy,6(1):93-113.

DEMAILLY D, QUIRION P, 2008. European emission trading scheme and competitiveness: a case study on the iron and steel industry [J]. Energy economics,30(4):2009-2027.

DUBOIS M, ALLACKER K, 2015. Energy savings from housing: ineffective renovation subsidies vs efficient demolition and reconstruction incentives[J]. Energy policy,86:697-704.

FAN Y,WANG X,2014.Which sectors should be included in the ETS in the context of a unified carbon market in China? [J].Energy and environment, 25(3-4):613-634.

FAN Y,EICHHAMMER W,2014.Introduction to the special issue-theoretical advances in and empirical lessons on emission trading schemes[J].Energy & environment,25(3-4):519-525.

FISCHER C, FOX A K, 2012. Climate policy and fiscal constraints: do tax interactions outweigh carbon leakage? [J].Energy economics,34:218-227.

FISCHER C,FOX A K,2010.Output-based allocations of emissions permits: efficiency and distributional effects in a general equilibrium setting with taxes and trade[EB].Washington:[s.n.]

FISCHER C,NEWELL R G,2008.Environmental and technology policies for climate mitigation[J].Journal of environmental economics and management, 55(2):142-162.

FISCHER C,2010.Renewable portfolio standards: when do they lower energy prices? [J].The energy journal,31(1):101-120.

FLEITER T,FEHRENBACH D,WORRELL E,et al.,2012.Energy efficiency in the German pulp and paper industry-a model-based assessment of saving potentials[J].Energy,40(1):84-99.

FLEITER T, HIRZEL S, WORRELL E, 2012. The characteristics of energy-efficiency measures-a neglected dimension[J].Energy policy,51:502-513.

FLOROS N, VLACHOU A, 2005. Energy demand and energy-related CO_2 emissions in Greek manufacturing: assessing the impact of a carbon tax[J]. Energy economics,27(3):387-413.

FREDRIKSSON P G,1998.Environmental policy choice: pollution abatement subsidies[J].Resource and energy economics,20(1):51-63.

GARBACCIO R F, HO M S, JORGENSON D W, 1999. Controlling carbon emissions in China[J]. Environment and development economics, 4(4): 493-518.

GEORGE A C, BETKOSKI J W, GOLDBERG J R, 2006. DPUC proceeding to develop a new distributed resources portfolio standard[M]. Hartford: State of Connecticut Department of Public Utility Control.

GNANSOUNOU E, DONG J, BEDNIAGUINE D, 2004. The strategic technology options for mitigating CO_2 emissions in power sector: assessment of Shanghai electricity-generating system[J]. Ecological economics, 50(1-2): 117-133.

GODAL O, HOLTSMARK B, 2001. Greenhouse gas taxation and the distribution of costs and benefits: the case of Norway[J]. Energy policy, 29(8): 653-662.

GOTO N, 1995. Macroeconomic and sectoral impacts of carbon taxation. A case for the Japanese economy[J]. Energy economics, 17(4): 277-292.

GOTTINGER H W, 1998. Greenhouse gas economics and computable general equilibrium[J]. Journal of policy modeling, 20(5): 537-580.

GOULDER L H, 1995. Effects of carbon taxes in an economy with prior tax distortions: an intertemporal general equilibrium analysis[J]. Journal of environmental economics and management, 29(3): 271-297.

GOULDER L H, HAFSTEAD M A C, DWORSKY M, 2010. Impacts of alternative emissions allowance allocation methods under a federal cap-and-trade program[J]. Journal of environmental economics and management, 60(3): 161-181.

GRAUS W, WORRELL E, 2011. Methods for calculating CO_2 intensity of power generation and consumption: a global perspective[J]. Energy policy, 39(2): 613-627.

GRUBB M, WILDE J, 2004. The European emissions trading scheme: implication for industrial competitiveness[R]. [S.l.: s.n.]

HAHN R W, STAVINS R N, 2010. The effect of allowance allocations on cap-and-trade system performance[J]. Social science electronic publishing, 54(5): 275-278.

HASANBEIGI A, MENKE C, THERDYOTHIN A, 2010. The use of conservation supply curves in energy policy and economic analysis: the case study of Thai cement industry[J]. Energy policy, 38(1): 392-405.

HASANBEIGI A, MORROW W, SATHAYE J, et al., 2013. A bottom-up model to estimate the energy efficiency improvement and CO_2 emission reduction potentials in the Chinese iron and steel industry[J]. Energy, 50: 315-325.

JOHNSON M,2013.Interim report:international review of trading schemes for energy savings and carbon emission reductions[R].Washington:World Bank.

KAJASTE R, HURME M, 2016. Cement industry greenhouse gas emissions-management options and abatement cost[J]. Journal of cleaner production, 112:4041-4052.

KAMAT R, ROSE A, ABLER D, 1999. The impact of a carbon tax on the Susquehanna River Basin economy[J].Energy economics,21(4):363-384.

KLEPPER G,PETERSON S,2006.Marginal abatement cost curves in general equilibrium: the influence of world energy prices[J]. Resource and energy economics,28(1):1-23.

KUIK O, HOFKES M, 2010. Border adjustment for European emissions trading: competitiveness and carbon leakage [J]. Energy policy, 38 (4): 1741-1748.

LANGNISS O, PRAETORIUS B, 2006. How much market do market-based instruments create? An analysis for the case of "white" certificates [J]. Energy policy,34(2):200-211.

LECUYER O, QUIRION P, 2013. Can uncertainty justify overlapping policy instruments to mitigate emissions? [J].Ecological economics,93:177-191.

LEES E, 2007. European experience of white certificates[R]. London: World Energy Council.

LI Y, ZHU L, 2014. Cost of energy saving and CO_2 emissions reduction in China's iron and steel sector[J].Applied energy,130:603-616.

LIU Q,SHI M J,JIANG K J,2009.New power generation technology options under the greenhouse gases mitigation scenario in China[J].Energy policy, 37(6):2440-2449.

MANDELL S, 2008. Optimal mix of emissions taxes and cap-and-trade[J]. Journal of environmental economics and management,56(2):131-140.

MANNE A, MENDELSOHN R, RICHELS R. MERGE, 1995. A model for evaluating regional and global effects of GHG reduction policies[J]. Energy policy,23(1):17-34.

MEUNIER G, PONSSARD J P, QUIRION P, 2014. Carbon leakage and capacity-based allocations: is the EU right? [J]. Journal of environmental economics and management, 68(2): 262-279.

MONJON S, QUIRION P, 2011. Addressing leakage in the EU ETS: border adjustment or output-based allocation? [J]. Ecological economics, 70(11): 1957-1971.

MONJON S, 2006. The French energy savings certificates system[R]. Paris: ADEME Economics Department.

MORRIS J, PALTSEV S, REILLY J, 2012. Marginal abatement costs and marginal welfare costs for greenhouse gas emissions reductions: results from the EPPA model[J]. Environmental modeling & assessment, 17(4): 325-336.

MUNDACA L, NEIJ L, 2009. A multi-criteria evaluation framework for tradable white certificate schemes[J]. Energy policy, 37(11): 4557-4573.

MUNDACA L, 2008. Markets for energy efficiency: exploring the implications of an EU-wide "Tradable White Certificate" scheme[J]. Energy economics, 30: 3016-3043.

NAULEAU M L, GIRAUDET L G, QUIRION P, 2015. Energy efficiency subsidies with price-quality discrimination[J]. Energy economics, 52: 53-62.

OBERNDORFER U, 2009. EU emission allowances and the stock market: evidence from the electricity industry [J]. Ecological economics, 68 (4): 1116-1126.

OBERNDORFER U, RENNINGS K, SAHIN B, 2006. The impacts of the European Emissions Trading Scheme on competitiveness and employment in Europe: a literature review[R]. Gland: World Wide Fund for Nature.

OIKONOMOU V, JEPMA C, BECCHIS F, et al., 2008. White Certificates for energy efficiency improvement with energy taxes: a theoretical economic model[J]. Energy economics, 30(6): 3044-3062.

OIKONOMOU V, RIETBERGEN M, PATEL M, 2007. An ex-ante evaluation of a White Certificates scheme in The Netherlands: a case study for the household sector[J]. Energy policy, 35(2): 1147-1163.

PALTSEV S, REILLY J M, JACOBY H D, et al., 2012. The MIT Emissions Prediction and Policy Analysis(EPPA) Model: Version 4[EB/OL]. (2012-02-06) [2016-01-06]. http://web. mit. edu/globalchange/www/MITJPSPGC_Rptl25.pdf.

PASSEY R, MACGILL I, 2009. Energy sales targets: an alternative to White Certificate schemes[J]. Energy policy, 37(6): 2310-2317.

PAVAN M, 2005. The Italian Energy Efficiency Certificates (EECs) Scheme [R]. Rome: Italian Regulatory Authority for Electricity and Gas.

PEACE J, JULIANI T, 2009. The coming carbon market and its impact on the American economy[J]. Policy and society, 27(4): 305-316.

PETERSON E B, SCHLEICH J, 2007. Economic and environmental effects of border tax adjustments[R]. [S.l.: s.n.]

PIGOU A C, 1912. Wealth and welfare[M]. London: Macmillan and co., limited.

ROOTZÉN J, JOHNSSON F, 2015. CO_2 emissions abatement in the Nordic carbon-intensive industry-an end-game in sight? [J]. Energy, 80: 715-730.

SORRELL S, HARRISON D, RADOV D, et al., 2009. White certificate schemes: economic analysis and interactions with the EU ETS[J]. Energy policy, 37(1): 29-42.

SPECK S, 1999. Energy and carbon taxes and their distributional implications [J]. Energy policy, 27(11): 659-667.

STAVINS R N, 2008. Addressing climate change with a comprehensive US cap-and-trade system[J]. Oxford review of economic policy, 24(2): 298-321.

STEENBERGHE V, 2004. CO_2 abatement costs and permits price: exploring the impact of banking and the role of future commitnients[R]. [S.l.: s.n.]

TAN Q L, WEN Z G, CHEN J N, 2016. Goal and technology path of CO_2 mitigation in China's cement industry: from the perspective of co-benefit[J]. Journal of cleaner production, 114: 299-313.

TAKEDA S, ARIMURA T H, TAMECHIKA H, et al., 2014. Output-based allocation of emissions permits for mitigating the leakage and competitiveness issues for the Japanese economy [J]. Environmental economics and policy studies, 16(1): 89-110.

TIEZZI S, 2005. The welfare effects and the distributive impact of carbon taxation on Italian households[J]. Energy policy, 33(12): 1597-1612.

VAN DEN BERGH K, DELARUE E, 2015. Quantifying CO_2 abatement costs in the power sector[J]. Energy policy, 80: 88-97.

WEN Z G, MENG F X, CHEN M, 2014. Estimates of the potential for energy conservation and CO_2 emissions mitigation based on Asian-Pacific Integrated Model (AIM): the case of the iron and steel industry in China[J]. Journal of cleaner production,65:120-130.

WEN Z G, LI H F, 2014. Analysis of potential energy conservation and CO_2 emissions reduction in China's non-ferrous metals industry from a technology perspective[J]. International journal of greenhouse gas control, 28:45-56.

WORRELL E, MARTIN N, PRICE L, 2000. Potentials for energy efficiency improvement in the US cement industry[J]. Energy, 25(12):1189-1214.

WORRELL E, PRICE L, MARTIN N, 2001. Energy efficiency and carbon dioxide emissions reduction opportunities in the US iron and steel sector[J]. Energy, 26(5):513-536.

XU J H, FAN Y, YU S M, 2014. Energy conservation and CO_2 emission reduction in China's 11th Five-Year Plan: a performance evaluation[J]. Energy economics, 46:348-359.

XU J H, FLEITER T, FAN Y, et al., 2014. CO_2 emissions reduction potential in China's cement industry compared to IEA's Cement Technology Roadmap up to 2050[J]. Applied energy, 130:592-602.

ZHU B, ZHOU W J, HU S Y, et al., 2010. CO_2 emissions and reduction potential in China's chemical industry[J]. Energy, 35(12):4663-4670.

ZHU L, ZHANG Z X, FAN Y, 2015. Overseas oil investment projects under uncertainty: how to make informed decisions? [J]. Journal of policy modeling, 37(5):742-762.